الأسـواق المـالية

(بورصة الأسهم والسندات المالية)

الأســـــواق المـــاليــــة

(بورصة الأسهم والسندات المالية)

الدكتور

عبد المعطي رضا أرشيد

كلية الاقتصاد والعلوم الادارية
الجامعة الهاشمية

الدكتور

حسني علي خريوش

كلية الاقتصاد والعلوم الادارية
الجامعة الهاشمية

الدكتور
محفوظ أحمد جودة
كلية الاقتصاد والعلوم الادارية

جامعة العلوم التطبيقية

الطبعة الأولى

2011م

المملكة الأردنية الهاشمية
رقم الإيداع لدى دائرة
المكتبة الوطنية
(2010/9/3265)

332.632

خريوش، سحني علي

الأسواق المالية بورصة الأسهم والسندات المالية/حسني علي خريوش، عبدالمعطي رضا ارشيد،.- دار زهران للنشر والتوزيع، 2010.

(   ) ص.

ر.أ. : 2010/9/3265

الواصفات: / الأسواق المالية//السندات المالية//قانون الشركات/

❖ اعدت دائرة المكتبة الوطنية بيانات الفهرسة والتصنيف الأولية.

❖ يتحمل المؤلف كامل المسؤولية القانونية عن محتوى مصنفه ولا يعبر هذا المصنف عن رأي دائرة المكتبة الوطنية او اي جهة حكومية أخرى.

المتخصصون في الكتاب الجامعي الأكاديمي العربي والأجنبي

دار زهران للنشر والتوزيع

تلفاكس : 5331289 – 6 – 962+، ص.ب 1170 عمان 11941 الأردن
E-mail : Zahran.publishers@gmail.com
www.darzahran.net

بسم اللـه الرحمن الرحيم

" استعينوا بالله واصبروا ان الارض لله يورثها من يشاء من عباده والعاقبة للمتقين "

صدق اللـه العظيم

سورة الأعراف

الآية 128

الفهرس

مقدمـة :-

تزايد في الاونة الاخيرة اهتمام العالم بأكمله (الدول والافراد) بالاسواق المالية لعدة أسباب كان مـن أهمهـا عدم قدرة أغلبية الدول على توفير الاموال اللازمة لتلبية احتياجاتها التنموية اضافة الى عـدم قـدرة الافـراد على توفير المبالغ الضخمة لانشاء بعض المشاريع الانتاجية الكبيرة التي تحتاج الى روؤس أمـوال وفـيرة مـما أصبح يتطلب البحث عن ايجاد وسائل أخرى غير تقليدية لتمويل احتياجـات الـدول التنمويـة وبمـا يعـود على المستثمرين الافراد بأرباح أكبر وبما لا يعرضها لمخاطر كبيرة .

فالدولة كانت تعتمد على ايراداتها السيادية متمثلة بالضرائب وفائض القطـاع العـام والاقـتراض مـن اجـل تمويل متطلبات التنمية الاساسية فيها، وكان المستثمرون يعتمدون على مدخراتهم وما يمكن الحصول عليـه من قروض في تمويل مشاريعهم الاستثمارية .

ومن أجل التوصل الى بعض الحلول المتعلقة بتمويل عمليـات التنميـة الاساسـية بالنسـبة للـدول وحصـول المستثمرين على أكبر العوائد بأقل المخاطر الممكنـة أخـذت تحتـل فكـرة الاسـواق الماليـة مركـزا حيويـا في معظم دول العالم وخاصة في ظل النظم الاقتصادية الحديثة التي تعتمد على نشاط القطاع العـام والخـاص في تجميع رأس المال وأخذت الاسواق المالية تلعـب دورا حيويـا في تعبئـة المـدخرات واعـادة توظيفهـا بمـا يخدم عمليات التنمية الاقتصادية .

ومن هنا يمكننا القول أن الاسواق المالية ما هي الا أوعية ادخارية تعمل على تجميع الاموال وتوظيفها بوسائل محددة ومأمونة في شكل استثمارات سائلة في السوق المالي والنقدي، خاصة وأن المستثمرون يرغبون دائما في توظيف أموالهم او توظيف مدخراتهم بشكل لا يعرضها للمخاطر التي تنجم عن امتلاك الاصول العينية ، وبشرط تمكن اصحابها من تحويل هذه الاستثمارات المتوسطة والطويلة الاجل الى مال حاضر في أي وقت ، ويتم ذلك بواسطة الاستثمارات في الاوراق المالية التي تمثل حق ملكية كما هو الحال بالنسبة لامتلاك الاسهم او حقوق دين كما هو الحال بالنسبة للسندات ، وذلك من اجل تحقيق سيولة للأموال التي تتضمنها هذه الاوراق ، فالاوراق المالية لا تمثل ثروة في حد ذاتها وانما تمثل حقوق على الثروة التي تصدرها المشاريع التي تحتاج الى اموال طويلة الاجل وتقوم ببيعها الى المدخرين او المؤسسات التي تقوم بتجميع المدخرات بقصد استثمارها ، وبالتالي لم يعد ضروري ان يبيع المستثمر او المدخر أصول الملكية وغيرها لتحويلها الى نقد، بل يكتفي ببيع الحقوق التي تملكها هذه الاوراق على الثروة، ومن هنا جاءت اهمية الاسواق المالية التي سوف تباع وتشترى فيها الحقوق على الثروة التي تعطي نتيجة لذلك سيولة للاوراق المالية، تشجع الفرد على التوظيف فيها ومن أهم مظاهر وأشكال هذه الاسواق هي البورصات المالية ومن أجل فهم الاسواق المالية فيتطلب الالمام بالمواضيع التالية :-

الوحدة الاولى، وتتضمن المفاهيم العامة للاسواق المالية من حيث التطور التاريخي للاسواق المالية وماهية الاسواق المالية والشروط الملائمة لتكوين الاسواق المالية

والعوامل التي تساعد على انجاح الاسواق المالية والاركان الرئيسية للاسواق المالية والانواع المختلفة للاسواق المالية .

وتتضمن الوحدة الثانية، الاوراق المالية المتداولة في اسواق النقد مركزين في ذلك على شهادات الايداع المصرفية القابلة للتداول والقبولات المصرفية واذونات الخزانة والاوراق التجارية وقرض الدولار الاوروبي (اليورو دولار) وقرض فائض الاحتياطي الالزامي واتفاقيات اعادة الشراء.

اما الوحدة الثالثة فقد خصصت لمناقشة الاوراق المالية المتداولة في اسواق رأس المال مركزين في ذلك على الاسهم العادية من حيث التعريف بالسهم العادي ومزايا الاسهم العادية وعيوب الاسهم العادية وما هي الحقوق المترتبة على حملة الاسهم العادية وكيفية حساب تكلفة السهم العادي وعائد السهم العادي وخاصة فيما يتعلق بكيفية حساب نصيب السهم العادي من الارباح المحققة والارباح الموزعة والريع الجاري للسهم والريع لفترة اقتناء السهم، كما تتضمن هذه الوحدة ايضا التعريف بالاسهم الممتازة وكيفية حساب التوزيعات للاسهم الممتازة وكيفية حساب تكلفة السهم الممتاز، كما وقت تضمنت هذه الوحدة ايضا السندات من حيث مفهوم السند وانواع السندات المختلفة وكيفية حساب تكلفة السندات واخيرا تقييم السندات.

اما الوحدة الرابعة فقد تضمنت عملية تقييم الاسهم الممتازة بالاضافة الى انها اشتملت على بيان عوامل تقييم الاسهم العادية وطرق تقييمها.

اما الوحدة الخامسة فقد تناولت كفاءة الاسواق المالية من حيث مفهوم الكفاءة وخصائص السوق الكفوءة ومستويات الكفاءة وكيفية اختيارها ، كما وتناولت هذه الوحدة ايضا على الاطراف المختلفة التي تتكون منها السوق الكفوءة والخصائص التنظيمية للسوق المالية الكفوءة . واشتملت الوحدة السادسة على مفهوم عقود الاختيار واشكالها ومحددات قيمها السوقية، كما اشتملت على تعريف العقود المستقبلية ومؤسسة التقاص والمضاربة في العقود المستقبلية .

وتضمنت الوحدة السابعة دراسة بعض التجارب المختلفة للاسواق المالية مركزين في ذلك على السوق المالي الاوروبي وسوق عمان المالي والسوق المالي لدولة الكويت.

أما الوحدة الثامنة فقد خصصت لدراسة بعض الازمات المالية التي حدثت في الاسواق المالية مركزين في ذلك على أزمة الاثنين الاسود وأزمة سوق المناخ الكويتي.

وفي النهاية نرجو ان نكون قد وفقنا الى ما استهدفناه من وراء هذا العمل وراجين المعذرة عن كل تقصير في هذا المجال .

المؤلفون
كانون ثاني 1998.

الوحـدة الاولى
المفاهيم العامة للأسواق المالية

أولا: التطور التاريخي للأسواق المالية .
ثانيا: ماهية الاسواق المالية .
ثالثا: الشروط الملائمة لتكوين الاسواق المالية .
رابعا: العوامل التي تساعد على انجاح الاسواق المالية .
خامسا: الاركان الرئيسية للاسواق المالية .
سادسا: الانواع المختلفة للاسواق المالية .

11

الوحدة الاولى

المفاهيم العامة للاسواق المالية

سنحاول في هذه الوحدة مناقشة المفاهيم المختلفة للاسواق المالية مـن حيـث الفكـرة التـي تسـتند عليهـا الاسواق المالية والمعاني المختلفة للاسواق المالية وما هي الشروط الملائمة لتكوين الاسواق المالية وهل هـذه الشروط كافية لانجاح الاسواق المالية واذا كان الجواب بالنفي فسوف نبحث عن الشـروط والعوامـل التـي تساعد على انجاح هذه الاسواق وبعد ذلك سوف نناقش الاركان الرئيسية التي سوف تقـوم عليهـا السـوق المالي واخيرا سوف نتعرض للانواع المختلفة للاسواق المالية .

وبناء على ذلك سنقوم بتقديم هذه الوحدة الى العناصر التالية :

أولا: التطور التاريخي للاسواق المالية :

تستند فكرة الاسواق المالية على نظرية ادم سـمث التـي تقـوم عـلى فكـرة تقسـيم العمـل وتعتمـد فكـرة تقسيم العمل على كبر حجم السوق ويعتمد كبر حجم السوق على حجم الانتـاج مـما يترتـب عـلى ذلك ايجاد نوع من التخصص في الانتاج تبعا للمزايا النسبية وهذا ما يطلق عليه Allocation Resources وقـد انعكست هذه العلاقة على التطورات المالية او بصفة خاصة على الاوراق المالية مما يترتب على ذلك ايجاد سوق متخصص للأوراق المالية وهذه السوق اطلق عليها سوق الاوراق المالية ، وقد جاءت تسمية الاسـواق المالية من مفهوم السوق بشكل عام والاداة التي يتم التعامل بها في تلك الاسواق.

فالاسواق موجودة في المجتمعات البشرية منذ القدم، ولكنها كانت تقتصر على بيع وشراء سلع حقيقية، كما وأن وسائل وأساليب بيع وشراء هذه السلع التي كان يتم التعامل بها في الاسواق كانت تتم بطرق بدائية وبطرق بسيطة ، كتبادل سلعة بسلعة والتي تسمى بعلم الاقتصاد بالمقايضة ، وبعد اكتشاف الاوراق النقدية استبدلت طريقة المقايضة بتبادل السلع بالنقود وبعد ان تطورت وسائل الاتصالات الحديثة اصبح بامكان البائع او المشتري ان يبيع ويشتري باتصال تليفوني مباشر او بواسطة وسطاء او وكلاء.. الخ ، ومن هنا يتبين ان مفهوم السوق ومفهوم ما يتم التبادل في هذه السوق قد تغير.

فالسوق أصبح لا يقتصر على مكان معين او محدد او على سلعة معينة أي ان المكان اصبح لا يشكل شرطا اساسيا لعمليات البيع او الشراء وان كان المكان يعتبر مكملا او شرطا يزيد من كفاءة وفعالية السوق . كما وان الاسواق التجارية قد أصبحت في وقتنا الحاضر اسواق متخصصة بعضها متخصص في بيع السلع الغذائية وبعضها متخصص في بيع السلع المعمرة وبعضها متخصص في بيع الذهب حيث يطلق عليه بسوق الذهب وبعضها متخصص بأسواق العقارات وبعضها متخصص في بيع وشراء الاوراق المالية وهذا ما يطلق عليه بالسوق المالي وعلى الرغم من أن الاسواق المالية تعتبر حديثة العهد بالنسبة للاسواق الاخرى الا انها قد تطورت في الاونة الاخيرة تطورا كبيرا سواء من حيث التنظيم او من حيث الامكانيات والتسهيلات المتاحة للمتعاملين فيها ويرجع ذلك لضخامة الاستثمارات المالية التي يتم تبادلها في هذه الاسواق .

وقد تزايد الدور الاقتصادي للاسواق المالية حيث أصبح يطلق عليها بالبورصات وبدرجة أصبحت منتشرة في جميع انحاء العالم، ومن اهم البورصات في العالم :

بورصة نيويورك ويطلق عليها الوول ستريت وبورصة لندن وبورصة طوكيو وبورصة استراليا وبورصة سنغافورة وبورصة سدني... الخ .

اما بورصات الدول العربية فهي بشكل عام حديثة العهد ولا تزال بدائية بالمقارنة بالبورصات الدولية السابقة ومن اهم بورصات الدول العربية :

بورصة الاوراق المالية بالقاهرة وسوق عمان المالي وسوق الامارات للاوراق المالية وسوق البحرين للاوراق المالية وسوق مسقط للاوراق المالية كما ويوجد اسواق مالية في كل من تونس والكويت والسعودية .

وقد مرت فكرة الاسواق المالية قبل وصولها الى الشكل الموجود عليه حاليا بعدة مراحل يمكن تلخيصها بالاتي:-

المرحلة الاولى :-

وقد تميزت هذه المرحلة بوجود عدد كبير من البنوك الخاصة ومحلات الصرافة وارتفاع نسبي في مستوى المعيشة واقبال الافراد على استثمار مدخراتهم في مشروعات تجارية وزراعية وعقارية ... الخ ، مما ادى ذلك الى اتساع المعاملات التجارية ومما ادى ذلك كبر حجم هذه المشروعات التي أصبحت بحاجة الى رؤوس أموال كبيرة اصبح الفرد يعجز عن تمويلها مما أصبح يلجأ الى البنوك للاقتراض وما قد يترتب على ذلك من عواقب وخيمة .

14

المرحلة الثانية :

تتميز هذه المرحلة ببداية ظهور البنوك المركزية التي تسيطر على البنوك التجارية بعد ان كانت البنوك التجارية تتميز بحرية مطلقة في المرحلة الاولى. اما في المرحلة الثانية فقد أخذت البنوك التجارية تقوم بعملها التقليدي وهي خصم الاوراق التجارية وتقديم الائتمان وفقا لقواعد واوامر البنك المركزي لذلك اصبحت القروض التي تقدمها هذه البنوك محددة بالرغم من زيادة طلب الافراد عليها .

المرحلة الثالثة:

ظهور البنوك المتخصصة في الاقراض المتوسط والطويل الاجل مثل البنوك الصناعية والزراعية والعقارية وبنوك التنمية والاستثمارات ... الخ .

وأصبحت هذه البنوك تقوم بعمليات اصدار سندات متوسطة وطويلة الاجل لسد احتياجاتها من الاموال ولكي تفي بحاجاتها لتمويل المشاريع المختلفة ، ويقوم البنك المركزي باصدار سندات الخزانة .

المرحلة الرابعة :-

ظهور الاسواق النقدية وفي هذه المرحلة ازدادت حركة الاوراق التجارية وشهادات الإبداع القابلة للتداول وهذا يعتبر بداية اندماج السوق النقدي مع السوق المالي.

المرحلة الخامسة :-

اندماج الاسواق النقدية مع الاسواق المالية واندماج الاسواق المالية المحلية مع الاسواق الدولية لتطور وسائل الاتصالات المختلفة وظهور البورصات المالية

واصبحت الاسواق المالية تهتم ببيع وشراء الاوراق المالية الطويلة الاجل مثل الاسهم والسندات .

وبعد هذه المقدمة البسيطة عن التطور التاريخي للاسواق المالية يمكننا القول بأن السوق المالي تستند على المعاني التالية :-

- السوق التي تتعامل بالاوراق المالية طويلة الاجل مثل الاسهم والسندات والقروض العقارية .
- السوق التي تجمع بائعي الاوراق المالية بمشتري تلك الاوراق وذلك بغض النظر عن الوسيلة التي يتحقق بها هذا الجمع او المكان الذي يتم فيه ، ولكن بشرط توفر قنوات اتصال فعالة فيما بين المتعاملين في السوق بحيث تجعل الاثمان السائدة في اية لحظة زمنية معينة واحدة بالنسبة لأية ورقة مالية متداولة فيه.

ثانيا: ماهية الاسواق المالية

ترجع اهمية الاسواق المالية كما سبق ان ذكرنا الى عدة عوامل يمكننا تلخيصها بالاتي:

1. تمويل خط التنمية الاقتصادية : حيث تحتاج عمليات التنمية الى رؤوس اموال كبيرة قد لا تتوفر لدى الدولة، وفي هذه الحالة بدلا من التجاء الدولة الى عمليات الاقتراض الخارجي التي غالبا ما يترتب عليها اعباء كبيرة تثقل كاهل الدولة بالديون وما قد يترتب على هذه الديون من عواقب غير محمود عقباها تقوم بطرح مشاريعها التنموية في الاسواق المالية المنظمة، وبواسطة هذه

الاسواق تستطيع تمويل عملياتها التنموية ويكون ذلك باشراك القطاع الخاص في تمويل هذه المشاريع بواسطة طرح اسهم هذه المشاريع في الاسواق المالية للاكتتاب فيها .

2. عدم قدرة البنوك التجارية على التمويل المتوسط والطويل الاجل لعدة اسباب من أهمها: مشاكل التضخم ومشاكل المخاطرة التي قد تتعرض له هذه البنوك وخاصة عند منحها القروض المتوسطة والطويلة الاجل ، اضافة الى ان هذه القروض غالبا ما تعطى بكميات محددة ووفقا للقوانين والانظمة التي تصدر عن البنك المركزي.

3. تساعد السوق المالي على منح القروض بشروط مناسبة وبتكاليف قليلة بمقارنتها بالقروض من البنوك الدولية او القروض الخارجية .

4. كثيرا ما تتعامل هذه الاسواق بالاوراق المالية القابلة للتداول بالعملات القابلة للتحويل مما يترتب على ذلك تحويل هذه الاسواق من أسواق محلية الى اسواق دولية او اقليمية حيث يمكن لتلك الاسواق طرح اسهم او سندات لشركات من جنسيات مختلفة .

5. ان التعامل بالاوراق المالية القابلة للتداول في الاسواق المالية غالبا ما تعمل على تشجيع صغار المستثمرين على توظيف اموالهم بشرائهم لهذه الاوراق وبما يعود عليهم بارباح عالية وبمخاطر قليلة وخاصة في حالة توظيفها في شركات استثمار او صناديق استثمار لديها خبرات عالية ومتخصصة .

6. ان التعامل بالاوراق المالية القابلة للتداول في الاسواق المالية يمكن حامليها من تحويـل هـذه الاوراق الى اموال نقدية بسهولة وبدون تحمل اية خسائر او عناء .

ثالثا: الشروط الملائمة لتكوين السوق المالية :

يتطلب لتكوين سوق مالي توفر عدة شروط يمكننا اجمالها بالاتي :

أ-   زيادة عدد المؤسسات المالية الموجودة في الدولة :

ويرجع ذلك لوجود علاقة قوية بين القطاع المالي وبين تنمية المدخرات بهدف تشـجيع عمليـات الاسـتثمار، حيث تعتبر المؤسسات المالية بمثابة اوعية ادخارية لعامة الافراد والتي تقـوم هـذه المؤسسـات بعمليـات الاقراض الى الافراد والمستثمرين من اجل انشاء شركات ومشاريع منتجة والتي تعتبر هذه الشركات وهـذه المشاريع جزءا هاما من عملية التنمية الاقتصادية والتي لا يمكن الاستغناء عنها في أي نظام اقتصادي . لـذا فان تشجيع السوق المالي يقتضي تشجيع الادخار في القطـاع الخـاص والتـي تتحـول في النهايـة الى عمليـات استثمارية منتجة والتي لا يمكن ان تتم بدون توفر المؤسسات المالية في داخل الدولة، من هنا يتطلب مـن هذه المؤسسات مايلي:-

1.   تحسين ورفع مستوى الخدمات المصرفية .

2.   رفع أسعار الفائدة كمحفز على الادخار .

3.   تحسين الشكل الخارجي للجهاز المصرفي وزيادة عدد فروعه وقربها من عامة الشعب.

ب-   تحويل المدخرات الى استثمارات:

تعتبر السوق المالي من أهم الادوات التي يتم بواسطتها تحويل المدخرات المجمعة الى استثمارات وذلك لكون هذه السوق تعد بمثابة، سوق لاستثمار اموال الافراد والمؤسسات والبنوك في شراء الاوراق المالية التي تمثل حصصا من رأس مال مؤسسات صناعية او تجارية او عقارية او قروضا تتمثل في سندات .

فالسوق المالي تمثل مجموعة انشطة (سياحية- صناعية-عقارية..) تداول اوراقها في السوق. وهناك عدة طرق اتبعت لتحويل المدخرات الى استثمارات منها :

1. اقتطاعات اجبارية من الموظفين وذلك باقتطاع نسبة من مرتبات الموظفين مقابل منحهم اسهم في شركات قوية مساهمة او مدهم بسندات قومية. كما تقوم بعض الدول باقتطاع جبري من المزارعين عند بيع محصولهم الزراعي وتخصيص هذه المبالغ في انشاء شركات زراعية مساهمة .

2. تخصيص ايام خاصة للجمهور بزيارة البورصات من اجل معرفة عمل البورصة ، وتسمى هذه المحاولة بجعل البورصة شعبية في متناول الجميع .

3. انشاء ما يسمى بنوادي الاستثمار وهي عبارة عن جمعيات اشخاص يخصص كل عضو من افرادها مبلغا معينا من المال، وتقوم الجمعية باستثماره لحساب اعضائها في شراء اوراق مالية .

19

ج- انشاء بورصات للاوراق المالية

تعتبر بورصات الاوراق المالية من اجهزة الادخار والاستثمار الهامـة في الـدول ذات الحريـة الاقتصـادية او ذات الاقتصاد المختلط حيث يلعب كل من القطاع العام والخاص دوره في هذا الشأن .

فالبورصات هي اسواق لاستثمار اموال الافراد والبنوك التجارية وصناديق التأمين وصناديق الادخار وغيرهـا من مصادر تجميع الاموال ويتداول فيها الاوراق المالية التي تمثل حصصـا في رأس مـال مؤسسـات صـناعية اوتجارية ، ومن أهم مهام البورصات المالية مايلي:

1. تحويل الاموال المدخرة الى اموال مستثمرة في مشروعات قائمة او في دور التكوين .
2. تحويل الاستثمارات طويلة الاجل الى اصول سائلة عند الحاجة.

د- ضرورة الاهتمام بالتنسـيق بـين الانظمـة والقـوانين الماليـة المعمـول بهـا في الـدول الاعضـاء في الاسـواق المشتركة ويرجع ذلك لتشجيع انتقال الاموال بـين دولة واخرى مما يشجع ذلك على اقامة مشاريع مشـتركة مساهمة يتم الاكتتاب فيها من قبل مواطني جميع الدول الاعضـاء ويتم تـداول اسـهم هـذه المشـاريع في بورصات الاوراق المالية لتلك الدول كما هو معمول في السوق المالي الاوروبي ويتطلب في هذه الحالة عمـل عقود نموذجية لمثل هذه الشركات يتم استخدامها في جميع الدول الاعضاء .

ومن أهم النظم والقوانين التي يتطلب تنسيقها اسعار صرف العملات والنظم والقوانين الضريبية، ومما يجدر ملاحظته في هذا الشأن وجود اتفاقتين ضريبيتين على نطاق الدول العربية هما :

1. اتقافية تجنب الازدواج الضريبي ومنع التهرب من الضرائب.
2. اتفاقية التعاون لتحصيل الضرائب .

هـ- الاهتمام بوسائل الاعلام ومراقبتها .

ان تكوين الشركات او طرح السندات لا بد ان يصحبه اعلان مناسب حتى يعلم كل مستثمر وكل مدخر بالفرصة التي قدتحتاج لتوطيف امواله، وحتى نحافظ على مصلحة صغار المدخرين فانه لا بد من مراقبة هذه البيانات الواردة في الاعلانات حتى تكون لها صبغة جدية ويتطلب ذلك التدخل لحذف البيانات غير الصحيحة اذا كان هناك ضرورة لذلك وعن طريق الاعلانات المنظمة يمكن توجيه صغار المدخرين الى المشروعات الهامة والواجب مشاركتهم فيها لاهميتها للاقتصاد القومي، فعلى سبيل المثال:

عند نشر بيانات عن الخطة الاقتصادية للدولة يستطيع القطاع الخاص وصغار المدخرين معرفة الشركات التي يمكن المشاركة فيها وتمويلها وبالتالي توفير النقد اللازم لهذه المشروعات بدلا من المجهودات التي تبذلها الخزانة العامة لتوفير النقد اللازم لها .

و- وجود حد ادنى من الاستقرار السياسي داخل الدولة وعدم وجود رقابة على النقد:

وتعتبر هذه النقطة من أهم العوامل لجذب رؤوس الاموال وتحويلها من الادخارات الخاصة الى استثمارات متوسطة وطويلة الاجل، واذا كان هذا العامل مهما بالنسبة للمواطن العادي المقيم في دولته فهو اكثر اهمية بالنسبة للمستثمرين من خارج الوطن ومن خارج الدولة فالاستقرار السياسي يعتبر عامل مهم لجذب رؤوس الاموال . وإلى جانب الإستقرار السياسي فيقتضيـ مـن الدولة المضيفة ايضا ان تـوفر للمستثمرين وخاصة للمستثمرين الاجانب بعض التسهيلات في تحويل صافي ارباحهم الى الخارج وتحويـل راسمال المستثمر الاجنبي ايضا عند نهاية الاستثمارالى بلده .

رابعا: العوامل التي تؤدي الى نجاح السوق:

لا يكفي ان تكون هناك شروطا ملائمة لقيام سوق مالي ولكن لا بد من نجاح هذه السوق وزيادة نشاطها ويقتضي ذلك عدة شروط بعضها موضوعي وبعضها شكلي:

أ- الشروط الموضوعية :

تتضمن الشروط الموضوعية العناصر التالية :

1. تنظيم الاسواق المالية :

ويكون ذلك بتنظيم الاسواق المالية من قبل الحكومات وخاصة فيما يتعلق :

أ- عدم افشاء المعلومات للمستثمرين وذلك من اجل المحافظة على استقرار الاسعار في الاسواق المالية بحيث تصبح القيمة السوقية للاسهم مساوية لقيمتها الحقيقية.

ب- تنظيم المعاملات التجارية ويكون ذلك بتوفير نوع من الثقة في الاسواق المالية .

ج- تنظيم الاوجه المختلفة للمؤسسات المالية وذلك بالتزامها بالانظمة والقوانين المرعية.

2. انشاء بورصات للاوراق المالية داخل الدولة تمهيدا لخلق سيولة كافية بالنسبة لكل من المدخر والمستثمر ، اذ ان المدخر قد يرغب الاستغناء عن استثماره او تنويعه. وبدون سوق مالي فانه قد يصعب عليه بيع اوراقه المالية بسعر معقول كذلك يكون في قدرة المستثمر شراء اوراق مالية في أي وقت يشاء ؟

ولذلك فانه لنجاح اية سوق مالية لابد من نشر بيانات ومعلومات عن الشركات القائمة والحديثة وبيان اسعار اوراقها المدرجة والتي ستدرج في السوق مما يؤدي الى جذب رؤوس الاموال اليها .

3. سلوك سياسة اعلامية لفائدة المدخرين عن حياة المؤسسات وهذا بحد ذاته يولد الثقة بين المتعاملين .

4. جعل الادخار اختياريا وليس اجباريا .

5. تمكين المستثمر من الحصول على عائد معقول من استثماراته وذلك عن طرق رفع سعر الفائدة على السندات المطروحة للاكتتاب او اعفاء العائد من الضريبة.

ب.العوامل الشكلية :

بالاضافة الى العوامل الموضوعية السابقة فانه يمكن ان نضيف اليها بعض العوامـل الشـكلية التـي تتلخص بالاتي:

1. الوضع الجغرافي ، موقعه الجغرافي ومدى بعده او قربه من الاسواق المالية الدولية .
2. الاهتمام بالمرافق العامة وفي مقدمتها سهولة المواصلات والاتصالات السلكية واللاسلكية والمسـاكن... الخ .
3. وجود عدد كبير من البنوك الوطنية والاجنبية وشركات الاستثمار .
4. ارتفاع نسبة الادخار عند الافراد .
5. وجود حد ادنى من الاستقرار السياسي والاجتماعي داخل الدولة .
6. عدم وضع رقابة على الصرف .
7. وجود نظام ضريبي مرن وغير مغالي في اسعاره .

وعندما تتوفر الشروط الموضعية والشكلية فانها تتهيأ الفرصة لقيام سوق مالية او نقدية فعالة وناجحة .

خامسا :- الاركان الرئيسية للأسواق المالية :

يتكون السوق المالي من ثلاثة اركان اساسية وهي:

1. الركن الخاص بفئة المقرضين او المستثمرين .
2. الركن الخاص لفئة المصدرين او المقترضين .
3. الركن الخاص لفئة الوسطاء او الوكلاء.

وسوف نقوم بشرح كل من هذه الفئات الثلاثة .

الفئة الاولى: المقرضين او المستثمرين

تتضمن فئة المقرضين او المستثمرين الافراد او المؤسسات المالية ونقصد هنا بفئة الافراد اولئك الذين تزيد دخولهم النقدية عن احتياجاتهم الاستهلاكية وتقصد بالمؤسسات المالية وهي البنوك وبيوت السمسرة وشركات الاستثمار القادرة على استثمار بعض اموالهم في مشاريع استثمارية تعود عليهم بالنفع الوفير او بعبارة اخرى تعود عليهم بعوائد عالية وبمخاطر ضئيلة ، هذا ومن الجدير بالملاحظة ايضا انه بمقدور هذه المؤسسات وهي البنوك وشركات الاستثمار وبيوت السمسرة القيام بدور المقرض او المستثمر في السوق المالي اذا ما استطاعت هذه المؤسسات من الحصول على عوائد مقبولة اضافة الى توفر عامل الامان وعامل السيولة وهذا ما يسعى اليه كل مستثمر رشيد من اجل انماء امواله والمحافظة عليها .

الفئة الثانية : المقترضين او المصدرين

وتتضمن هذه الفئة الافراد او المؤسسات التي تكون بحاجة الاموال، حيث ان ايراداتهم النقدية تقل عن احتياجاتهم الاستهلاكية ، وفي هذه الحالة تستطيع هذه الفئة الحصول على الاموال المطلوبة بواسطة اصدار اوراق مالية قابلة للتداول في اسواق رأس المال، ولكنه يشترط في مصدر الورقة المالية ان يكون مؤسسة او بيت سمسرة او شركة استثمارية ...الخ، أما بالنسبة للافراد فيمكن الاقتراض من المؤسسات المالية في صورة القرض المباشر حيث يتطلب في هذه الحالة ان يكون

هناك عقدا مبرم بين المقرض (المؤسسة المالية) والمقترض وهو الفرد وعادة ما يدون في هذا العقد، القيمة الاسمية للقرض والمدة الزمنية للقرض وسعر الفائدة وتواريخ دفع اقساط الفائدة وتاريخ استحقاق سداد القرض.

ويمكننا القول أن فئة المقترضين ستقتصر في مقامنا هذا على فئة المصدرين للاوراق المالية المتداولة في أسواق رأس المال والتي عادة ما تقتصر ـ كما سبق وان ذكرنا على المؤسسات المالية وشركات الاستثمار وبيوت السمسرة كما ويتضمن اصدار بعض الاوراق المالية من السندات مثلا على الهيئات الخاصة والهيئات الحكومية كالبنك المركزي او وزارة الخزانة ، وقد تم تقسيم الاصدارات للاوراق المالية الى ما يلي:

أ-   اصدارات اهلية واصدارات حكومية

وقد تم تقسيم هذه الفئة على حسب الجهة المصدرة لها ففي حالة الشركات او المنشآت او المؤسسات المالية فيتم بواسطتها اصدار اسهم عادية وممتازة واحيانا سندات خاصة اما في حالة الحكومة فيتم بواسطتها اصدار السندات واذونات الخزانة حيث يقتصر اصدار السندات في العهادة على البنك المركزي فيما يقتصر اصدار اذونات الخزانة على وزارة الخزانة وعادة ما نطلق عليها وزارة المالية .

ب- اصدارات اولية واصدارات موسمية

ونقصد هنا بالاصدارات الاولية الاصدارات التي تتم عن التأسيس، حيث يعتبر الاصدار الذي يتم عند تأسيس الشركة لتمويل رأسمالها الاساسي اصدارا أوليا، اما

الاصدارات التي تلي الاصدار الاولي بغرض زيادة رأس المال او بغرض توسع الشركة فانها عادة ما يطلق عليها بالاصدارات الموسمية .

ج- اصدارات دين واصدارات ملكية

لقد تم تقسيم هذا النوع من الاصدارات حسب الحقوق المترتبة عليها بالنسبة للمستثمر، حيث ان هناك اصدارات دين يترتب عليها حق دائنية بالنسبة للمستثمر اوحق مديونية بالنسبة للجهة المصدرة لها كالسندات مثلا فالسندات تعتبر بمثابة قروض ، عادة ما ينقضي هذا الحق بانقضاء الدين، اما الاصدار الذي يعتبر حق ملكية فانه يترتب عليه بالعادة نفس حقوق الملاك وهذا ما يترتب عليه زيادة في خصوم جهة الاصدار او بعبارة اخرى زيادة في رأس المال.

د- اصدارات مسجلة (اسمية) واصدارات لحامله

لقد تم في هذه الحالة تقسيم الاصدارات من حيث شكل الصك او الورقة المالية حيث ان هناك اوراق مالية غير قابلة للتداول وهي لا يستخدمها سوى الشخص المدون اسمه على الورقة المالية وهناك صكوكا لحامله أي يكون هذا الصك خاليا من اسم المستثمر وبذلك فان هذا الصك يكون قابلا للتداول. ويمتاز الصك المسجل او الاصدارات المسجلة بتوفير عنصر الامان للمستثمر ومن عيوبه غير قابل للتداول، اما الصك لحامله فيمتاز بتوفير عنصر السيولة وذلك لقابليته للتداول حيث بامكان حامله تحويله الى سيولة بسهولة .

هـ- اصدارات قصيرة الاجل واصدارات طويلة الاجل

ويتم تقسيم الاصدارات في هذه الحالة وفقا لفترة استحقاق الورقة المالية ، فهناك اوراق مالية تكون فترة استحقاقها قصيرة الاجل وعادة ما تكون اوراق مالية متداولة في اسواق النقد الدولية كشهادات الايداع والكمبيالات المصرفية والاوراق التجارية ... الخ، اما الاوراق المالية الطويلة الاجل فعادة ما تأخذ شكل اسهم عادية واسهم ممتازة وسندات حكومية طويلة الاجل.

و- اصدارات مضمونة واصدارات غر مضمونة

يتم تقسيم الاوراق المالية في هذه الحالة حسب درجة ضمان الورقة المالية فهناك اصدارات تكون مضمونة بأصول حقيقية كالمعدات والعقارات ... الخ ، وذلك بقصد تأمين حق المقرض في الحصول على الدين وفوائده، وعادة ما يترافق شرط الضمان مع اصدارات الديم متى كانت من النوع طويل الاجل كالسندات العقارية Mortages أما السندات العادية Debentures فتصدر عادة بدون ضمان والميزة الوحيدة التي توفره لحامل مثل هذه السندات تكمن في امكانية حصول المستثمر على حق الاولوية في اقتسام تفليسة المدين بالنسبة لبقية الدائنين العاديين.

ومن الجدير بالملاحظة في هذا الصدد ان اصدارات حق الملكية كالاسهم لا يمكن ان تصدر مضمونة لان حامل السهم يعتبر مالكا للشركة المصدرة .

ز- اصدارات محلية واصدارات اجنبية او دولية

ويتم تقسيم الاوراق المالية في هذه الحالة حسب المناطق الجغرافية فإذا ما تم الاصدار ضمن حدود الدولة فعادة ما يطلق عليه اصدارات محلية اما اذا تجاوز هذا الاصدار الحدود الاقليمية فعادة ما يطلق عليه اصدارات اجنبية او دولية ومن أمثلتها شركات الاستثمار غير المقيمة في دولة المقر والتي قامت بتوكيل احدى المؤسسات المحلية بعمليات الاصدار لحساب شركات الاستثمار الاجنبية غير المقيمة بدولة المقر فعادة ما يطلق على هذا النوع من الاصدار بالاصدار الاجنبي او الدولي .

الفئة الثالثة : الوسطاء او الوكلاء

فئة الوسطاء هم الذين يقومون بدور الوسيط بين جمهور المستثمرين او المقرضين وفئة المقترضين او المصدرين للاوراق المالية .

وعادة ما يكون الوسيط شخص طبيعي او شخص معنوي ويقوم الوسطاء بمجموعة من الاعمال يمكننا انجازها بالاتي :-

أ- أعمال السمسرة .

ب- صناعة الاسواق

ج- التعهد بتغطية الاصدارات .

د- العمل على اطالة فترة استحقاق الدين .

هـ- العمل على تقليل المخاطر والتكاليف التي يتحملها المستثمر.

أ- أعمال السمسرة :-

تتضمن أعمال السمسرة قيام السمسار Broker بمجموعة من الاعمال بناء على الاوامر التي يصدرها اليه العميل ويمكن تلخيص هذه الاوامر بالاتي :-

1. الامر السوقي :

يتضمن الامر السوقي قيام العميل بمنح السمسار صلاحية شراء او بيع الاوراق المالية حسب ما يراه السمسار مناسبا وبما يتلاءم مع السوق أي العرض والطلب.

2. الأمر المحدد:

ويتضمن هذا الامر اعطاء العميل اسعار محددة يتم بموجبها قيام العميل بيع او شراء الاوراق المالية ويتطلب من السمسار في هذه الحالة تنفيذ الامر بمجرد وصول السعر لهذا الحد.

3. امر التوقف

ويعتبر هذا الامر مزيج من النوعين السابقين وعادة ما يلجأ العميل الى التوقف في حالة انقاذ ما يمكن انقاذه من الربح او تفادي ما يمكن تفاديه من الخسارة .

4. الامر الفوري:

ويقتضي هذا الامر تنفيذ ما يطلبه العميل من السمسار فورا والى اعتبار هذا الامر لاغيا.

5. الامر الحر او المطلق:

يعطي هذا الامر للسمسار الحرية المطلقة في عمليات الشراء او البيع للاوراق المالية حسب ما يعتقد السمسار ان ذلك مناسبا لمصلحة العميل سواء أكان ذلك من حيث النوع او السعر او التوقيت ... الخ .

30

6. الامر المحدد بزمن :

ويقضي هذا الامر بأن يكون محددا بسقف ، زمني معين كأسبوع او شهر او سنة,,, الخ .

ب- صناعة الاسواق:

من اعمال الوسطاء او الوكلاء القيام بـدور صـانع الاسواق Market Maker وذلك لممارسـة مهمتـه ببيـع وشراء الاوراق المالية بموجب ترخيص تمنحـه ايـاه ادارة السـوق وفي هـذه الحالـة يقـوم الوسيط بممارسـة نشاطه في السوق الثانوي أو السوق الموازي وذلك إما لصـالح عملائه أو لصالح نفسه ويتطلب في هـذه الحالة من الوسيط المحافظة على :

1. توفير السيولة اللازمة للسوق وذلك عن طريق تفعيل اليه السوق بالتحكم في حركة العرض والطلب.

2. المحافظة على حركة استقرار الاسعار وحجم التعامل وذلك بممارسة حقه في البيع اوالشراء حسب مـا يقتضيه ذلك لمصلحة السوق المالي. وبما يتحقق نوعا من استقرار الاسعار وحجم التعامل بالاوراق المالية .

ج- قيام الوسيط بتغطية الاصدارات الاولية :

يلعب الوسيط في هذه الحالة دور المتعهد لتغطية اصدار اولي معين سواء اكان في صـورة اسهم اوسندات ويتطلب في هذه الحالة ان يكون الوسيط مؤسسة مالية حتى القيام بمثل هـذا العمل ،حيـث أنـه إذا لم يستطع تسويق الإصدارات الاولية يقوم هو

نفسه بشرائها لحسابه الخاص وهذا لايمكن تحقيقه الا اذا كان الوسيط مؤسسة مالية كبنك استثمار مثلا او شركة استثمارية ... الخ .

د- العمل على اطالة فترة استحقاق الدين :

لما كان الوسيط في الغالب عبارة عن مؤسسة مالية او شركة استثمارية، فانه يستطيع اطالة فترة استحقاق الدين بعمل اليه محددة لعمليات الدفع سواء اكان ذلك باطالة فترة استحقاق الدين (السند) او الفائدة المترتبة عليه (فائدة السند).

هـ- تقليل المخاطر والنفقات

غالبا ما يكون الوسطاء كما وسبق ان ذكرنا مؤسسات او شركات استثمارية وبالنظر لما يتوفر لدى هذه المؤسسات من هيئات اسثمارية متخصصة في كافة المجالات فغالبا ما يعمل ذلك على تخفيض المخاطر والتكاليف التي يتحملها المستثمر .

سادسا: انواع الاسواق المالية

يوجد تقسيمات مختلفة للاسواق المالية يمكننا ايجازها بالاتي :

اولا: اسواق رأس المال

ثانيا: اسواق النقد .

اولا: اسواق رأس المال Capital Markets

وتقسم اسواق رأس المال الى مجموعتين من الاسواق هما:

1. الاسواق الحاضرة او الفورية .
2. الاسواق المستقبلية .

1) الاسواق الحاضرة او الفورية Spot or Cash Markets

فهي عبارة عن الاسواق التي تتعامل بالاوراق المالية طويلة الاجل مثل الاسهم العادية والاسهم الممتازة والسندات على مختلف انواعها وتتضمن الاسواق الحاضرة او الفورية على الاسواق التالية :

أ. الاسواق المنظمة Organized Markets

وتقصد بالاسواق المنظمة، البورصات التي يتم بها تداول الاوراق المالية المكتملة الشروط وعادة ما يطلق عليها بالاسواق الثانوية Secondary Markets وتتداول في هذه الاسواق الاوراق المالية بعد الاكتتاب فيها من قبل بين حامل هذه الاوراق وبين مستثمر اخر بالبيع او الشراء، وتعتبر الاسواق الثانوية من اهم الاسواق الرأسمالية لانها تشكل الجزء الاكبر من العملية الاستثمارية واصول ادارة المحافظ اضافة الى ان الاسواق الاولية مرتبطة ارتباطا وثيقا بنجاح الاسواق الثانوية .

وتلعب الاسواق الثانوية او البورصات دورا هاما واساسيا في تعبئة المدخرات واعادة استثمارها في الوحدات الانتاجية نتيجة لما توفره من اموال نقدية سائلة لحملة الاسهم ، كما وان الاسواق الثانوية غالبا ما تعمل على تمويل خطط التنمية الاقتصادية وخاصة خطط التنمية التي تحتاج الى رؤوس اموال كبيرة قد لا تتوافر لدى الدولة وفي هذه الحالة بدلامن التجاء الدولة الى عمليات الاقتراض الخارجية

التي غالبا ما يترتب عليها اعباء كبيرة تثقل كاهل الدولة بالديون تقوم بطرح مشاريعها التنموية في الاسواق الثانوية وبواسطة هذه الاسواق تستطيع تمويل عملياتها التنموية ويكون ذلك بإشراك القطاع الخاص في تمويل هذه المشاريع بواسطة طرح اسهمها في الاسواق المالية الثانوية للاكتتاب فيها .

ب.   الاسواق غير المنظمة Unorganized Capital Markets
وتيم تداول الاوراق المالية في هذه الاسواق من خلال البنوك الاستثمارية والمصارف التجارية وبيوت السمسرة ، وعادة ما يطلق عليها بالاسواق الاولية Primary Markets باعتبارها هي الجهة المتخصصة او المختصة باصدار الاوراق المالية وطرحها للبيع لاول مرة وعادة ما يطلق على المؤسسات المصرفية او بنك الاستثمار الذي يتولى القيام بعملية اصدار الاوراق المالية لاول مرة بنكير او بنك الاستثمار   Investment Banker or Bank او المتعهد Under Writer الذي عادة ما يكون مؤسسة مالية متخصصة .

وتعتبر المؤسسات المالية التي تتولى عمليات الاصدار وسيط بين جمهور المستثمرين للاوراق المالية وبين الجهة المقررة لاصدار الورقة المالية ، تتمثل اعمال هذه المؤسسات في هذا الخصوص بتقديم عمليات المساعدة للجهة المعنية (المقررة لاصدار الورقة) لكي يتم اصدار الورقة المالية، وقد تتولى بعض هذه المؤسسات القيام بتمويل شراء الاصدارات بغية اعادة بيعها لجمهور المستثمرين .

34

ووفقا لما سبق يمكننا القول ان الاسواق الاولية هي سوق الاصدارات وهي السوق التي تنشأ فيها علاقة بماشرة بين مصدر الورقة المالية والمكتتب الاول فيها اوبين المقترض والمقرض فهي سوق تجمع فيها المدخرات الخاصة لتحويلها الى استثمارات جديدة وذلك عن طريق الاصدارات المختلفة للاسهم والسندات .

ج- الاسواق الاحتكارية

وتتمثل هذه الاسواق في وزارة الخزانة او البنك المركزي في الدول المعنية ، حيث يحتكران التعامل في انواع معينة من الاوراق المالية التي تصدرها الحكومة مثل السندات الادخارية التي تحتكرها وزارة الخزانة .

2) الأسواق المستقبلية

وتتمثل الأسواق المستقبلية بعقود الاختيار والعقود المستقبلية.

ولقد بدأ التعامل بحقوق الاختيار في الولايات المتحدة الأمريكية في أوائل السبعينات وكانت بدايات حقوق الاختيار عقود مباشرة بين طرفي التعاقد ، أما الآن فقد أصبحت عقود الاختيار أكثر تنظيما حيث يتم معظمها من خلال مؤسسات تقاصي، أما بالنسبة للعقود المستقبلية فهي موحدة من حيث تواريخ الأستحقاق حيث يتم تداولها بوحدات نقدية موحدة أو بمضاعفاتها.

هذا وسوف تقوم بشرح تفصيلي لعمليات الاختيار والعقود المستقبلية في الوحدة السادسة من هذا الكتاب.

ثانيا: اسواق النقد Money Markets

هي عبارة عن الاسواق التي تتم من خلالها عمليات الاقراض او الاقتراض فيما بين البنوك المحلية او المحلية والاجنبية او فيما بين البنوك المحلية والمؤسسات المالية المحلية الاخرى تتأثر السوق النقدية بطبيعة الحال بنوعية السياسة النقدية المطبقة ، وترتكز على عامل اساسي مهم هو سعر الفائدة. ويتحدد سعر الفائدة بناء على العرض والطلب على ان المعرفة التامة للسوق والعوامل التي تؤثر عليه سواء محلية او خارجية تمكن المتعامل من معرفته تحركات واتجاه اسعار الفائدة، كما يجب التنويه على اهمية المؤشرات الاقتصادية ودورها البالغ في حركة اتجاه الاسعار صعودا وهبوطا ، وكذلك طبيعة الظروف السياسية في البلد ذاته والوضع الاقليمي واثر ذلك على ميكانيكية السوق. وبلا شك فان دور هذه المؤشرات قد يكون واضحا وبارزا في بعض الدول عنها في الدول الاخرى.

تقوم الشركات عادة بتوظيف جزء من سيولتها في اوراق مالية قصيرة الاجل لغرض الاستفادة من العائد الذي تدره هذه الاستثمارات . ان الاستثمار في هذه الاوراق المالية (محفظة) يشكل مصدر ثانوي للسيولة في الشركة، فاذا احتاجت الشركة الى سيولة اضافية غير متوقعة تقوم ببيع جزء من الاوراق المالية . وفي السنوات القليلة الماضية حيث كان معدل اسعار الفائدة القصيرة الاجل مرتفعا مما ادى لازدياد اهمية الاستثمارات القصيرة الاجل . ويثار السؤال ماهي العوامل التي يتوقف عليها حجم التوظيف في الاوراق المالية القصيرة الاجل؟ هناك عوامل متعددة تؤثر في حجم الاستثمار بالاوراق المالية القصيرة الاجل واهم هذه العوامل هي : معدل الفائدة التي يمكن الحصول عليها خلال فترة الاستثمار والتكلفة المترتبة

على عمولات الوساطة في عمليات بيع وشراء الاوراق المالية ، وكذلك درجـة التغيـير في التـدفقات النقديـة للشركة ، فاذا ساد مثلا معدل فائدة مرتفع في الاسواق المالية، تكون التكلفة البديلة للاحتفاظ بالنقد عاليـة

وهذا مما يحفز تحويل جـزء اكـبر مـن سيولة الشركة الى اوراق ماليـة وبـالعكس. واذا ارتفعت عمـولات الوساطة فان تكلفة تحويل الاوراق المالية الى نقدية عند الحاجة تكون مرتفعة ايضا، لذا فانه مـن الافضـل هنا ان تبقي الشركة جـزءا اقـل بصـورة اوراق ماليـة . واذا اتسـمت تـدفقات الشركة النقديـة بالاستقرار Stablization فان احتياطها لسيولة ثانوية صغيرة على شكل اوراق مالية تكون قليلة بخلاف الحال عنـدما تكون التدفقات النقدية كثيرة التقلب فان احتياجها للاستثمار في الاوراق المالية القصيرة الاجل يكـون كبـيرا نسبيا، ويكون ذلك بغرض مواجهة احتياجاتها لنقدية غير متوقعة .

وتركز الشركة عـلى الاسـتثمار التراكمـي في محفظـة الاوراق الماليـة القصيرة الاجـل لغايـات استخدامها في تسديد دفعات ثابتة تستحق في آجال مستقبلية محددة، فقد ترغب الشركة استخدام هذا التراكم لتسـديد سـندات ديـن او قـرض، او شراء اصـول رأسـمالية ، لـدفع ضريبـة دخـل مسـتحقة، او لتوزيـع اربـاح عـلى المساهمين.

ويطرح السؤال ماهي العوامل التي يجب مراعاتها في اختيار الاوراق المالية ؟ هناك عوامل عديدة يجب مراعاتها واهمها، خطر التخلف عن الدفع Default Risk السيولة ومعدل العائد. بالنسبة لخطر التخلف يحتفظ المدير المالي بتشكيلة

من الاوراق المالية تتفاوت في المخاطرة ، ان اقل هذه الاوراق خطرا هو اذونات الخزانة الحكومية القصيرة الاجل وتأتي بعدها تلك الادوات الصادرة عن مؤسسات بحسب خطر كل من هذه المؤسسات وفيما يتعلق بالسيولة فان الشركة ترغب باقتناء الاوراق المالية التي يمكن تحويلها الى نقدية بالكمية المطلوبة .ويقصد بالسيولة سرعة التحويل الى نقدية باقل خسارة ممكنة فاذا كانت عملية تسييل الاوراق المالية تستغرق وقتا طويلا مع تحمل خسارة في السعر فان هذه الاوراق المالية لا تعتبر سائلة في هـذه الحالـة، والمحافظة على السيولة بالمستوى المطلوب فانها تفضل الاستثمار في اوراق ماليـة قصيرة الاجـل فقـط، لان الاستثمار بأوراق مالية طويلة الاجل من شأنه ان يعرض المركز المالي للشركة بسبب احتمال تعرضها لتقلبـات واسـعة في سعرها السوقي عندما يحدث أي تغيير في معدلات الفائدة . ان حرص الشركة بالاحتفـاظ بـأوراق ماليـة قصيرة الاجل يدفعها بتقبل معدل عائد منخفض ، فالعلاقة بين الخطر والعائد هي علاقة طردية بمعنى انـه كلما ازدادت سيولة الاستثمار كلما تدنى العائد على الاستثمار، وبالعكس يزداد العائد عنـدما يكـون الخطر عاليا، لذلك فالاحتفاظ بأوراق مالية قصيرة الاجل تحقق عائدا منخفضا لهو أهـم مـن الاحتفـاظ بالسـيولة بشكل نقدي .

أهمية سوق النقد ومزاياه:-

يعتبر سوق النقد رافدا هاما للتمويل القصير الاجل، انه يـوفر الفرصـة للمقترضين بالحصـول عـلى الامـوال اللازمة بالاجل القصير، فهي اموال تخص مستثمرين يرغبون باستثمار اموالهم على درجة عالية مـن الامـان وفي اصول مالية سريعة التسييل. والمؤسسات التي تلعب دورا قياديا في هذه السوق هي البنوك التجارية

يشاركها في هذا النشاط بعض المؤسسات المالية التي تقوم بمهام الوساطة فيه. وفيما يتعلق بالمستثمرين الافراد فان دورهم يكاد يكون معدوما او محدودا نسبيا نظرا لتدني معدل العائد المتوقع من ادوات الاستثمار المتداولة فيه .

يتسم سوق النقد ببعض المزايا ومن أهمها المرونة العالية ، حيث تنخفض تكاليف اجراءات اتمام الصفقات المالية التي تحدث في سوق OCM كما يتميز سوق النقد ايضا بانخفاض درجة المخاطرة فيه وذلك لسببين :

اولهما- انخفاض درجة المخاطرة النقدية: وهي المخاطرة التي تنشأ عن احتمال هبوط اسعار الاوراق المالية المتداولة فيه. وحيث ان هذه الاوراق تتصف بالاجل القصير فان أي تغيير في اسعار الفائدة السائدة في السوق سوف يكون تأثيره محدودا على الاسعار السوقية لهذه الاوراق مما يجعل قيمتها الاسمية عند موعد استحقاقها شبه مستقرة، وبالتالي فاذا رغب حامل هذه الاوراق بخصمها قبل موعد استحقاقها فان احتمال تعرضه لخسائر كبيرة يكون مستبعدا.

ثانيهما- تدني درجة مخاطرة الدين ذاته: وهي تلك المخاطر التي ترتبط باحتمالات عدم قدرة المدين على سداد دينه في موعد استحقاقه ، فنظرا لان الاوراق المالية المتداولة في سوق النقد - القطاع الثانوي- والتي تصدرها مؤسسات تتسم بملاءة مالية عالية وذات مراكز ائتمانية متينة كالبنك المركزي والمؤسسات الحكومية والبنوك التجارية فان احتمالات عدم سداد الدين منخفضة جدا او شبه مستحيلة .

وبالنظر لهذه المزايا التي تتمتع بها سوق النقد فان هذه السوق تلعب دورا فعـالا علـى مسـتوى الاقتصـاد القومي من زاويتين هما :

1) يؤدي السوق النقدي دورا فاعلا في تخطيط السياسـة النقديـة للدولـة، ويكـون ذلـك مـن خـلال دور البنك المركزي في تغيـير اسـعار الفائـدة القصـيرة الاجـل ، اذ يسـتطيع التـحكم في احتياطـات البنـوك التجارية التي تلعب دورا قياديا في هذه السوق. ان تحكم البنك المركزي المبـاشر في معـدلات الفائـدة القصـيرة الاجل التي تمنحها البنوك التجارية تمكنه مـن السـيطرة غـير المبـاشرة علـى معـدلات الفائـدة الطويلة الاجل ايضا.

2) يستطيع البنك المركزي التأثير ايضا على السوق النقدي من خلال عاملين :

أ. العامل المتعلق بسياسة اعادة الخصم ويكون ذلـك بقيـام البنـك المركـزي بخصـم مالـدى البنـوك التجارية من كمبيالات وأذون خزينة مقابل فائدة يتقاضاها البنك المركزي نظير خصمه لهـذه الاوراق او نظير ما يقدمه البنك المركزي من قروض وسلف مضمونة للبنوك التجارية بمقابـل خصـمه لـلاوراق التجارية الموجودة لدى هذه البنوك .

ب. العامل المتعلق بعمليات السوق المفتوحة ويكون ذلك بقيـام النبـك المركـزي ببيـع الاوراق الماليـة الحكومية اوشراؤه للاوراق المالية المتداولة في اسـواق النقـد او رأس المـال حسـب الحاجـة ووفقـا لمـا تتطلبه عمليات التضخم والانكماش للمحافظة على الاستقرار النقدي والاقتصادي للدولة .

3) اذا امكن توفر سوق نقدي فعال فان ذلك يخلق سيولة مرتفعة للأصول المالية قصيرة الاجل وهذا من شانه ان يخفض تكاليف التمويل القصيرة الاجل وبالتالي زيادة معدل دوران رأس المال العامل لدى المشروعات الاقتصادية المتعددة الأنشطة ، وهذا ينعكس ايجابيا بزيادة الطاقة الانتاجية لهذه المشروعات مما يخلق في المحصلة النهائية انتعاشا اقتصاديا.

ومن اهم الاوراق المتداولة في اسواق النقد هي :-

- شهادات الايداع القابلة للتداول
- الكمبيالات المصرفية
- الاوراق التجارية
- اليورو دولار
- اذونات الخزينة .

وسوف نتناول هذه الاوراق بشيء من التفصيل في الوحدة الثانية من هذا الكتاب.

41

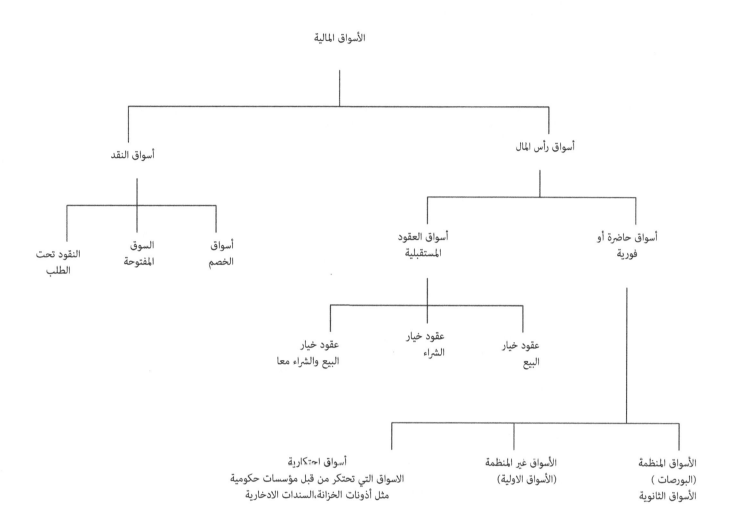

الأسواق المالية
أسواق رأس المال
أسواق النقد
أسواق حاضرة أو فورية
أسواق العقود المستقبلية
أسواق الخصم
السوق المفتوحة
النقود تحت الطلب
عقود خيار البيع
عقود خيار الشراء
عقود خيار البيع والشراء معا
الأسواق المنظمة (البورصات) الأسواق الثانوية
الأسواق غير المنظمة (الأسواق الاولية)
أسواق احتكارية
الاسواق التي تحتكر من قبل مؤسسات حكومية مثل أذونات الخزانة،السندات الادخارية

الوحدة الثانية
الاوراق المالية المتداولة في اسواق النقد

سنحاول في هذه الوحدة التعرف على الاوراق المالية المتداولة في اسواق النقد، مركزين في ذلك على الاوراق المالية التالية :-

أولا : شهادات الايداع المصرفية القابلة للتداول.

ثانيا: القبولات المصرفية .

ثالثا: اذونات الخزينة .

رابعا: الاوراق التجارية .

خامسا: اليورو دولار (الدولار الاوروبي)

سادسا: قرض فائض الاحتياطي الالزامي .

سابعا: اتفاقيات اعادة الشراء .

وسنقوم بشرح هذه الاوراق بايجاز .

أولا: شهادات الايداع المصرفية القابلة للتداول

Negotiable Certificates of Deposits

تعتبر شهادات الايداع احدى الادوات الاستثمارية الهامة التي يتم تداولها في سوق النقد، وهي ادوات دين تمنح حاملها حقا مقابل وديعة بنكية مودعة لاجل محدد. وعادة ما تقوم البنوك التجارية باصدار هذه الشهادات لقيم اسمية مختلفة ولآجال زمنية متفاوتة حسب مدة الوديعة التي غالبا ما تحدد بأقل من سنة .

وقد ظهرت شهادات الايداع المصرفية لحيز الوجود نتيجة لحدة التقلبات في اسعار الصرف والاضطرابات في الاسواق النقدية والمالية، وتقلص فرص الاستثمار المحلي.

فظهور هذه الاداة جاء نتيجة لمعاناة السوق المحلية من عدم وفرة القنوات الاستثمارية فجاءت لترضي كل من المستثمر من حيث العائد والمؤسسات المصرفية نم حيث الاستقرار. فالمستثمر اما ان يستثمر امواله في شكل حساب توفير يجني منه عائدا منخفضا لا يشبع رغبته او ان يلجأ الى نظام الودائع الثابتة ذات العائد الاكبر. ولكننا نلاحظ ان لها جانب سلبي وهو أن تنشأ حاجة مفاجئة وماسة للمستثمر لا يستطيع ان يستفيد منها الا بكسر الوديعة وضياع المردود عن الفترة التي قضتها امواله لدى المؤسسة ، ولذلك فان نظام الودائع يفتقر الى المرونةالمتوفرة في حساب الادخار من حيث السحب حسب حاجة المستثمر ، لذا كان لزاما على السوق المحية ان تجد مخرجا يرضي كلا من الجانبين فكان اصدار ما يسمى بشهادات الايداع المصرفية .

توفر شهادة الايداع للمستثمر الذي يقتنيها جملة من المزايا: فهي تتيح الفرصة لمستثمر بالحصول على النقد قبل تاريخ استحقاق الوديعة عن طريق بيعها مقابل تنازله عن جزء من العائد ، كما وانها ادوات قابلة للتداول في الاسواق المحلية، اضافة الى ان معدل العائد الذي يستطيع المستثمر الحصول عليه من شهادات الايداع يكون أعلى نسبيا من العائد المتحقق او الفائدة المتحققة على حسابات التوفير. وقد يكون سعر الفائدة محدد وثابت على شهادات الايداع وقديكون في حالات اخرى عائما وتسمى الاخيرة بشهادات ايداع عائمة ، وعادة تكون الفائدة في شكل هامش اضافي او سعر اضافي على اساس سعر فائدة معين مثل LIBOR[1]أو SIBOR[2] او غيره من انواع شهادات الايداع المستقبلية وتصدر بواسطة البنوك التجارية بناء على عقد بين البنك والمودع بفائدة ثابتة محددة مقدما على اساس اصدارها في تاريخ محدد في المستقبل .

ان سندات معدل الفائدة العائم مقيدة للشركة المصدرة للسندات وللمستثمرين ايضا ، فاذا انخفضت معدلات الفائدة في السوق النقدي فان الشركة تستفيد من انخفاض تكاليف الفائدة، اما اذا ارتفعت معدلات الفائدة النقدية فان حملة هذه السندات تستفيد من زيادة دخل الفائدة. وبما ان الفائدة المدفوعة على هذه السندات تقارب دوما العائد المطلوب في السوق فإن اسعار سندات الفائدة القائمة تكون أقل عرضة للتقلب الثابتة، أي ان خطر معدل الفائدة Interest rate Risk لهذا النوع من السندات يكون اقل، مما يمكن الشرك من الحصول على شروط افضل عند الاصدار، ويكون

[1] LIBOR سعر الفائدة السائد بين البنوك في لندن

[2] SIBOR سعر الفائدة السائد بين البنوك في سنغافورة

المستثمرين مستعدين لتلبية هذه الشروط لان خطر الاستثمار في هـذه السندات اقل، اضافة الى ذلك تتميز شهادات الايداع بقدر كبير من السيولة فهي اداة استثمارية عـلى درجة عالية مـن الامان بالنسبة للمستثمر لانها تصدر في معظم الاحيان بصفة لحامله، كما انها غالبا ما تكون مضمونة من البنك المركزي. وفيما يتعلق باصدار شهادات الايداع فانها تصدر في صورتين : **أولهما**- تصدر عامة للجمهور، حيث تباع بقيمة اصغر نسبيا ويطلق على هذا الاصدار Tranch CDS، ثانيهما يكون اصدار هـذه الأداة الاستثمارية خاصا وفقا لرغبة مجموعة من المودعين بشروط يتفقون عليها مع البنك المصدر وبقيمة اكبر نسبيا، ويطلق على هذا النوع من الاصدار Tap CDS.

ينظر خبراء المال الى شهادات الايداع على انها من الادوات الحديثة نسبيا في الاسواق المالية، فقد كان اولى اصدارها عام 1961 عن البنوك التجارية في الولايات المتحدة، وقد لاقت رواجا اكثر في فترة السبعينات ولا تقل قيمتها عن 10 آلاف دولار وقد تصل الى ملايين الدولارات . والجدير بالذكر ان تداول شهادات الايداع يتم في السوق الثانوي للاوراق المالية بنفس الاسس المتبعة في التعامل بالسندات، فشهادة الايداع يماثل السند تباع على اساس العائد Yield وليس على اساس الخصم Discount كما هو الحال بالنسبة لمعظم ادوات النقد .

ثانيا: القبولات المصرفية :

هي ادوات دين تصدرها البنوك التجارية ، وهـي سحوبات بنكية يستعين بها المستوردون المحليون في استيراد بضاعة اجنبية على الحساب، فمثلا لو رغب

تاجر اردني ان يستورد بضاعة من الصين فانه يسلك احد البديلين الاتيين: الاول- يقوم المستورد بفتح اعتماد مستندي لدى البنك المحلي الذي يتعامل معه ويشترط على البنك ان يدفع ثمن البضاعة كاملا للمورد بمجرد وصول مستندات شحنها ويطلق على هذا النوع من الاعتمادات Sight Credits.

الثاني- ويلجأ المستورد لهذا البديل عندما لا يملك سيولة كافية لدفع ثمن البضاعة فورا كما هو الحال في البديل الاول، كما يمكن اللجوء اليه عندما ينوي المورد ان يوفر رغبة منه مزايا ائتمانية للمستورد بغرض الترويج لنوع معين من البضاعة ، ويثار السؤال ماهي الاجراءات المتبعة في هذا البديل ؟ يتفق المستورد الاردني في مثالنا هذا مع احد البنوك المحلية في الاردن لاصدار قبول مصرفي يضمن فيه للمورد الصيني الحصول على قيمة بضاعته عن طريق البنك المراسل في الصين، فيصدر البنك المحلي قبولا مصرفيا بقيمة أسمية تعادل ثمن البضاعة المستوردة بحيث يسري مفعول هذا القبول المصرفي لفترة زمنية يتفق نعليها بين المستورد والمورد، يسلم هذا القبول المصرفي للمورد الصيني، الذي يكون بامكانه ان يحتفظ به لتاريخ استحقاقه يوقم باستلام قيمته الاسمية كاملة عن طريق البنك المراسل في الصين، واذا لم يرغب بالاحتفاظ به فانه يمكن ان يبيع هذا القبول المصرفي في السوق الثانوي للاوراق المالية بخصم معين، وهنا نسأل لمن يباع ؟ تقوم البنوك التجارية عادة بشراء هذا النوع من القبولات بغرض تحقيق عائد يتمثل بنسبة الخصم ويعزى لجوء البنوك الى هذا الاجراء متى زادت احتياطاتها عن المستوى المرغوب الاحتفاظ به .

47

وتعتبر القبولات المصرفية من الادوات الاستثمارية الهامة كما هو الحال بالنسبة لشهادات الايداع ، فهي من حيث آجال الاستحقاق فانها تصنف ضمن الادوات القصيرة الاجل مما يوفر لها عنصر السيولة ، وتتصف في معظم الاحيان بقابليتها للخصم لدى البنك المركزي، وهذا يوفر لمالكها ميزة الامان ، ولهذا اعتبرت القبولات المصرفية من الادوات الفعالة لتنشيط التجارة الخارجية .

وترتبط معدلات الفائدة على القروض البنكية بعلاقة طردية مع حجم القبولات المصرفية المتداولة في سوق النقد، بمعنى انه اذا ارتفعت اسعار الفائدة يزيد حجم القبولات المصرفية وبالعكس اذا انخفضت اسعار الفائدة ينخفض حجم الاصدار من هذه القبولات المصرفية كما يقل الاقبال عليها . ولتفسير هذه العلاقة يحدث انه في حالة انخفاض سعر الفائدة على القروض البنكية يغري المستوردين التوجه نحو الاقتراض بدلا من اللجوء الى القبولات المصرفية ، اما في حالة ارتفاع سعر الفائدة فانما يكون من الانسب للمستورد اللجوء الى القبولات المصرفية ذلك ان اسعار فائدتها يكون في نطاق اضيق من الزيادة في اسعار الفائدة على القروض بسبب اجلها القصير ، ولهذا تكون القبولات المصرفية انسب للمستورد من القروض المصرفية كمصدر من مصادر التمويل في الاجل القصير .

ثالثا: اذونات الخزانة

تعتبر ادوات دين حكومية، وعادة تصدر بصفة حامله ولآجال تتراوح بين 3-12 شهرا، وتصنف ضمن الاوراق المالية القصيرة الاجل، حيث يتم تداولها في السوق الثانوي على اساس الخصم ، ويعتبر الاقتصادي الامريكي Bagehot اول من

اقترح فكرة تمويل خزينة الدولة في الولايات المتحدة في عام 1887 بواسطة اذونات الخزانة ، ومنذ ذلك التاريخ اعتبرت أذونات الخزانة من الادوات الهامة في سوق النقد . وتصدر الحكومات هذه الاذونات لمواطنيها بغرض تشجيعهم على الادخار . ولتحقيق ذلك يتم اصدارها بشروط مغرية كأن تضمن عائد مجز لحاملها ومعفى من ضريبة الدخل. وميزة الاعفاء هذه لها اهميتها الكبيرة بالنسبة للمستثمرين في البلاد التي تتقاضى حكوماتها ضرائب تصاعدية على الدخل كالولايات المتحدة . وفي اغلب الاحيان تصدر اذونات الخزانة بقيمة اسمية تبدأ من 100 دينار ومضاعفاتها، فاذا قام مستثمر على سبيل المثال واشترى قيمة اذن مبلغ اقل من قيمته الاسمية وليكن 900 دينار فانه – أي المستثمر- يتسلم القيمة الاسمية كاملة 100 دينار عند تاريخ الاستحقاق وبذلك فان المستثمر يحقق عائدا مقداره 100 دينار. أي ان نسبة العائد الفعلي المتحقق للمستثمر 11% يتم تداول اسعار الخصم بالنسبة لاذونات الخزانة على اساس سعرين هما : سعر الشراء وهو الثمن الذي يرغب المستثمر حامل الاذن في بيعه عن طريق الوكيل في السوق المالي .

سعر البيع : وهو الثمن الذي يطلبه وكيل من مستثمر يرغب شراء اذونات خزانة من السوق المالي، ويحدد سعر الشراء وسعر البيع باستخدام ما يعرف بسعر خصم الشراء وسعر خصم البيع على التوالي .

رابعا: الاوراق التجارية:

وهي عبارة عن سند تعهد غير مضمون من قبل المصدر وفيه يتعهد المصدر بدفع مبلغ محدد وفي تاريخ محدد للمشتري، وفي هذه الحالة يكون الضمان الوحيد هو قدرة المقترض الايرادية والثقة الائتمانية فيه. وهي تلك الادوات التي تصدر عن

مؤسسات مالية تتمتع بمراكز ائتمانية متينة، وتصدر بآجال قصيرة يتم التعامل بها في سوق النقد الثانوي، وتعتبر من اقدم ادوات الاستثمار القصير الأجل، واستخدامها محدود في معظم الاسواق المالية ماعدا الولايات المتحدة وكندا حيث يتوفر لها سوق واسع نسبيا.

والاوراق التجارية من ادوات الاستثمار التي تعطي لحاملها دخلا ثابتا وتصدر بصيغة لحامله وعلى اساس سعر الخصم مثل اذونات الخزينة، لكنها تختلف عن باقي ادوات الاستثمار القصيرة الاجل من حيث انها تصدر في معظم الاحيان غير مضمونة وهذا يرفع درجة المخاطرة المرافقة للاستثمار فيها. وعادة تدعم الاوراق التجارية بخط ائتمان مصرفي يحل محلها في حالة عجز الشركة المصدرة من تجديدها عند فترة الاستحقاق ، وطالما ان المخاطرة عالية فان العائد المتوقع منها يكون مرتفع ايضا وعائد الاوراق التجارية عادة يكون أعلى من العائد المحقق على الاستثمار في اذونات الخزانة ولكنه مقارب لذلك العائد المحقق عن شهادات الايداع المصرفية .

خامسا: سوق اليورو دولار

يعتبر الدولار الامريكي بالنسبة لباقي العملات الاجنبية عملة هامة تحتل مركزا مرموقا لاسباب عديدة اهمها : ثبات قيمته نسبيا مما يجعل البنوك المركزية في العالم حريصة على الاحتفاظ به ضمن إحتياطاتها بغرض تسوية ديونها الدولية، بجانب ان الاقتصاد الامريكي الذي يتبوأ مركزا قياديا في التجارة العالمية قد جعل من الدولار وسيلة دفع نقدي دولية تستخدمها البنوك التجارية .

وبسبب ما ذكر اعلاه اصبح الدولار عملية دولية مقبولة لدى الحكومات والمؤسسات والافراد في تنفيذ معظم الصفقات المالية التي تنجز في اسواق النقد العالمية، ولهذا اصبح في متناول ايدينا مصطلحات تتردد في هذه الاسواق مثل : سوق اليورو دولار، سوق البترو دولار بالاضافة الى اداة هامة يتم التعامل بها في سوق رأس المال وهي السندات الدولية Bond Dollars . ويثار السؤال ما المقصود بسوق اليورو دولار؟ لقد استمد هذا السوق تسميته بهذا المصطلح عندما بدأت البنوك الاوروبية تفتح لعملائها حسابات ودائع لاجل بالدولار وتلتزم برد هذه الودائع عندما يحين اجلها للسداد بالدولار ، وهذه الطريقة بالتعامل المصرفي الذي اخذت بها البنوك الاوروبية يخالف العرف السائد لدى البنوك التجارية والقاضي برد الودائع بالعملات المحلية. وقد قامت هذه البنوك باقراض من يحتاج الى اموال دولارية باستخدام مالديها من ودائع بالدولار ولكن بفائدة أعلى من تلك الفائدة التي تدفعها لاصحاب الودائع ومن هنا يستمد سوق اليورو دولار تسميته .

لكن ما يجري الان في الاسواق الاوروبية قلل من درو اليورو دولار ودلالته وخاصة بعد ان قامت البنوك الاوروبية بتعميم تجربتها على البنوك التجارية الاخرى في معظم انحاء العالم ، كما ان الامر اصبح مختلفا حيث لم يتقصر دور البنوك الاوروبية ان تقبل الودائع بالدولار فقط بل ذهبت الى ابعد من ذلك بقبول ودائع بعملات اجنبية رئيسية كالمارك الالماني والفرنك الفرنسي والين الياباني...الخ ، ولذلك اقترح لتغير التسمية لتشمل Eurocurrencies وهي عبارة عن ودائع بنكية بعملات تختلف عن عملة البلد الذي يوجد فيه البنك، وهناك شرطان اساسيان لان تكون الوديعة اوروبية (دولية) وهي اولا: المؤسسة التي

تقبل الوديعة يجب ان تكون بنكا تجاريا والمودع يمكن ان يكون بنكا آخر او أي شخص او مؤسسة اخرى غير بنكية ، وثانيا: ان يكون البنك في مكان خارج البلد الذي تحمل الوديعة عملته، وتسمى البنوك التي تقبل وتقرض عملات اوروبية بالبنوك الاوروبية ، ويطرح السؤال ما اهم مزايا سوق اليورو دولار؟ يمتاز سوق اليورو دولار بالمميزات التالية :

1. لقد لعب هذا السوق دورا رئيسيا في زيادة العرض من الاموال بالعملات الاجنبية مما يسهل عمليات التمويل فيه وخفض تكلفتها .
2. وقد ترتب على هذا الدور الذي يؤديه هذا السوق تضييق الفجوة بين اسعار الفائدة على القروض الدويلة في اسواق اليورو دولار.
3. وبسبب حرية تنقل الاموال في هذا السوق بين قطر واخر فقد انعكس اثار ذلك التدفق النقدي الداخل والخارج على اسعار العملات المحلية مقومة بالعملات الاجنبية فصارت اسعار الصرف لهذه العملات تتذبذب صعودا او هبوطا حسب زيادة او انخفاض عرض العملات الاجنبية في سوق اليورو دولار. ويشترك في هذا السوق البنوك المركزية، البنوك التجارية، الشركات، السماسرة، الحكومات والهيئات الحكومية، وصناديق الاستثمار والمؤسسات الدولية والافراد، ويكون أي من هؤلاء اما مقترض او مستثمر . ومن اهم الاسباب التي أدت الى ازدهار السوق النقدي الدولي هي العائدات العالي بالنسبة للعائدات المحلية التي يمنحها للمستثمرين وتكاليف الفائدة المنخفضة بالنسبة لتكاليف الفائدة المحلية التي يدفعها المقترضون ، وتأتي هذه الفروقات من العائد وتكلفة الفائدة نتيجة لعدم خضوع الاسواق النقدية الدولية للقوانين والإجراءات التي تحكم الاسواق المالية المحلية .

سادسا: قرض فائض الاحتياطي الالزامي

تقوم البنوك التجارية التي يتجمع لديها فائض في الاحتياطي الالزامي Surplus Reserve Requirement باقراض بنوك اخرى تعاني من عجز فيه. هذه الاموال التي تقرضها الاولى ذات الفائض للثانية التي تعاني من عجز لا تعد اوراقا بالمعنى المفهوم ذلك انها تمثل تعهد غير مكتوب يضمنه البنك المركزي- الجهة التي تدير الاحتياطي – يلتزم بموجبه البنك المقترض برد الاموال التي اقترضها للبنك المقرض مع الفائدة المستحقة . ان تاريخ استحقاق تلك القروض قد يمتد لاكثر من يوم مع ان الاصل كان الاقتراض لمدة يوم واحد خاصة اذا قام البنك المقترض باستخدامها نحو اوجه الاستثمار المختلفة، حيث يطلب تمديد فترة القرض يوما بيوم. ويثار السؤال ما هو دور البنك المركزي؟ انه يقوم بدور الوسيط بين البنوك المقرضة والبنوك المقترضة ، وقد يكون الاتصال فيما بين هذه البنوك مباشرة او بواسطة سمسار متخصص في هذا النوع من القروض.

سابعا:- اتفاقيات اعادة الشراء Repurchase Agreements Repose

تمثل هذه الإتفاقيات احدى وسائل الاقتراض التي يتبعها التجار المتخصصون في شراء وبيع الاوراق المالية بغرض تمويل مخزون اضافي من اوراق مالية سهلة التسويق ،وتكون فترة الاقتراض ليوم واحد او عدة ايام قليلة، ويطرح السؤال كيف تتم عملية الاقتراض ؟ تتم بأن يلجأ التاجر الى سمسار متخصص في تلك الاتفاقيات Repo Broker للبحث عن مستثمر يبيع بموجبه الاول للثاني- بصفة مؤقتة – اوراقا مالية بما يعادل المبلغ الذي يحتاجه كما يقوم بإبرام صفقة اعادة شراء لتلك

الاوراق مع المستثمر ذاته وبسعر يفوق قليلا السعر الذي باع له به هذه الاوراق، والملاحظ ان صفقة اعادة الشراء ستنفذ في الموعد الذي لم يعد التاجر يحتاج للاموال التي سبق ان حصل عليها من المستثمر ، وبهذا تنتهي الاتفاقية باسترجاع التاجر للاوراق المالية ورد الاموال الى المستثمر .

وتحتسب المكاسب على الأموال المقترضة بالفرق بين عقد البيع وبين عقد الشراء، واذا كانت هناك فرصة لابرام العقدين بالقيمة ذاتها فان المنافع او المكاسب التي يحصل عليها المستثمر تتمثل بفائدة يحدد معدلها مسبقا.

ومن هنا يتبين ان اتفاق اعادة الشراء ماهو الا قرضا قصير الاجل بضمان الاوراق المالية التي يتضمنها الاتفاق، حيث لا يترتب على عقد البيع انتقال حيازة الاوراق المالية المعنية من التاجر الى المستثمر بل تبقى في حوزة التاجر ولكن ينص في الاتفاق على رهن الاوراق لصالح المستثمر . وفي بعض الحالات يطلب المستثمر ان يتم رهن مخزون التاجر من الاوراق المالية وليس فقط الاوراق المالية محل الاتفاق كضمان سداد الاموال المقترضة.

وبالرغم من ان العادة جرت ان تكون فترة الاتفاق ليلة واحدة او بضعة ايام فان ثمة اتفاقيات تغطى فترة اطول قد تصل شهر او اكثر هذا وتعتبر البنوك التجارية السوق النشط لبيع وشراء صكوك تلك الاتفاقيات .

الوحدة الثالثة

الاوراق المالية المتداولة في اسواق رأس المال

سـنحاول في هـذه الوحـدة التعـرف عـلى الاوراق الماليـة المتداولـة في اسـواق رأس المـال الفرورية مركزين في ذلك على الاوراق المالية التالية :

أولا: الاسهم العادية

ثانيا: الاسهم الممتازة

ثالثا: السندات

من حيث مفهومها وخصائصها والمعالجات الرياضية التـي تتعلـق في كـل منهـا كـما وقـد تضمنت هذه الوحدة ايضا بعض التمارين العملية المتعلقة بهذه الاوراق لكي يسهل على الطالب فهمها .

أولا: الاسهم العادية :

وهي الاكثر شيوعا وتمثل جزء وحصة من رأس المال وتعطي صاحبها جملة من الحقوق. تقوم الشركات المساهمة عادة بإصدار هذه الاسهم التي يكون لها نفس القيمة الاسمية ولها نفس الحقوق والواجبات ، ويعرف السهم بأنه وثيقة اسمية واحدة تطرح للاكتتاب العام قابلة للتداول وغير قابلة للتجزئة. يأخذ السهم ثلاث قيم:

1) **القيمة الاسمية** وهي القيمة المدونة في وثيقة السهم والتي توزع الشركة المصدرة لها الارباح بنسبة مئوية فيها ، وتحدد معظم دول العالم حدا أدنى للسهم حيث في الاردن يتحدد بدينار واحد .

2) **القيمة الدفترية** : وهي قيمة السهم بالدفاتر وتستخرج بالمعادلة التالية :

$$\text{القيمة الدفترية للسهم} = \frac{\text{حقوق الملكية}}{\text{عدد الاسهم}} = \frac{\text{قيمة الموجودات} - \text{قيمة المطلوبات}}{\text{عدد الاسهم}}$$

وتستخدم هذه المعادلة في حالة عدم وجود اسهم ممتازة ، فاذا وجدت الاسهم الممتازة فتستخدم المعادلة التالية :

$$\text{القيمة الدفترية للسهم} = \frac{\text{حقوق الملكية} - \text{حقوق الاسهم الممتازة}}{\text{عدد الاسهم العادية}}$$

وتشمل حقوق الملكية رأس المال المدفوع ، الاحتياطيات والارباح المحجوزة. وبالتالي فان القيمة الدفترية للسهم تزداد بتقدم ونجاح الشركة لان احتياطياتها وارباحها المحجوزة تكون مرتفعة ، وتقل القيمة الدفترية كلما اتجه منحنى تقدم الشركة ونموها نحو الانحدار للأسفل ، لذلك فان نجاح الشركة ينعكس بصورة

ايجابية على القيمة الدفترية للسهم علما بأن القيمة الدفترية في بداية عمل الشركة تساوي القيمة الاسمية .

3) **القيمة السوقية :** وتمثل سعر السهم في السوق المالي حيث يتم تداوله في السوق المالي وبالتالي تحدد قيمته وفقا للمعطيات التالية :

أ.   القيمة الدفترية .

ب. ظروف الطلب والعرض بالسوق المالي .

ت. الظروف الاقتصادية المتعلقة بالتضخم والانكماش.

ث. توقعات المحللين الماليين لمستقبل اوضاع الشركة .

ج. المركز المالي للشركة والقدرة علتحقيق الارباح في المستقبل .

ح. توزيعات الشركة للارباح في نهاية كل سنة .

ولذلك فمن المتوقع ان تتذبذب هذه القيمة صعودا وهبوطا بسبب تأثرها بعوامل كثيرة. وفي العالم تقارب القيمة السوقية للسهم قيمته الدفترية ويحتسب معدل العائد الحقيقي للسهم بالمعادلة التالية :

$$\text{معدل العائد الحقيقي (الفعلي) للسهم} = \frac{\text{القيمة الاسمية}}{\text{القيمة السوقية}} \times \text{نسبة التوزيع}$$

مثال توضيحي :

تقوم احدى الشركات المساهمة بتوزيع ارباحا نسبتها 25% على الاسهم العادية وكانت القيمة الاسمية للسهم 7 دنانير في حين بلغت قيمته السوقية 9 دنانير فان :

$$\text{معدل العائد الحقيقي (الفعلي) للسهم} = \frac{\text{القيمة الاسمية}}{\text{القيمة السوقية}} \times \text{نسبة التوزيع}$$

57

= 7÷ 9×25, 0 = 44, 19%

4) القيمة التصفوية Liquidation Value:

هي القيمة التي يتوقع المساهم ان يحصل عليها في حالة تصفية الشركة وسداد الالتزامات التي عليها وكذلك حقوق حملة الاسهم الممتازة ، وعادة فان تصفية الشركة وانهاء نشاطها لا يمثل نتيجة جيدة بالنسبة للمساهمين العاديين حيث لا يحصلون الا على جزء ضئيل من القيمة الاسمية لاسهمهم وقد لا يحصلون على شيء ابدا، ونصيب المساهم العادي من بيع الشركة (القيمة التصفوية) يسمى بالقيمة الحقيقية للسهم Real Value وتستخرج هذه القيمة بالمعادلة التالية:

$$\text{القيمة الحقيقية للسهم} = \frac{\text{قيمة الموجودات في السوق - الالتزامات وحقوق الاسهم الممتازة}}{\text{عدد الاسهم العادية}}$$

5) قيمة السهم حسب العائد Dividend Value:

وتمثل القيمة التي يبدي المستثمر استعداده لدفعها مقابل حيازته للسهم الذي يعطيه العائد الذي يطمح بالحصول عليه مقابل استثمار امواله . ويستخرج بالمعادلة التالية:

$$\text{قيمة السهم حسب العائد} = \frac{\text{القيمة الاسمية للسهم} \times \text{نسبة التوزيع}}{\text{معدل العائد الذي يطلبه المستثمر}}$$

مثال : نفرض ان احـدى الشركات تـوزع ارباحـا قـدرها 18% ورغـب احـد المسـتثمرين شراء هـذا السـهم ويتوقع عائدا على امواله قدره 9% واذا افترضنا القيمة الاسـمية لسـهم الشركة 8 دنـانير فاحسـب القيمـة التي يكون على استعداد لدفعها مقابل حيازته هذا السهم ؟

$$\text{قيمة السهم حسب العائد وفقا للمعادلة} = \frac{8 \times 0,18}{0,09} = 16 \text{ دينار}$$

هناك بعض المزايا للاسهم العادية كا ان لها بعض العيوب.

مزايا الاسهم العادية:

1. لا تلتزم الشركة بدفع ارباح لحملة هذه الاسهم الا اذا تحققت واتخذ قرار بتوزيعها كلها او بعضـها ، ولذلك قانها لا تمثل عبئا على الشركة .

2. تعتبر الاسهم وسيلة تمويل طويلة الاجل والشركة غير ملزمة برد قيمتها ي موعد محدد لاصحابها .

3. تعتبر الاسهم حق من حقوق الملكية وهي تمثل ضمانا للدائنين ومن وجهة نظر الـدائنين كلـما كانـت نسبة الديون الى حقوق الملكية متدنية كلما اعطى ضمانا اكثر وثقة اكبر للدائنين .

عيوب الاسهم العادية :

1- ان اصدار اسهم عادية جديدة يؤدي الى توسيع قاعدة المساهمين، وهـذا يحـدث تغيـير في مجـالس الادارة ومن ثم احتمال فقدان مجلس الادارة للسيطرة يكـون كبـيرا لاي جهـة تسـتطيع شـراء كميـات كبيرة من الاسهم وبالتالي الضغط على الادارة .

2- ان توسيع قاعدة المساهمين يؤدي الى انخفاض عائد السهم .

3- توزيعات الارباح التي تجريها الشركة لا تمثل مصروفا لغايات الضرائب، أي انها لا تخفف من العـبء الضريبي .

4- ان طرح الاسهم قد يكلف الشركة مصاريف عالية .

حقوق حملة الاسهم العادية :

يتمتع حملة الاسهم العادية بحقوق تنص عيها التشريعات والقوانين الخاصة بقـانون الشـركات، اضافة الى بعض الحقوق التي ترد بالنظام الداخلي للشركة، وهذه الحقوق هي :-

1. الحق في الاشتراك في الادارة : يتمتع صاحب السهم العادي بحق الاشتراك في انتخاب اعضاء مجلس الادارة، كما يحق له الترشيح لعضوية المجلس ضـمن شروط معينـة ، كمـا يحـق لـه الاقـتراع عـلى أي موضوع ضمن جمعيات حملة الاسهم .

2. يحق لمالك السهم نصيب من الارباح الموزعة وهذا لا يحصل عليه الا اذا تحقـق ربحـا واتخـذ قـرار بتوزيعه .

3. أولوية الشراء للأسهم الجديدة : عندما تصدر الشركة اسهما جديدة لزيادة راسمالها بغرض تحقيق اهداف تسعى اليها الشركة فانه غالبا ما تكون اولوية الشراء لحملة الاسهم القدامى، ان هذا الحق في الاكتتاب بالاسهم الجديدة يعطيهم فرصة المحافظة على مركزهم النسبي في التصويت وانتخاب اعضاء مجلس الادارة، كما يحافظ على نصيبهم في الاحتياطيات والارباح المحتجزة في حالة بيع الاسهم الجديدة بسعر اقل من قيمتها الدفترية .

4. الحق في نقل الملكية : وهذا يعني ان حامل السهم يستطيع التخلي عن سهمه بواسطة البيع او التنازل عنه عن طريق السوق المالي بدون اخذ موافقة الشركة اوباقي المساهمين .

5. الحق في الحصول على نصيبه من نتائج تصفية الشركة، وهذا لا يتحقق الا بعد الوفاء بالتزاماتها نحو الدائنين واصحاب الاسهم الممتازة والالتزامات الاخرى،ـ بعدها توزع نتائج التصفية على نحو الدائنين واصحاب الاسهم العادية .

تكلفة الاسهم العادية :

ان تكلفة السهم العادي بالنسبة للشركة تكمن في نصيب السهم من الربح المدفوع ، وحيث يتوقع ان تنمو هذه الارباح خلال السنوات اللاحقة لذلك فانه من المنطقي ان نأخذ بالاعتبار معدل نمو الارباح، وتحسب تكلفة التمويل بالاسهم العادية بالمعادلة التالية :

61

$$\text{تكلفة التمويل للسهم العادي} = \frac{\text{الربح المتوقع لكل سهم}}{\text{سعر بيع السهم - مصاريف وعمولة الاصدار}} + \text{معدل نمو الارباح السنوي}$$

مثال توضيحي (1):

سهم عادي قيمته 50 دينار وسيعرض للبيع بسعر 46 دينار وعمولة الاصدار والبيع 8, 0 دينار ونصيب السهم من الارباح الموزعة السنوية 25, 4 دينار اوجد تكلفة التمويل اذا علمت ان معدل نمو الارباح 7% .

الحل : نطبق المعادلة اعلاه فيكون :

$$\text{تكلفة تمويل السهم العادي} = \frac{4{,}25}{46 - 0{,}8} + 0{,}07 = 16{,}96\ \%\ \text{تقريبا}$$

مثال توضيحي (2):

سهم عادي قيمته الاسمية 2 دينار وسعره السوقي 4 دنانير وتتوقع الشركة ان توزع ارباحا لكل سهم بمعدل 25% مصاريف البيع 8% كما ان الارباح تنمو بمعدل 8% اوجد تكلفة التمويل .

الحل : يتم تطبيق المعادلة أعلاه :

$$\text{ربح السهم} = 2 \times \frac{25}{100} = 0{,}50\ \text{دينار}$$

$$\text{تكلفة تمويل السهم العادي} = 0{,}08 + \frac{0{,}50}{4 - (\,0{,}08 \times 4\,\{\text{القيمة السوقية}\})} = 21{,}59\%$$

مثال توضيحي (3):

سهم عادي قيمته الاسمية 40 دينار ويباع بنفس القيمة ، الارباح الموزعـة لكـل سـهم 2,5 دينـار كـما ان ارباح الشركة تنمو بمعدل 7% سنويا ومصاريف بيع السهم 0,75 دينار احسب كل من :

أ.   تكلفة التمويل .

ب.   سعره السوقي في نهاية السنة الاولى.

ت.   سعره السوقي في نهاية السنة الثانية .

ث.   سعره السوقي في نهاية السنة الخامسة .

الحل : بتطبيق معادلة كلفة التمويل يتضح ما يلي :

$$\text{أ. كلفة التمويل} = \frac{2{,}5}{40 - 0{,}75} + 0{,}07 = 13{,}37\%$$

ب: سعر السهم في نهاية السنة الاولى :

لاستخراج سعر السهم في السنة الاولى نطبق معادلة سعر السهم لأي سنة =

الربح للسهم الموزع في تلك السنة
تكلفة التمويل - معدل نمو الارباح

الامر الجوهري في هذه المعادلة هو ايجاد مقدار الربح للسهم الموزع في تلك السنة المراد استخراج سعره السوقي .

نصيب السهم من الربح الموزع في السنة الاولى = 5, 2+ (5, 2× 07, 0) = 675, 2 دينار

سعر السهم السوقي في نهاية السنة الاولى = $\frac{2,675}{0,07 - 13,37}$ = 99, 41 دينار

ت. سعر السهم السوقي في نهاية السنة الثانية :

نصيب السهم من الربح الموزع في نهاية السنة الثانية = 5, 2+ (5, 2× 07, 0) ×2 = 85, 2 دينار

السعر في نهاية السنة الثانية (بتطبيق المعادلة) = $\frac{2,85}{0,07 - 13,37}$ = 74, 44 دينار

ث. سعر السهم السوقي في نهاية السنة الخامسة :

نصيب السهم من الربح الموزع في نهاية السنة الخامسة = 5, 2+(5, 2× 07, 0) × 5= 375, 3 دينار

$$\frac{3,375}{0,07 - 13,37} = 52,98 \text{ دينار}$$

السعر في نهاية السنة الخامسة (بتطبيق المعادلة)=

عائد السهم

يقاس عائد السهم العادي بأحد المقاييس التالية :

1. نصيب السهم العادي من الارباح المحققة.
2. نصيب السهب العادي من الارباح الموزعة .
3. الريع الجاري للسهم .
4. الريع فترة الاقتناء.

نصيب السهم العادي من الارباح المحققة : ويستخرج بالمعادلة التالية :

$$\text{1- نصيب السهم العادي من الارباح المحققة} = \frac{\text{صافي الربح الخاص بالمساهمين العاديين}}{\text{عدد الاسهم العادية}}$$

يلعب هذا المقياس دورا هاما في تحديد سعر السهم، ونظرا لهذه الاهمية فان الشركات تبذل اقصى جهدها للعمل على رفعه، وترجع اهميته من حيث انه عامل هام من جملة عوامل يأخذها المستثمر بعين الاعتبار عند اتخاذ قراره بالاستثمار في سهم معين .

مثال (1):

اذا كان صافي الربح بعد الضرائب (50) ألف دينار ومجموع حقوق المساهمين يبلغ (100) ألف دينار منها (30) ألف اسهم ممتازة تربح 12% علما بأن عدد

الاسهم العادية (50) ألف سهم المطلوب : استخرج نصيب السهم العادي من الارباح المحققة.

الحل:

$$ما يخص حملة الاسهم العادية من ارباح 50000 -30000 \times \frac{12}{100} = 46400 \text{ دينار}$$

$$حيث أن 30000 \times \frac{12}{100} = 3600 \text{ دينار نصيب حملة الاسهم الممتازة.}$$

$$إذن نصيب السهم العادي = \frac{46400}{50000} = 0,928 \text{ دينار}$$

2-نصيب السهم العادي من الارباح الموزعة :

يقيس هذا المؤشر ما سوف يحصل عليه المساهم من ارباح في محفظته ويستخرج بالمعادلة التالية :

$$نصيب السهم العادي من الارباح الموزعة = \frac{الارباح المعدة للتوزيع على المساهمين العاديين}{عدد الاسهم العادية}$$

ويمكن احتساب نصيب السهم العادي من الارباح الموزعة بضرب القيمة الاسمية للسهم العادي في نسبة التوزيع المعلن عنها .

66

ليس من الضروري ان يتساوى نصيب السهم العادي من الارباح المحققة مع نصيب السهم العادي من الارباح الموزعة، ويرجع الاختلاف الى ان الارباح الموزعة هي جزء من الارباح المحققة، حيث يتبقى جزء من هذه الارباح على شكل احتياطيات او ارباح مدورة .

لذلك فمن المتوقع ان يكون نصيب السهم العادي من الارباح المحققة اكبر من نصيبه من الارباح الموزعة .

مثلا:

اذا ارادت الشركة في المثال (1) ان توزع 20% ارباحا على الاسهم العادية وكانت القيمة الاسمية للسهم العادي دينار وربع، احسب نصيب السهم العادي من الارباح الموزعة .

الحل:

$$\text{نصيب السهم العادي من الارباح الموزعة} = \frac{20}{100} \times 1,25 = 0,25 \text{ دينار}$$

مثال توضيحي:

اذا كان نصيب السهم من الارباح الموزعة (0,22) دينار ويباع في السوق بسعر 4,25 دينار باستخدام المعلومات الواردة في مثال (1) استخرج ريعه الجاري.

الحل: نطبق المعادلة

$$\text{الريع الجاري للسهم} = \frac{\text{نصيبه من الارباح الموزعة}}{\text{سعره في السوق}} \times 100\% = \frac{0,22}{4,25} = 5,176\%$$

4-الريع لفترة الاقتناء :

عندما يشتري المستثمر سهما أو سندا بمبلغ معين ثم يريد بيعه بعد ذلك فان العائد لفترة اقتنائه (امتلاكه) للسهم هو :

$$\text{الريع فترة الاقتناء} = \frac{(\text{سعر البيع} - \text{سعر الشراء}) + \text{مايكون قد قبضه من ارباح خلال الفترة}}{\text{سعر الشراء}} \times 100\%$$

مثال (1):

اشترى مستثمر اسهما من اسهم الشركة (ع) بسعر 14 دينار وقد وزعت الشركة (ع) ارباحا معدلها 7% ثم باع المستثمر سهمه بسعر 16 دينار ، علما بأن القيمة الاسمية لسهم الشركة يساوي 11 دينار احسب الريع فترة الاقتناء .

الحل: نطبق القانون :

$$\text{الريع لفترة الاقتناء} = \frac{(\text{سعر البيع} - \text{سعر الشراء}) + \text{ما يكون قد قبضه من ارباح خلال الفترة}}{\text{سعر الشراء}} \times 100\%$$

$$= \frac{(14-16) + 11 \times 0{,}07}{14} \times 100\% = 19{,}79\%$$

وقد احتسبت الارباح كما يلي:11(القيمة الاسمية)×0,07(نسبة التوزيع)= 0,77 دينار

مثال (2):

اشترى مستثمر سهما من اسهم الشركة (ص) بسعر 1,750 دينار وبعد فترة حققت الشركة خسارة فلم توزع ارباحا فباع المستثمر سهمه بمبلغ 1,35 دينار، احسب الربح فترة الاقتناء.

الحل: نطبق القانون

$$\text{الربح لفترة الاقتناء} = \frac{(1,35-1,750) + \text{صفر}}{1,750} \times 100\% = 22,86\% \text{ بالسالب.}$$

ويفسر بالسالب بأن المستثمر خسر بمعدل 22,86% من أمواله التي استثمرها في ذلك السهم .

ثانيا: الاسهم الممتازة

يحمل السهم الممتاز بعض صفات السهم العادي وبعض صفات السند. فالسهم الممتاز له نصيب محدد من الارباح بحد أعلى او أدنى وهو بذلك يشبه السند، انه يمثل جزء من الملكية يحق لحامله المشاركة في الارباح المتحققة وبذلك يشبه السهم، فالسهم الممتاز يمثل وثيقة تحمل قيمة اسمية تصدرها المنشأة ويحق لحامله بما يعادل قيمة اسهمه ملكية جزء من المشروع . تمتاز الاسهم الممتازة عن الاسهم العادية بعدة مزايا هي: اذا صفي المشروع لسبب ما فانه يجب اعطاء الاولوية في السداد لحملته. كما يحق لحامله ان يحصل على قدر من الارباح قبل الاسهم العادية اذا تحقق فعلا ربحا يسمح بذلك . والجدير بالذكر ان الاسهم الممتازة تعطي ميزة

69

للشركة المصدرة لها . وتتمثل بأن حملة هذه الاسهم لا يحق لهم الاشتراك بالادارة، وهذا مما يضمن بقاء السيطرة وادارة الشركة بيد حملة الاسهم العادية ، وبهذه الصفة تشبه السندات والقروض، ومع ذلك لا تحتاج الشركة الى رهن اصولها او تقديم ضمانات لهذه الاسهم ، بما ان الاسهم الممتازة تمثل جزء من الملكية فانه لا يوجد تاريخ محدد لتسديدها .

اما مميزات السهم الممتازة بالنسبة للمستثمر فيمكن تلخيصها كما يلي: ان الشركات عندما تصدر هذا النوع من الاسهم فانما تصدرها ليتناسب واذواق بعض المستثمرين الذين يرغبون بالحصول على دخل ثابت وبدون خطورة، من ناحية اخرى فان حملة هذه الاسهم يحصلون على قيمة اسهمهم قبل حاملي الاسهم العادية ولهم الحق ايضا في الحصول علىارباح قبل اية توزيعات على الاسهم العادية.

وضحنا فيما سبق مزايا الاسهم الممتازة للشركة والمستثمر وسنوضح فيما يلي عيوب هذه الاسهم بالنسبة لهما، فالبنسبة للشركة تكلفها كثيرا اذا ما قورنت بالسندات . اضافة الى ما سبق فان ارباحها لا تعتبر مصاريف لغايات الضرائب- أي لا تخفض الوعاء الضريبي- من جهة وتمثل عبء ثابت على الشركة المصدرة لها من جهة اخرى، أي ان الشركة ملزمة بتوزيع نسبة ثابتة من الارباح على حملة هذه الاسهم، أي ان الارباح الموزعة على الاسهم الممتازة تدفع من الارباح الصافية بعد الضريبة ، وبالتالي لا ينتج أي توفير ضريبي من التمويل بالاسهم الممتازة ، لذلك فان استعمال الاسهم الممتازة كمصدر تمويل غير شائع كثيرا.

اما عيوبها بالنسبة للمستثمر فهي: يواجه حملتها مخاطر كما هو الحال بالنسبة لحملة الاسهم العادية كما ان اسعارها تتذبذب مثل الاسهم العادية بعكس السندات ذات القيمة الثابتة . وان حملتها لا يحق لهم المشاركة بالادارة .

ومما هو جدير بالذكر انه قد تنص شروط اصدار الاسهم الممتازة على امكانية تحويلها الى اسهم عادية اذا كانت هناك موافقة من حاملي هذه الاسهم ورغبة من جانب الشركة، ومن ناحية اخرى قد تنص الشروط على حق حملة الاسهم الممتازة في تجميع الارباح .

- لكن السؤال الذي يثار ما هي الاسباب التي تدعو الشركة الى اصدار اسهم ممتازة؟

هناك اسباب اهمها رغبة الشركة زيادة مواردها المالية المتاحة وبدون ان يكون لاصحاب هذه الاموال المتأتية من الاكتتابات في هذه الاسهم اية حقوق في ادارة الشركة، وسبب اخر يدفع الشركة لاصدار مثل هذه الاسهم وهو رغبتها بالمتاجرة بالملكية ، الا ان تكلفة التمويل بالاسهم الممتازة اعلى من تكلفة التمويل بالدين، وقد تصبح هذه التكلفة مرتفعة اذا كانت الاسهم الممتازة من النوع التراكمي و /أو المشارك، وبما ان الاسهم الممتازة لا تستحق ، فان الشركة تعطي لنفسها المرونة في التمويل بتضمين بند استدعاء في عقد اصدار الاسهم الممتازة ، لهذا السبب فان معظم اصدارات الاسهم الممتازة هي من النوع القابل للاستدعاء وبسعر استدعاء اعلى من سعر الاصدار.

واذا اردنا ان نجري مقارنة بين الاسهم العادية والاسهم الممتازة فاننا نسجل الملاحظات التالية :

1. الاسهم الممتازة اقل انتشارا وشيوعا من الاسهم العادية .
2. الاسهم الممتازة لا تشارك في الادارة بعكس الاسهم العادية التي تشارك في الادارة .

71

3. يحق للاسهم العادية ارباح اذا حققت الشركة ارباح وصدر قرار مجلس الادارة بتوزيع ارباح في حين ان للاسهم الممتازة حق في الحصول على نسبة ثابتة من الربح اذا سمحت ارباح الشركة بذلك .
4. عند تصفية الشركة لاي سبب فان للاسهم الممتازة الاولوية في السداد ، اما الاسهم العادية فانها لا تأخذ نصيبها من اصول الشركة عند التصفية الا بعد سداد الالتزامات جميعها .
5. تتذبذب اسعار الاسهم العادية صعودا وهبوطا بصورة اكثر من الاسهم الممتازة.
6. يجوز ان تكون حقوق الملكية اسهم عادية في حين لا يجوز ولا يمكن تصور حقوق الملكية اسهم ممتازة .
7. تعتبر الاسهم الممتازة اقل خطورة بالنسبة للمستثمر من الاسهم العادية.

مثال على توزيعات الارباح للاسهم العادية وللاسهم الممتازة بانواعها المختلفة:

نفرض ان الشركة المتحدة قد تأسست برأسمال قدره 20 مليون دينار، منها 14 مليون سهم عادي بقيمة اسمية دينار واحد للسهم مدفوعة بالكامل، والباقي (600)ألف سهم ممتاز بقيمة اسمية 10 دنانير للسهم مدفوعة بالكامل وبمعدل 9%.

اذن 20 مليون = 14 مليون (14000000×1)+ 6 مليون(600000×10).

ونفترض ان الشركة قد اعلنت عن توزيعات ارباح نقدية قدرها ثلاثة ملايين ونصف دينار، فما هو نصيب كل من المساهمين العاديين الممتازين على اساس البدائل التالية :

البديل الاول- يفترض ان الاسهم الممتازة غير مجمعة وغير مشاركة بالارباح:

نصيب المساهمين لاسهم ممتازة = 6000000× $\frac{9}{100}$ = 540 ألف دينار

اذن الباقي هو نصيب المساهمين العاديين = 3500000-540000 = 2960 ألف دينار.

البديل الثاني – يفترض ان الاسهم الممتازة مجمعة الارباح ولكن غير مشاركة بالارباح علما بأن الشركة لم تجري توزيع ارباح خلال الثلاث سنوات الماضية بقرار من الجمعية العمومية وتوصية مجلس الادارة.

نصيب المساهمين لاسهم ممتازة 9% عن السنوات الثلاث الماضية=

6000000× $\frac{9}{100}$ × 3=1620 ألف دينار

نصيب المساهمين لأسهم ممتازة من توزيعات العام الحالي = 540 ألف دينار.

مجموع انصبتهم = (2160) الف دينار

نصيب المساهمين العادية من توزيعات الارباح =

3500000 -(1620000+ 540000)= 1340 ألف دينار.

البديل الثالث- الاسهم الممتازة غير مجمعة الارباح ولكن مشاركة بالكامل:

نصيب المساهمين لاسهم ممتازة=6000000× $\frac{9}{100}$=540ألف دينار عن العام الحالي 9%

9

نصيب المساهمين لاسهم عادية=14000000× ـــ=1260ألف دينار عن العام الحالي

%9 100

فيكون الباقي من توزيعات الارباح النقدية=

3500000-(540000+ 1260000)= (1700) ألف دينار.

6

نصيب حملة الاسهم الممتازة من المشاركة =1700×ـــ=(510)ألف دينار.

20

14

نصيب حملة الاسهم العادية من المشاركة = 1700×ـــ=(1190)ألف دينار.

20

اذن مجموع انصبة المساهمين لاسهم ممتازة = 540 + 510= 1050 ألف دينار.

ومجموع انصبة المساهمين لاسهم عادية = 1260+1190= 2450 ألف دينار.

البديل الرابع - الاسهم الممتازة مجمعة الارباح ومشاركة بالكامل:

يفترض هذا البديل ان هناك توزيعات ارباح متأخرة عن ثلاث سنين .

نصيب اصحاب الاسهم الممتازة من توزيعات متأخرة عن ثلاث سنين=

9

6000000× ـــــ×3= 1620 ألف دينار

100

نصيب أصحاب الاسهم الممتازة عن العام الحالي =

$$\frac{9}{100} \times 6000000 = 540 \text{ ألف دينار.}$$

نصيب أصحاب الاسهم العادية عن العام الحالي =

$$\frac{9}{100} \times 14000 = 1260 \text{ ألف دينار.}$$

نصيب اصحاب الاسهم الممتازة (المتأخرة +العام الحالي)= 1260+ 540 = 2160 ألف دينار.

الباقي من توزيعات الارباح=3500 ألف دينار –(1260+2160)= 80 ألف دينار

$$\text{نصيب حملة الاسهم الممتازة من المشاركة} = \frac{6}{20} \times 80 = 24 \text{ ألف دينار}$$

$$\text{نصيب حملة الاسهم العادية من المشاركة} = \frac{14}{20} \times 80 = 56 \text{ ألف دينار.}$$

اجمالي نصيب اصحاب الاسهم الممتازة = 2160+24= 2184 ألف دينار

اجمالي نصيب اصحاب الاسهم العادية= 1260+56= 1316 ألف دينار

البديل الخامس – الاسهم الممتازة مجمعة الارباح ومشاركة جزئيا في حدود 1% من الارباح بافتراض وجود توزيعات متأخرة عن ثلاث سنين .

نصيب حملة الأسهم الممتازة عن ثلاث سنين متأخرة=

$$6000000×\frac{9}{100}×3=1620$$ ألف دينار.

نصيب حملة الاسهم الممتازة عن العام الحالي 9% =

$$6000000×\frac{9}{100}=540$$ الف دينار.

نصيب حملة الاسهم العادية عن العام الحالي 9% =

$$14000000×\frac{9}{100}=1260$$ ألف دينار .

نصيب حملة الاسهم الممتازة من المشاركة الجزئية 1%=

$$80000 (الباقي من الارباح)×\frac{1}{100}=800$$ دينار.

نصيب حملة الاسهم العادية من المشاركة (الباقي)= 800-80000 =79200 دينار. إذن اجمالي نصيب حملة الاسهم الممتازة =

1620+540+8, =0, 8, 2160 ألف دينار.

اذن اجمالي نصيب حملة الاسهم الممتازة = 1620+540+8, =0, 8, 2160 ألف دينار.

واجمالي نصيب حملة الاسهم العادية = 1260 + 2, 79= 2, 1336 ألف دينار.

تمرين :

فيما يلي جزء من حقوق مساهمي الشركة الوطنية المساهمة العامة وذلك كما ظهرت بميزانيتها في 1980/12/31.

قدر رأس مال الشركة 14 مليون دينار ، منها 400 ألف سهم ممتاز بقيمة 10 دنانير للسهم مدفوعة بالكامل وبمعدل 8% والباقي 10 مليون سهم عادي بقيمة اسمية دينار للسهم مدفوعة بالكامل، وقد وافقت الجمعية العامة للشركة وبناء على توصية مجلس الادارة بتوزيع ارباح نقدية قيمتها 5, 2 مليون دينار على المساهمين.

المطلوب :

تحديد أنصبة كل من المساهمين العاديين والممتازين تحت كل حالة من الحالات التالية :

أولا: الاسهم الممتازة غير مجمعة وغير مشاركة بالارباح .

ثانيا: الاسهم الممتازة مجمعة ولكن غير مشاركة علما بأن الشركة لم تجري توزيعات ارباح خلال السنتين الماضيتين بقرار الجمعية العامة للشركة وتوصية مجلس ادارتها .

ثالثا: الاسهم الممتازة غير مجمعة الارباح ومشاركة بالكامل.

رابعا: الاسهم الممتازة مجمعة الارباح ومشاركة بالكامل مع وجود توزيعات متأخرة عن سنتين ماضيتين .

خامسا: الاسهم الممتازة مجمعة الارباح ومشاركة جزئيا في حـدود 10% مـن الاربـاح مـع وجـود توزيعـات متأخرة عن سنتين .

حساب تكلفة السهم الممتاز: يمكننا حساب تكلفة السهم الممتاز بالمعادلة التالية :

$$\text{ت سم} : \frac{\text{رسم}}{\text{س} - \text{م}} \times 100$$

حيث :- ت سم = تكلفة السهم الممتاز   رسم = ربح السهم الممتاز

س= سعر بيع السهم الممتاز   م = المصاريف والعمولة

مثال:

احسب تكاليف التمويل للاسهم الممتازة اذا رغبت احدى الشركات اصدار اسهم ممتازة بمعـدل 9% وتبـاع بقيمة اسمية 10 دنانير للسهم وتدفع الشركة عمولة 4%.

الحل:

$$\text{ت سم} = \frac{\text{رسم}}{\text{س-م}} \times 100 = \frac{10 \times 0,09}{10-(10 \times 0,04)} \times 100$$

$$= \frac{9}{10- 0,04} \times 100 = 9,375 \%$$

78

ثالثا: السندات

السند هو شهادة دين يتعهد بموجبها المصدر بدفع قيمة القرض كاملة عند الاستحقاق لحامل هـذا السـند في تاريخ محدد بالاضافة الى منحه مبالغ دورية تعبر عن فائدة معينة في فترات محددة .

يطرح السند للاكتتاب بقيمة تسمى القيمة الاسمية، ويلتـزم مصـدر السـند بـدفعها مـع الفائـدة – نسـبة ثابتة- لحامله في فتراتها المحددة حتى تاريخ الاستحقاق وعادة ما تكـون سـنوية او نصـف سـنوية، ويمكـن التمييز بين ثلاثة انواع من السندات وفقا لفترات استحقاقها: قصيرة الاجـل سـنة الى 5 سـنوات ، متوسـطة الاجل 5 سنوات الى 10 سنوات في حين طويلة الاجل 10 سنوات وما فوق، عنـدما يحـين موعـد الاستحقاق تقوم الجهة المصدرة للسندات برد قيمتها الى حملة السـندات، وفي هـذا الخصـوص هنـاك اسـلوبان لوفـاء الجهة المصدرة بقيمة السندات المستحقة، الاول- الوفاء الالزامي ويعني اعادة شراء السندات مـن حملتهـا خلال فترة استحقاق السند ويكون ذلك منصوص عليـه في نشرة الاصـدار، وبامكـان المقـترض القيـام بهـذا الوفاء بطريقتين :

أ)   صناديق الاستهلاك – بموجبها يقوم المقترض باسترداد جزء من الاصدار خـلال فتـرات زمنيـة محـددة بسعر 100% وعادة ما يتم تحديد المبالغ التي سيقوم المقترض باسترجاعها اما عـن طريـق القرعـة او الشراء من السوق الثانوي.

ب)   صناديق الشراء – بموجبها لا يستطيع المقترض ان يقوم بشراء جزء مـن الاصـدار الا مـن خـلال الاسواق الثانوية ويترك الخيار هنا للمستثمر لبيع

السندات التى يحملها ، ويتصف الوفاء بعدة مزايا وعيوب بالنسبة للمستثمر نلخصها كما يلي:

اولا: المزايا:

أ)   تدعيم السعر السوقى للسند .

ب)   تدعيم موقف المقترض من ناحية القدرة على السداد لالتزامه باسترجاع جزء من الاصدار قبل استحقاق السند .

ج)   تقليص متوسط فترة استحقاق السند وبالتالي الحد من تذبذب سعره .

العيوب :

أ)   يتعرض المستثمر للخسارة في حالة اقتنائه لسند يفوق سعره، سعر استدعائه من قبل المقترض حسب شروط صندوق الاستهلاك .

ب)   يتعرض المستثمر لفقدان جزء من سنداته اذا تعرض لعمليات الاستدعاء بالقرعة.

ثانيا: الاستدعاء الاختياري

ويقصد به السماح للمقترضين باعادة شراء السندات من حملتها خلال فترة استحقاق السند بسعر ثابت اعلى من سعر الاصدار يتناقص سنويا بحسب ما يكون منصوص عليه في نشرة الاصدار، لذا يجب علىالمستثمرين ان يتفحصوا بعناية نشرة الاصدار للتأكد من عدم التعرض للخسارة فيما لو تم الاستدعاء وخصوصا عندما تكون الفائدة على السند اعلى من الفوائد السائدة بالسوق حيث أنه في هذه الحالة يكون الاستدعاء في مصلحة المقترض بهدف اعادة التمويل .

ثالثا: البيع الاختياري من قبل حامل السند .

يستطيع حامل السند ارجاع سنداته الى المقترض وقبض قيمتها الاسمية في تاريخ وسعر محدد وذلك حسب ما هو منصوص عليه في نشرة الاصدار، وفي بعض الاحيان تلجأ الشركة المقترضة ان تطرح سندات جديدة بفائدة اقل من السابق وتسدد بالمبالغ المتجمعة عن فرق الفائدتين قيمة السندات المستحقة عليها، وبذلك تقل مصاريف الشركة نسبة للسنين القادمة، ويبقى رأس المال على حاله دون ان ينقص، وهذا ما يساعد على تسديد قيم السندات المستحقة ، ولا يمكن هذه الطريقة ان تنجح الا اذا كان وضع الشركة ناجحا، اما اذا كان وضعها سيئا فلا يفيد طرح سندات جديدة لتسديد السندات القديمة لانها لن تجدي المشتري لهذه السندات الا اذا كانت الفائدة المعروضة اكبر مما كانت عليه سابقا.

وفي هذا تغرير بالمشترين واضعاف للشركة التي ستتحمل اعباء اكبر برغم سوء حالتها في محاولة يائسة لانتشال وضعها وتعزيز موقفها، وتلجأ الشركات الى مثل هذا الاجراء عندما تفقد السيولة لديها وتحتاج الى مال لدعم وضعها، وفي مثل هذه الحالة هناك رجاء في النجاح يحفه الكثير من المخاطر.

وقد يتم تسديد قيمة السندات بأن تعمد الشركة الى توظيف بعض المال بفائدة اكبر من الفائدة التي باعت بها سنداتها . وبهذا تستطيع ان تسدد قيمة السندات من الوفر الناتج عن الفرق بين الفائدتين ، وتستعمل عادة طريقة رأس المال الهابط Sinking Fund في الاستهلاك لتغطية المبلغ المستدان عن طريق السندات .

مخاطر الاستثمار في السندات : يوفر السند لحامله المميزات التالية :

أ)   ثبات واستمرارية العائد .

ب)   الامان في استرداد المبلغ المستثمر .

ولكن مقابل هاتين الميزتين فان هناك مخاطر يتعرض لها حملة السندات نلخصها كما يلي :

أولا: مخاطر تقلب اسعار الفائدة   Interest Rate Risk

وهي المخاطر التي يتعرض لها حملة السندات والمتعلقة بهبوط اسعار سنداتهم عندما ترتفع اسعار الفائدة السوقية خصوصا في فترات التضخم، في حالة التضخم تنخفض القوى الشرائية ويصحب ذلك ارتفاعا في معدلات الفائدة الامر الذي يؤدي الى انخفاض في سعر السند، والاكثر تعرضا لمخاطر تقلبات الفائدة هم حملة السندات الطويلة الاجل.

ثانيا: مخاطر السيولة Liquidity Risk

تفتقد السندات لخاصية السيولة اذا كان حجم الاصدار ضئيلا او اذا كانت درجة ملاءة الاصدار متدنية حيث يتعرض المستثمر الى مخاطر الافلاس وعدم السداد.

ثالثا: مخاطر الاستثمار Reinvestment Risk

ونعني هنا قابلية المستثمر اعادة استثمار القيمة الاسمية والفائدة على السند بعوائد مجزية، فالأكثر تعرضا لمخاطر اعادة الاستثمار هم حملة السندات القصيرة الاجل

ذات معدلات فائدة مرتفعة حيث لن يستطيعوا الحصول على نفس العائد في حالة انخفاض معدلات الفائدة .

رابعا:مخاطر استدعاء السند Call Risk

من المعلوم ان المستثمر يتعرض للخسارة في حالة اقتنائه لسند يفوق سعر استدعائه من قبل المقترض وتأخذ هذه المخاطر اهمية اكثر عندما تكون الفائدة على السند اعلى من الفوائد السائدة في السوق .

<u>انواع السندات</u>

1. **سندات الدولة :**

وهي سندات تصدرها الدولة لآجال مختلفة، يعتمد سعر الفائدة على هذا النوع من السندات على ثلاث عناصر اساسية هي قيمة القرض، مستوى اسعار الفائدة ووقت اصدارها. لا يواجه مصدروا هذا النوع من السندات اية مخاطر وظيفية وسوقية، وعادة ما يتم اصدار هذا النوع من السندات بغرض تمويل الانفاق العام في الدولة. ولتصنيف هذه السندات من حيث درجة المخاطرة فان العوامل الاقتصادية والساسية تلعب دورا هاما في هذا التصنيف ، وتتميز السندات الحكومية بمجموعة من المزايا تجعلها محل اهتمام المستثمرين بالمقارنة مع السندات ونلخصها كما يلي :

أ- تتمتع السندات الحكومية بدرجة امان عالية مقارنة بالسندات الأهلية وذلك بالنسبة للمستثمر ،بمعنى ان المخاطرة المرافقة للاستثمار بالسندات الحكومية تكون منخفضة لان هذه السندات تضمنها الحكومة ومؤسساتها في تحصيل الايرادات الحكومية كالضرائب .

ب- وأخذا بخاصية السندات الحكومية الموضحة اعلاه فان هذا النوع من السندات يعتبر اكثر سيولة من السندات الصادرة من القطاع الخاص.

ج- ان فوائد السندات الحكومية تعفى من ضريبة الدخل، وهذه الميزة الجذابة للمستثمر هي التي تجعل هذه السندات بان تطرح في اغلب الاحوال مقرونة بشرط الاعفاء الضريبي .

2. سندات الهيئات الحكومية المحلية :

يصدر هذا النوع من السندات الهيئات العامة والبلديات والمدن وبالتالي فان اصدارها يخلق التزاما على الجهة المصدرة اتجاه المكتتبين بهذه السندات، ولذلك عادة ما يتم الوفاء بقيمة هذه السندات من خلال الضرائب المتحصلة او من خلال العائد الذي تدره المشاريع التي يتم استثمار هذه السندات فيها، تتميز هذه السندات بانخفاض معدل درجة المخاطرة المصاحبة لها، ويتم اصدار هذه السندات لآجال طويلة مما يعرضها لمخاطر التضخم (تآكل القوة الشرائية) والتغيرات التي تطرأ على اسعار الفوائد .

3. سندات المنظمات الاقليمية الدولية :

وهي سندات تصدرها الهيئات الدولية كالبنك الدولي للانشاء والتعمير ، فالاموال المقترضة وهي حصيلة الاكتتابات بهذه السندات تستخدمها هذه الهيئات في تمويل مشاريعها . وتعتبر نوعية هذه السندات من الدرجة الأولى ، واستكمالا للصورة فهناك سندت تعرف بالسندات الدولية Eurobond . ويطرح السؤال ما المقصود بهذه السندات ؟ انها السندات التي تصدر في بلد ولكن بعملة مغايرة لعملة ذلك البلد.

فمثلا لو قامت شركة استثمار اردنية باصدار سندات في لندن وبالدولار بدلا من الجنيه الاسترليني فان هذه السندات تسمى بالسندات الدولية، وقد اكتسب سوق السندات الدولية تسميته لنفس الاسباب التي اكتسب بها سوق اليورو دولار تسميته ايضا، وذاك لان بداية اصدار هذه السندات كان في الاسواق المالية في اوروبا عام 1963 ، حين باشرت الشركات الامريكية من خلال فروعها في اوروبا باصدار مثل هذه السندات بغرض التهرب من الضرائب التي فرضت على السندات الاجنبية.

وتوصف السندات الدولية بأن معظمها من النوع القابل للاستدعاء، ويندر قابليتها للتحويل وأن آجالها يتراوح بين 10-15 سنة، وغالبا ما يكون اصدارها مقرونا بشرط خيار العملة Currency Option بمعنى ان حامل هذه السندات له الحق في اختيار العملة التي يحصل بها قيمة السند الاسمية وفوائده. ولتسويق هذه السندات في اسواق رأس المال صارت تصدر منذ عام 1970 بما يعرف بالوحدة الحسابية الاوروبية European Unit Account (EUA) ، التي تتمثل بوزن معين من الذهب يساوي قيمة الدولار الامريكي في تاريخ الاصدار. ان اصدار السند بالوحدة الحسابية الاوروبية كان بغرض حماية المستثمر في هذه السندات من اية مخاطر تحدث في تذبذبات اسعار العملة .

اضافة الى ان هذه السندات تتميز بميزة الاعفاء الضريبي، وهذا ما يجعلها ركنا اساسيا لسوق رأس المال على مستوى عالمي .

4. **سندات الشركات :**

تعتبر ادوات دين على الشركات المصدرة لها، وهي تصدر في العادة عن شركات ذات طابع تجاري وصناعي وكذلك الشركات التي تتعامل بالانشطة الخدمية ولاغراض التوسع وزيادة رأس المال . وتتفاوت نوعية هذه السندات بدرجات تبدأ من AAA إلى CCC . وتتعرض انواع هذه السندات لانواع من المخاطر يتمثل احدهما في التغيرات في القيمة السوقية وثانيهما للتغيرات في القيمة السوقية وثالثهما في التغيرات في مستويات اسعار الفائدة ، ويمكن تصنيف سندات الشركات للانواع التالية :

أ- **السندات القابلة للاستدعاء :**

وهي سندات تعطى الحق للشركة التي تصدرها برد قيمتها بتاريخ سابق على تاريخ استحقاق السند المحدد مقدما، فاذا استخدمت الشركة حقها في استدعاء حاملي هذا النوع من السندات فانها ملزمة بدفع قيمة تفوق القيمة الاسمية للسند ويطلق عليها تعويض الاستدعاء . على سبيل المثال اذا كانت القيمة الاسمية لسند ما 100 دينار فان سعر الاستدعاء يتحدد بمبلغ 110 دينار وذلك باضافة علاوة الاستدعاء وهي 10 دنانير .

وتختلف مهلة الاستدعاء بالنسبة لهذا النوع من السندات، هناك سندات تتصف بالاستدعاء المطلق Free Callable. أي ان الشركة المصدرة لهذا السند تلزم حامله في أي لحظة تريد ان يتقدم بسنده للاطفاء في الموعد الذي تحدده الشركة والا فسوف يحرم من فائدة السند اذا لم يستجيب . وهنا لا يترتب على الجهة المصدرة اية مسؤولية، لكن هذه السندات التي تحمل هذه الصفة نادرة التعامل، والاكثل

شيوعا هي تلك السندات ذات الاستدعاء المؤجل Deffered Call والتي لا تستطيع الجهة المصدرة استدعاء حاملها قبل فترة زمنية تتراوح بين 5-10 سنوات من تاريخ اصداره، أي بعد انتهاء هذه الفترة تصبح حرية الجهة المصدرة مطلقة في استدعائه .

ومن الاهمية بمكان ان طول فترة الحماية وكذلك شرط الاستدعاء يلعبان دورا كبيرا في تحديد معدل فائدة السند، فالسند القابل للاستدعاء يصدر بصفة عامة بمعدل فائدة اعلى من معدل فائدة السند غير القابل للاستدعاء، كما تتفاوت معدلات الفائدة حسب طول مهلة الحماية بالنسبة للسندات القابلة للاستدعاء .

ب- السندات القابلة للاستهلاك :
تقوم الشركات المصدرة لهذا النوع من السندات بالوفاء بقيمة السندات خلال جدول زمني محدد مقدما ، اذ تلتزم الشركة بشراء عدد معين من السندات السنوية. وعادة ما تكون اسعار الفائدة على هذا النوع من السندات اقل من السندات العادية لنفس الشركة المصدرة. ويرجع السبب الى ان الشركة المصدرة توفر الحماية والامان بدرجة اكبر لاموال المستثمر عن طريق استهلاكها بصورة منتظمة .

ج- السندات المضمونة بأصل :
تصدر الشركات هذا النوع من السندات بضمان يتمثل بأصل معين في حالة افلاس الشركة، وهذه السندات مشابهة للسندات العادية . وعادة ما يكون الاصل عقارات . ويجب ان تكون القيمة السوقية للعقار المرهون لصالح اصدار السندات على من

قيمة الاصدار لتترك هامش سلامه مناسب. وفي حالة تخلف الشركة عن دفع الفائدة او قيمة استحقاق السندات او في حالة تصفية الشركة، يتم تسديد قيمة السندات من تصفية العقار المرهون. ويمكن للشركة ان تستعمل عقار واحد لضمان اصدارين للسندات: سندات رهينة اولى First Mortgage Bondsوسندات رهينة ثانية Second Mortgage Bonds وفي حالة تخلف الشركة عن الدفع او تصفيتها فان قيمة العقار تستعمل لتسديد حقوق حملة سندات الرهينة الاولى، وما يزيد عنهم يحول لحساب حملة سندات الرهينة الثانية .

د- سندات الدخل

وهي سندات تختلف عن السندات العادية من حيث ان الشركة المصدرة لها ملتزمة بجدول زمني محدد لدفع الفوائد، ويبدو ان هذه الفوائد لا تعتبر مستحقة وقابلة للدفع الا في حالة تحقيق الشركة لفوائد قبل تاريخ استحقاق دفع الفوائد. وبصفة عامة فان اهم عيوب السندات الاهلية انحاملها يتعرض لمخاطرة اعلى من المخاطرة التي يتعرض لها حامل السند الحكومي . ونعني بالمخاطرة هي عجز Credit Risk الجهة المصدرة عن الوفاء بالدين وفوائده السنوية، ولذلك وبغرض توفير الحماية للمستثمر فان هذه السندات تصدر مضمونة وفي كثير من الاحيان فانها تصدر بشرط يسمى شرط التعجيل في سداد الدين Acceleration Clause . وينص هذا الشرط على انه اذا لم يقم المدين بسداد التزامه المتمثل بقسط الفائدة ولو لمرة واحدة حسب الجدول المحدد، فان الدين باكمله حينئذ يصبح مستحق الدفع .

هـ - السندات القابلة للتحويل الى اسهم عادية :

يعتبر هذا النوع من السندات احد المكونات الرئيسية للاوراق المالية القابلة للتحويل بصفة عامة ولتوضيح الصورة سوف نتناول بايجاز مفهوم هذه الاوراق ثم بقدر من التفصيل السندات القابلة للتحويل .

الاوراق المالية القابلة للتحويل Convertible Securities

يقصد بها الاسهم الممتازة او سندات الدين العادية التي يستطيع حاملها ان يحولها الى اسهم عادية بشروط محددة بنسبة تبادل Ratio of Exchange ويعبر عن نسبة التبادل بسعر التحويل Conversion Price او نسبة التحويل Conversion Ratio فاذا حددت احداهما عندئذ تحدد الاخرى اليا، ويطرح السؤال ما المقصود بسعر التحويل؟ انه السعر الذي يتم به تبديل الورقة المالية باسهم عادية، اما نسبة التحويل فهي عدد الاسهم العادية التي تقلب اليها الورقة المالية القابلة للتحويل .

مثال:

قامت الشركة الوطنية باصدار سند دين قابل للتحويل لاسهم عادية بقيمته الاسمية 1000 دينار وتحويل السند يمكن ان يعتبر ساري المفعول في أي وقت وحتى تاريخ استحقاقه بعد 20 سنة الى 50 سهم عادي من اسهم الشركة ، علما بأن معدل الفائدة الاسمي 5% ، كيف يحتسب سعر التحويل في هذا المثال؟ تم تحديد نسبة التحويل في هذا المثال 50 سهم عادي للسند ويحسب سعر التحويل بتقسيم القيمة الاسمية للسند بنسبة التحويل فيكون 20 دينار للسهم الواحد (100÷50).

والجدير بالذكر ان سعر التحويل لا يكون بالضرورة ثابتا بل ان معظم الاوراق المالية القابلة للتحويل تستعمل سعر تحويل متصاعد لفترات زمنية متتالية Stepped Up Conversion Price كأن يكون سعر التحويل في مثالنا اعلاه 20 دينار للسهم للاربع سنوات الاولى، يرتفع الى 23 دينار للاربع سنوات الثانية، يرتفع بعدها الى 26 دينار للاربع سنوات الثالثة، ثم يرتفع اكثر الى 27 دينار للاربع سنوات الرابعة ثم الى 30 دينار في الاربع سنوات الاخيرة ويهدف سعر التحويل المتصاعد الى تحفيز او تشجيع المستثمرين لقلب اوراقهم المالية الى اسهم عادية من دون ابطاء ، يجعل الربح الرأسمالي المحتمل اقل قيمة كلما طال انتظارهم ، وحتى يكون عدد الاسهم العادية الناتجة من عملية التحويل قليلة، كذلك تكون الاوراق المالية القابلة للتحويل قابلة للاستدعاء ايضا بسعر استدعاء محدد، وليكن 1040 دينار في مثالنا اعلاه ، وذلك لغرض التحويل على المستثمرين اذا استدعى الاصدار، ان اجراءات تجزئة السهم وتوزيع ارباح بشكل (اسهم منحة) لا تطبق على الاوراق المالية القابلة للتحويل، فاذا قامت الشركة بتغييرات رأسمالية من هذا النوع فان سعر التحويل يجب تعديله بما يتناسب معها، فمثلا اذا تم تجزئة كل سهم باثنين فان سعر التحويل يجب ان يخفض الى النصف .

و :   السندات القابلة للتحويل الى اسهم عادية :

يتميز هذا النوع من السندات بقابليته للتحويل الى اسهم عادية للشركة المصدرة للسند، فالذي يحدث هو ان الشركة تستطيع ان تصدر السند بقيمة اسمية محددة، وتعطي حامله حق تحويله الى عدد معين من الاسهم خلال فترات زمنية معينة . تتميز هذه السندات بصفات مغرية خاصة اذا تم اصدارها من قبل شركاء عرف

90

عنها النجاح وتميزت بالنمو، وهنا يستفيد المستثمر من حصوله على ثبات الدخل المتحقق من عوائد السند ،بالاضافة الى اتاحة الفرصة لحامله بتحويل السند الى اسهم عادية مستقبلا. وعادة ما يعطي هذا النوع من السندات معدل فائدة أقل من اسعار الفائدة التي تمنحها السندات العادية لنفس فترة الاستحقاق وذلك بسبب ميزة التحويل التي يتمتع بها ، فاذا كنا نتحدث مثلا عن السندات القابلة للتحويل فان هذا النوع من السندات يوفر مزايا مختلفة لجميع اطراف السوق المالي وهم المصدر والمستثمر والوسيط. بالنسبة للمصدر فانه يتمكن من ان يحصل على الاموال التي يحتاجها بتكلفة منخفضة نسبيا، ويرجع السبب الى ان معدلات الفائدة التي تحملها السندات القابلة للتحويل تكون اقل من معدلات الفائدة في السندات العادية، ويتم الاستفادة بشكل اكبر من هذه الميزة (انخفاض معدل الفائدة) من قبل الشركات التي تكون في بداية حياتها التشغيلية أي فيما يعرف بمرحلة النمو Growth Stage. في هذه المرحلة غالبا ما يكون وضع الشركة المالي غير ملائم لتوزيع ارباح سنوية مرتفعة للمساهمين العاديين مما ينعكس على السعر السوقي لاسهمها في السوق المالي حيث يميل للانخفاض . فاذا ارادت الشركة زيادة رأسماها عن طريق اصدار اسهم عادية جديدة فانها تواجه صعوبات فيما يتعلق بتغطية الاكتتاب بهذه الاسهم، وعليه فالبديل امام الشركة عندئذ هو اصدار سندات قابلة للتحويل، فشرط التحويل هذا يوفر فرصة للمستثمر لتحقيق ارباح رأسمالية محتملة عندما يتحسن نشاط الشركة مستقبلا وانعكاس هذا التحسن على الاسعار السوقية لاسهمها العادية، ومن جهة اخرى فان السندات القابلة للتحويل التي تصدرها الشركة تجنبها من مواجهة المخاطر الناتجة عما يعرف بظاهرة الانحراف Stocks Dilution. ويقصد بهذه الظاهرة هو انه اذا اختارت الشركة زيادة رأس مالها عن طريق اصدار اسهم

عادية جديدة يترتب على ذلك زيادة المعروض من هذه الاسهم في السوق المالي الثانوي وهذا مما يخفض السعر السوقي لسهم الشركة، هذه المخاطرة الناجمة عن انخفاض سعر السهم السوقي يمكن للشركة تجنبها اذا اصدرت سندات قابلة للتحويل عوضا عن الاسهم، ويكون الحال احسن اذا ما ارفق الاصدار بشرط القابلية للاستدعاء ، مما يتيح الفرصة للشركة ان تقوم باطفاء تدريجي لهذه السندات وفق برنامج محدد.

وفيما يتعلق بالمزايا التي يحققها المستثمر من الاستثمار في السندات القابلة للتحويل فهي متعددة ويمكن تلخيصها بالعبارة التالية " توفر السندات القابلة للتحويل للمستثمر التمتع بالمزايا السعرية للسهم العادي وأمان السند في آن واحد ". وهذا يعني ان الاستثمار في هذا النوع من السندات يوفر الفرصة للمستثمر من جني ارباح رأسمالية اذا ارتفع سعر السهم العادي في السوق عن سعر التحويل. الى جانب انها تحميه من خسائر رأسمالية كبيرة ، اذا انخفض السعر السوقي للسهم العادي وذلك لما يوفره السند للمستثمر من امان، ويرجع ذلك الى انه مهما انخفض سعر السهم العادي السوقي للشركة المصدرة فان مقتني السند القابل للتحويل يضمن له على الاقل الحصول على سعر الفائدة للسند Floor Price والذي يتمثل بسعره السوقي كسند عادي بدون شرط القابلية للتحويل .

وفيما يخص مزايا السندات القابلة للتحويل بالنسبة لفئة الوسطاء هي انها تتيح الفرصة لهم للقيام بقدر كبير من المتاجرة بالملكية. ويرجع ذلك لانخفاض الهامش النقدي المطلوب للمضاربة بها في السوق النقدي عن ذلك الهامش المطلوب

للمضاربة في الاسهم، وهذا يحقق ارباحا رأسمالية كبيرة من خلال التعامل بها في السوق الثانوي .

ولتوضيح ايجابيات الاستثمار في السندات القابلة للتحويل لكل من مصدر السند والمستثمر نعرض هـذه الحالة :

في اول ابريل 1980 قامت شركة مساهمة باصدار سندات قابلـة للتحويل بقيمـة اسـمية مقـدارها 1000 دينار للسند الواحد، يحمل السند كوبون معدله 9% (في حين يحمل السـند العـادي كوبونـا معدلـه 11% والسندين المصدر والسائد في السوق من نفس الفئة) ويستحق بعد 15 سنة، وقد اشـترطت الشركة في عقد الاصدار على ما يلي :-

1- يجوز للشركة استدعاء حملة السندات (قابلية الاستدعاء) بسعر يعادل 9% من القيمة الاسمية ولكن بعد مضي سنتين من تاريخ الاصدار .

2- يجوز للمستثمر تحويل ما يملكه من سندات (قابلية التحويل) الى اسهم عاديـة سعر السهم 50 دينار (علما بأن القيمة الاسمية للسهم العادي 45 دينار) لفترة تمتد الى خمس سنوات بـدءا مـن تاريخ الاصدار.

المطلوب : تحليل الايجابيات والسلبيات التي يمكن ان تتحقق لكل من المصدر والمستثمر لهذه السندات نتيجة ما يحدث للقيمة السوقية للسهم العادي للشركة من تذبذبات لتوضيح استفادة او عدم استفادة كل من المصدر والمستثمر لهذه السندات يقوم بتحليل هـذه الحالـة العمليـة في حالة ارتفـاع ثمـن السهم العادي في السوق وحالة انخفاض قيمته السوقية .

اولا: نبدأ في حالة ارتفاع القيمة السوقية للسهم العادي، نفترض انه بعد مضي سنة ونصف من تاريخ الاصدار قد ارتفع سعر السهم العادي الى 55 دينار، وقد يكون السبب في هذا الارتفاع التحسن المستمر لاداء الشركة مما حقق ارباحا متزايد لها . فيطرح السؤال ما هو رد فعل كل من المصدر والمستثمر المتوقع؟ من معطيات الحالة يتبين ان ازدياد سعر السهم السوقي قد حصل خلال القدرة المسموح فيها بالتحويل .وبالتالي يستطيع المستثمر ان يحول ما يمتلكه من سندات قابلة للتحويل الى اسهم عادية، ذلك ان مثل هذا القرار المحتمل من جانب المستثمر يكون خلال فترة الحماية من الاستدعاء من جانب المصدر . والمتغيرات التي تؤخذ في الاعتبار عند اتخاذ هذا القرار هي :

أ- القيمة الاسمية للسند ومقدارها 1000 دينار.

ب- القيمة التمويلية للسند Convertible Value ومقدارها $\frac{1000}{50}\times 55 = 1100$

ج- الفترة التي يكون خلالها السند قابل للتحويل الى اسهم عادية وفقا للمعطيات اعلاه وتمتد من 85/4/1-80/4/1 ويكون المستثمر امام بديلين :

البديل الاول: ان يقوم المستثمر بتحويل ما لديه من سندات الى اسهم عادية بغرض بيعها مكتفيا بذلك تحقيق ربحا رأسماليا مقدارها 100 دينار لكل سند .

البديل الثاني: ان يظل المستثمر محتفظا بسنداته دون تحويل على امل ارتفاع اكبر للسعر السوقي للسهم فيحقق المزيد من الارباح الرأسمالية اذا ما ارتفع السعر، وقد

يحصل عكس مايتوقعه فيهبط السعر وهنا تكمن المخاطرة اذا سلك هذا البديل وعليه حينئذ ان يتحمل احتمال وقوع خسارة .

لنفرض ان المستثمر اتبع الخيار الاول وهو تحويل ما بحوزته من سندات الى اسهم عادية ثم باعها بالسعر السائد فيكون بذلك قد حقق ربحا رأسماليا في كل سنة مقداره 1100-1000=100 دينار. وقيام المستثمر بهذا الاجراء يكون قد اختار جانب الامان بعيدا عن المخاطرة ، والرقم 100 يمثل الفرق بين القيمة التحويلية للسند وقيمته الاسمية. من الطبيعي ان المصدر لا يستطيع ان يوقف المستثمر عن عملية تحويل سندات الى اسهم عادية، ذلك لان عمية التحويل حدثت خلال الفترة التي يتمتع بها المستثمر شرط الحماية من الاستدعاء. لو كان بامكان المصدر ان يمنع عملية التحويل لكان قد هيأ لنفسه فرصة بديلة بامكانه ان يحقق خلالها ربحا، وهذه هي طبيعة الاستثمار حيث ان المستثمر ما كان ليقبل على شراء سندات بكوبون 9% وامامه فرصة شراء سندات مماثلة في الفئة بكوبون اعلى وهو ومن 11%هذا المنطلق يمكن اعتبار فروق الفائدة المدفوعة للسند عن سنة ونصف بمثابة فائدةٍ محقق للمصدر. ولتوضيح ذلك دفع المصدر عن كل سند قابل للتحويل فائدة مقدارها 135 دينار عن 5, 1 سنة، بينما كان عليه ان يدفع 165 دينار لو كان سندا عاديا ، فالفرق 30(165-135) يمكن اعتباره وفرا حققه المصدر في تكلفة التحويل.

لنفترض ان الارتفاع في سعر السهم قد تأخر الى عام /1983 ، أي بعد مضي فترة الاستدعاء وهي سنتين فكيف ينعكس ذلك على مصالح كل من المصدر

والمستثمر. في هذه الحالة يكون المستثمر قد خرج من مظلة شرط الحماية واصبح المصدر في وضع يسمح له باستدعاء السند للاطفاء. فالقرار هنا قرار استدعاء بالدرجة الاولى طالما ان المصدر هو الطرف الذي بيديه زمام المبادرة. اما المتغيرات التي تتدخل في اتخاذ القرار هي :

2. سعر الاستدعاء ويساوي $1000 \times \frac{109}{100} = 1090$ دينار

2. القيمة التحويلية للسند وهي كما احتسبت = 1100 دينار

3. شرط الاستدعاء ويبدأ سريانه من 1982/4/1.

وهنا يثار السؤال ما هي الاسس التي يعتمدها المصدر في اتخاذه قرار الاستدعاء؟ يتخذ المصدر قرارا بالاستدعاء اذا كانت القيمة التحويلية اكبر من سعر الاستدعاء، وبالنسبة للحالة قيد دراستنا فالقيمة التحويلية 1100 > سعر الاستدعاء 1090 دينار، لذا من الافضل ان يتخذ المصدر قرارا بالاستدعاء لان ذلك يحقق له ربحا رأسماليا مقداره 20 دينار في كل سند يحول، اضافة الى انه يوفر على نفسه دفع الفوائد لمدة 10 سنوات عند اطفائه السندات المحولة، اذا ما بقيت السندات لحين موعد رد قيمتها . لنفترض ان سعر السهم السوقي قد ارتفع الى 53 دينار بدلا من 55 دينار، هذا الارتفاع في السعر يواجه بردود فعل لدى كل من المصدر والمستثمر. بالنسبة للمستثمر عليه ان يقارن بين القيمة التحويلية والقيمة الاسمية ويدخل في الاعتبار سعر الاستدعاء ايضا ، بعكس الحال عندما كان يتخذ قراره بالتحويل على اساس المقارنة بين القيمة التحويلية والقيمة الاسمية فقط، وذلك على النحو التالي:

القيمة التحويلية للسند= $\frac{1000}{50} \times 53 = 1060$دينار وهي>1000دينار (القيمة الاسمية)

يتضح لنا انه ليس من مصلحة المستثمر ان يحول سنداته القابلة للتحويل الى اسهم عادية بل ابقائها بدون تحويل دون ان يخشى شرط الاستدعاء. ويرجع ذلك الى ان سعر الاستدعاء 1090 دينار يفوق القمية التحويلية للسند 1060 بمقدار 30 دينار. وحتى لو لم يستدعي المصدر لاطفاء سنداته فهذا ايضا يصب في مصلحة المستثمر خاصة اذا كانت اسعار الفائدة السوقية منخفضة . عندئذ يحتفظ المستثمر بالسند لحين موعد استحقاقه فيحقق دخلا ثابتا مرتفعا على مدار هذه الفترة .

وبالنسبة للمصدر فان سعر الفائدة السوقية هي التي تؤثر في اتخاذ قرار الاستدعاء، فاذا كان سعر الفائدة السوقية اقل من 9% وهو معدل كوبون السند فانه ينتظر احتمال مبادرة حامل السند لتحويله. لكن المتوقع ان لا يبادر حامل السند بالتحويل لان مصلحته تستدعي ذلك. عندئذ يتولى المصدر المبادرة باستدعاء السند للاطفاء حتى لو تحمل خسارة رأسمالية في كل سند يستدعيه 30 دينار. يضحي المصدر بهذه الخسارة لانه سيعوضها بالوفر المتحقق في انخفاض فائدة السندات التي يدفعها عن اصدار جديد. فمثلا لو قام المصدر باصدار جديد بسعر فائدة 5, 6% فانه سيوفر سنويا من اصداره هذا ما مقداره 25 دينار عن كل سند . ينتج هذا الوفر من الفرق بين الفائدة السنوية للسند 9% وفائدته السنوية بسعر 5, 6% وبذلك يكون الوفر المتحقق من كل سند تم استهلاكه في السنة الثانية من اصداره 20 دينار× 13 سنة (الفترة المتبقية من عمر السند) =260 دينار. وعليه فالفائدة التي يجنيها المصدر من كل سند تم استهلاكه بسعر الاستدعاء هي : 260 −30=230 دينار.

اما اذا كان سعر الفائدة السوقية مرتفعا فانه ليس من المتوقع ان يقوم المصدر باستدعاء السند لعدم تحقيق مصلحة له من الاستدعاء.

ثانيا: حالة هبوط السعر السوقي للسهم العادي

لنفرض في المثال السابق انه بعد سنة ونصف من تاريخ الاصدار انخفض ثمن السهم العادي الى 35 دينار، يطرح السؤال ما هو انعكاس هذا الانخفاض الى كل من مصدر السند القابل للتحويل وحامله ؟

يقوم كل من المصدر وحامل السند كما وضحنا في حالة ارتفاع السعر السوقي للسهم العادي بدراسة المشكلة على ضوء المعطيات التالية :

أ- قيمة السند الاسمية 1000 دينار
ب- سعر استدعاء السند 1090 دينار
ج- القيمة التحويلية الجديدة للسند تساوي 1000/50×35= 700 دينار.

اذا نظرنا للارقام اعلاه يتضح لنا انه ليس من مصلحة المستثمر ان يقوم باستخدام حقه في تحويل سنداته الى اسهم عادية، كذلك ليس من مصلحة المصدر ان يستخدم حقه في استدعاء السند حتى لو انخفض سعر السهم السوقي خلال الفترة المسموح فيها بالاستدعاء. ويعزى السبب الى تحمل كل من المستثمر والمصدر خسارة رأسمالية ، وبناء عليه فمن مصلحة الطرفين المستثمر والمصدر ابقاء السند بدون استدعاء وبدون تحويل الى اسهم ايضا. بالنسبة للمستثمر فان هبوط سعر سهم الشركة المصدرة السوقي عادة ما يرافقه انخفاض مواز في اسعار سنداتها ايضا،

لكن هبوط سعر السند في السوق يقف عند سقف معين بسبب الامان التي يتصف به السند اضافة الى الميزة التي يحملها وهي القابلية للتحويل . والسقف التي يقف عندها سعر السند السوقي هو ما بين القيمة الاسمية ومقدارها 1000 دينار والقيمة التحويلية وهي 700 دينار، فاذا عدنا لمعطيات مثالنا السابق وهي ان كوبون هذا السند الممثل بمعدل 9% وأجله 15 عاما . وباستخدام جداول القيمة الحالية فان مستثمرا يطمح بتحقيق عائد لحين استحقاق السند بمعدل 11% يكون مستعدا لدفع مبلغ 8, 858 دينارا في شراء هذا السند . فاذا قارنا معدل هبوط سعر السهم العادي عن قيمته السوقية والبالغ 35/10×100%= 2, 22% (مقدار انخفاض قيمة السهم العادي الاسمية عن قيمته السوقية هو 45-35 =10) بمعدل هبوط سعر السند عن قيمته الاسمية وهو 1, 14 % (من 1000 الى 8, 858) فان هذه المقارنة تبين بوضوح مدى هامش الامان الذي يتمتع به مستثمر السند القابل للتحويل عن مستثمر السهم العادي لنفس الشركة .

ويطرح السؤال ما هو رد فعل المصدر تجاه هبوط السعر السوقي للسهم العادي؟ من الطبيعي- كما ذكرنا - ان لا يستخدم المصدر حقه في استدعاء السند للاطفاء، ذلك ان استدعاء السند يحمل المصدر خسارة رأسماليةمقدارها 1090-700=390 دينار. ان المصدر لا يستدعي السند للاطفاء الا اذا كانت الخسارة الرأسمالية التي يتحملها اقل من الوفورات التي يحققها من فوائد السند لحين الاستحقاق . وتزداد وفوراته اكثر اذا كانت اسعار فائدة السندات في السوق والتي يرغب باصدارها عقب اطفاء السندات من جديد منخفضة في معدل الفائدة عن تلك السندات المطفأة.

تمرين :

في اول يناير 1975 قامت الشركة المتحدة باصدار سندات فئة (A) قابلة للتحويـل الى اسـهم عاديـة بقيمـة اسمية مقدارها 100 دينار للسندالواحد وكوبون 8% وكان سعر الفائدة السائد لسندات عاديـة مـن نفـس الفئة 13% وتستحق هذه السندات بعد 9 سنوات ، وقد اشتمل عقد الاصدار على الشرطين التاليين:

أولا: يستدعى السند بعد سنتين من تاريخ اصداره بسعر يعادل 125% من قيمته الاسمية .

ثانيا: يمكن تحويل السند الى اسهم عادية بسعر السهم 42 دينار (القيمة الاسمية للسهم 37 دينار) وذلك خلال فترة ثلاث سنوات من تاريخ الاصدار.

- بافتراض ان مستثمرا يحمل 60 سندا وارتفع سعر السهم العادي للشركة في 74/3/10 ليصبح 55 دينار ، فقام بتحويل سنداته الى اسهم. حدد قيمة المكاسب الرأسمالية التـي يحققهـا، وحدد الاربـاح التي تحققها الشركة المصدرة .

- لنفترض ان تاريخ ارتفاع سعر السهم تاخر الى 1975/3/10 وكنت محللا ماليا، هل تنصح الشركة باستدعاء سنداتها للاطفاء؟ علل ذلك .

- لنفترض ان سعر السهم انخفض بعد سنة مـن الاصدار الى 30 دينار وكـان معـدل العائـد علـى الاستثمار السائد حينئذ 11% بين مزايا الامان التي يوفرها السند القابل للتحويل لحامله .

تكلفة السندات

تتحمل الشركة عندما تصدر سندات مجموعة من المصاريف نلخصها كما يلي:

- المصاريف التي تتكبدها لاجراء الدراسات اللازمة وتلك التي تنفقها لاغـراض الحصـول عـلى موافقـة الهيئة العامة ووزراة التجارة والصناعة ونفقات الطباعة والاعلان عن الاصدار.

- الرسوم المرتبطة برهن الاصول وخاصة اذا ارتبطت عمليـة الاصـدار بشرط رهن بعـض ممتلكـات الشركة .

- العمولة التي تدفعها الشركة لقاء قيام الجهات المكلفة باصدار السـندات والتـي هـي غالبـا عمـولات تتقاضاها الشركات المالية وفروعها. هنـاك مصـاريف تتمثـل بـالفرق بـين القيمـة الاسـمية للسـندات والمبالغ المحصلة من هذه السندات مقسومة عـلى عمرالسـند ، اضـافة الى مـا سـبق تتحمـل الشركة المصدرة للسند فائدة السند.

وفيما يلي مثال توضيحي لتكلفة التمويل عن طريق السندات :

مثال(1) :

اصدرت احدى الشركات اسناد قرض مدته خمس سنوات وفيما يلي بيانات عن هذه الاصدارات :

عدد السندات 15000 سند، القيمة الاسـمية للسـند 100 دينار، سـعر الفائـدة 9% سـنويا، عمولـة النبـك الموزع 3% ، مصاريف الاصدار 24500 دينار، مصاريف رهن الاصول 1800 دينار.

المطلوب : احتساب تكلفة التمويل عن طريق اصدار اسناد القرض علما بأن السند يرد بقيمته الاسمية .

الحل:

العمولة على السند الواحد = $100 \times \frac{3}{100}$ = 3 دينار

مصاريف الاصدار للسند الواحد = $\frac{24500}{15000}$ =6, 1 دينار

مصاريف الرهن الخاصة بالسند = $\frac{1800}{15000}$ = 12, 0 دينار

مجموع المصاريف الخاصة بالسند = 3+ 60, 1 + 12, 0 = 72, 4 دينار

المتوسط السنوي للمصاريف الخاصة بالسند = 72, 4 ÷ 5= 944, 0 دينار

الفائدة السنوية = $100 \times \frac{9}{100}$ =9 دينار

اجمالي التكلفة السنوية للسند= 9+944, 0= 944, 9 دينار

صافي المبلغ الذي حصلت عليه الشركة للسند الواحد = 100-72, 4= 28, 95 دينار

متوسط الاستثمار للسند= $\frac{\text{القيمة الاسمية + القيمة المقبوضة}}{2}$ = $\frac{100+28, 95}{2}$ = 64, 97 دينار

اجمالي التكلفة السنوية للسند 9 ,944
تكلفة التمويل = ___________ × 100%=___×100%= 18, 10%
متوسط الاستثمار للسند 97 ,64

مثال(2):

اصدرت احدى الشركات 300000 سند بقيمة اسمية للسند 8 دنانير بدون علاوة اصدار او خصم اصدار ولمدة 8 سنوات بمعدل 7% وبلغت مصاريف اصدار السندات 84000 دينار كما يوجد عمولة توزيع للسند الواحد مقدارها 64, 0 دينار، المطلوب حساب تكلفة تمويل السند .

الحل:

نصيب السند من مصاريف الاصدار= $\frac{84000}{300000}$ = 28, 0 دينار

الفائدة السنوية على السند = 8× $\frac{7}{100}$ = 56, 0 دينار

اجمالي المصاريف الخاصة بالسند = 28, 0+ 64, 0 = 92, 0 دينار

متوسط المصاريف السنوية للسند = $\frac{0,92}{8}$ = 115, 0 دينار

اجمالي التكلفة السنوية للسند = 115, 0 +56, 0 = 675, 0 دينار

صافي القيمة المقبوضة للسند الواحد = 8-(0,64 +0,28)= 7,08 دينار

$$\text{متوسط الاستثمار للسند} = \frac{7,08 +8}{2} = 7,54 \text{ دينار}$$

$$\text{تكلفة التمويل للسند} = \frac{\text{اجمالي التكلفة السنوية للسند } 0,675}{\text{متوسط الاستثمار } 7,54} \times 100\% = \times 100\% = 8,95\%$$

مثال (3):

سند قيمته الاسمية 300 دينار معدل فائدة 8% صدر بعلاوة اصدار 22% مدة السند 10 سنوات، احسب تكلفة التمويل للسند ؟

الحل:

$$\text{فائدة السند} = 300 \times \frac{8}{100} = 24 \text{ دينار}$$

$$\text{علاوة الاصدار تعامل عكس معاملة خصم الاصدار} = 300 \times \frac{22}{100} = 66 \text{دينار}$$

قيمة السند المقبوضة = 300+ 66 = 366 دينار

$$\text{متوسط علاوة الاصدار السنوية} = \frac{66}{10} = 6,6 \text{ دينار}$$

104

المصاريف السنوية للسند = الفائدة – متوسط علاوة الاصدار السنوية

= -24 = 6, 6 = 4 ,17 دينار

$$متوسط الاستثمار للسند = \frac{366+300}{2} = 333 دينار$$

$$تكلفة التمويل للسند = \frac{17, 4}{333} \times 100 = 23, 5 \%$$

مثال (4):

سند قيمته الاسمية 100 دينار بمعدل فائدة 8% وبخصم اصدار 7 دنانير ومصاريف وعمولة اصدار 3 دنانير للسند ، مدة السند 8سنوات ، احسب تكلفة التمويل للسند .

$$الفائدة السنوية = 100 \times \frac{8}{100} = 8دنانير$$

المصاريف الخاصة للسند=خصم الاصدار +عمولة الاصدار= 7+3=10دنانير

$$متوسط المصاريف السنوية للسند = \frac{10}{8} = 25 ,1 دينار$$

اجمالي المصاريف السنوية للسند = 25 ,1 +8= 25, 9 دينار

صافي القيمة التي حصلت عليها الشركة عن كل سند = 100-(3+7)=90 دينار

$$\text{متوسط الاستثمار للسند} = \frac{90+100}{2} = 95 \text{ دينار}$$

$$\text{تكلفة التمويل} = \frac{\text{اجمالي المصاريف السنوية}}{\text{متوسط الاستثمار للسند}} \times 100\% = \frac{9,25}{95} \times 100\% = 9,73\%$$

اذا اردنا ان نحسب تكلفة التمويل بعد الضرائب يتم كما يلي :

تكلفة التمويل السابقة للسند ×(1-معدل الضرائب)، فإذا فرضنا ان معدل الضرائب 45% في هـذا المثال تكون تكلفة التمويل بعد الضرائب =

$$9,73\%(1-0,45) = 5,35\%$$

مثال(5):

فيما يلي بنية الهيكل المالي لشركة س ص ع كما يلي :

اسهم عادية 3 مليون سهم عادي بقيمة اسمية للسهم دينار واحد.

اسهم ممتازة بمعدل 10% وعددها 40000 سهم بقيمة اسمية 10 دنانير للسهم.

سندات 3000 سند بمعدل 8% وبقيمة اسمية للسند 200 دينار للسند .

ومن المتوقع ان توزع الشركة 40% من الارباح لاصحاب الاسهم العادية، علما بـأن ارباح الشركة للسـنة الحالية بلغت 3000000 دينار بعد اقتطاع الضرائب ونصيب الاسهم الممتازة فإذا علمت ان الشركة تخطط لاصدار سندات جديدة بفائدة

106

8% واصدار اسهم ممتازة بسعر اصدار 20 دينار ونصيب السهم الممتاز المتوقع مـن الاربـاح 5, 2 دينـار، الضرائب 40% احسب كلفة التمويل لكل من :

1- السندات الجديدة علما بأن القيمة الاسمية لها 34 دينار وسعر الاصدار 37 دينار ومدة (5) سـنوات

2- الاسهم الممتازة الجديدة.

3- الاسهم العادية علما بأن معدل النمو للربح 7% والقيمة السوقية للسهم العادي مساوية للاسمية

الحل:

أ) كلفة التمويل للسندات الجديدة = $\dfrac{\text{اجمالي التكلفة السنوية للسند}}{\text{متوسط استثمار السند}} \times 100\%$

فائدة السند = $\dfrac{8}{100} \times 34 = 72,2$ دينار

علاوة الاصدار للسند = 34-37 = 3 دنانير

علاوة الاصدار السنوية للسند = $\dfrac{3}{5} = 6,0$ دنانير

مثال (6):

اذن تكلفة تمويل السندات = $\dfrac{72,2 - 60,0 \ (\text{صافي الكلفة})}{34+37/2} \times 100\% = 97,5\ \%$

تكلفة التمويل بعد الضرائب = 97 , 5%(40 ,0-1)= 58 ,3%

نصيب السهم من الربح المتوقع

ب)تكلفة التمويل للأسهم الممتازة = ـــــــــــ ×100%

قيمة السهم السوقية – مصاريف السهم

$$= \frac{2,5}{20} \times 100\% = 12,5\%$$

تكلفة التمويل للاسهم الممتازة بعد الضرائب = 125 ,0×(40 ,0-1)= 7 ,5%

ج)تكلفة الاسهم العادية :

نصيب السهم العادي من الارباح الموزعة

التكلفة = ـــــــــــــــــــــــــ + معدل نمو الارباح

قيمة السهم السوقية – مصارييف السهم

$$\text{نصيب السهم العادي من الارباح} = \frac{\text{الارباح الموزعة}}{\text{عدد الاسهم العادية}} = \frac{3000000 \times 40,0}{3000000}$$

= 04 ,0 دينار لكل سهم

ويمكن حساب الربح المتوقع للسهم ايضا عن طريق القيمة الاسمية للسهم × نسبة التوزيع

$$\text{تكلفة السهم العادي} = \frac{0,04}{1} + 0,07 = \frac{0,04}{1-\text{صفر}} + 0,07 = 11\%$$

مثال (7):

وجدت شركة انها لو اشترت الة بقيمة (600) ألف دينار لاستطاعت ان توفر سنويا مبلغ (60) ألـف دينـار، غير انها لا تملك ذلك المبلغ ، فعمدت الى طرح سندات بفائدة قـدرها 8% فمـا صـافي ربحهـا السـنوي مـن هذه العملية .

الحل:

الفائدة التي تلتزم بهاالشركة اتجاه حملةالسندات $= 600000 \times \dfrac{8}{100} = 48000$

ويكون وفر الشركة السنوي $= 60000 - 48000 = 12000$ دينار

ويكون معدل الفائدة المنتظر $= \dfrac{12000}{600000} = 2\%$

109

تمارين

س1: احسب كلفة التمويل للحالات التالية :

1- سند قيمته 1000 دينار لمدة 10 سنوات بمعدل فائدة 12% ويباع بزيادة 9% من القيمة الاسمية بدون وجود مصاريف اصدار.

2- سندق قيمته 100 دينار لمدة 15 سنة بمعدل 13% ويسدد بنفس القيمة الاسمية وتبلغ عمولة الاصدار 5% ومصاريف توزيع دينار ونصف للسند.

3- سند قيمته 1000 دينار بمعدل 9% لمدة 12 سنة وبخصم اصدار 40دينار ومصاريف اصدار 5, 1% وعمولة 1%.

س2: اصدرت احدى الشركات اسناد قرض مدته 10 سنوات وفيما يلي بيانات عن هذا الاصدار :

عدد السندات 100000 سند، قيمة اسمية 10 دنانير للسند .

عمولة البنك الموزع 5, 3% ، مصاريف اصدار 24500 دينار

مصاريف رهن الاصول 3500 دينار، سعر الفائدة 11%

اوجد تكلفة التمويل للسندات علما بأن السند يرد في نهاية المدة بقيمة قدرها 5, 9 دينار؟

س3: اصدرت احدى الشركات اسناد قرض مدته 5 سنوات، وفيما يلي بيانات عن هذا الاصدار:

عدد السندات المصدرة 40000 سند، القيمة الاسمية للسند 8 دنانير.

سعر الفائدة على السند 9% ، عمولة البنك الموزعة 5, 2% ، مصاريف الاصدار 4500 دينار.

اوجد تكلفة التمويل للسندات علما بأن السند يرد في نهاية المدة بقيمته الاسمية؟

س4: سند قيمته الاسمية 100 دينار بمعدل فائدة 8% وبخصم اصدار 6 دنانير ومصاريف وعمولة اصدار 2 ,5 دينار للسند، مدة السند 8 سنوات . احسب تكلفة التمويل للسند ؟

رابعا: تقييم السندات واستهلاك الديون السندية :

عندما تحدثنا عن السندات في فصول سابقة ذكرنا بأن الحكومات تلجأ شأنها شأن الافراد الى الاقتراضات في كثير من الاحيان لتمويل مشروعاتها. وتتم عملية الحصول على الاموال المقترضة عن طريق اصدار سندات تباع للشركات والافراد الذين يرغبون استثمار اموالهم لتحصل من بيع سنداتها على مقدار القرض المطلوب.
من المعلوم ان السند يمثل علاقة مديونية بين الجهة المصدرة له وحامل السند تتعهد بمقتضاه الطرف الاول بأن تسدد للطرف الثاني في نهاية مدة محددة من الزمن قيمة السند المتفق عليها ، كما تتعهد بأن تدفع لحامل السند فائدة دورية في نهاية كل فترة زمنية متفق عليها بمعدل فائدة معلوم يسمى معدل فائدة السند والتي يطلق عليها في بعض الاحيان الكوبونات . ويتم تداول هذه الكوبونات في السوق المالي سواء كان التداول بين اشخاص معنويين او طبيعين .
وقد تكون السندات اسمية بمعنى ان حاملها يكون دائما مقرونا بها ، وخاصة في دفاتر الشركة الجهة المصدرة للسندات ، وفي حالة البيع يجب على حامل السند ان السندات تحت اسم المشتري الجديد. وقد يكون السند لحامله، بمعنى ان حامل السند يستطيع ان يتصرف بالسند دون ان يرجع للجهة المصدرة للسند. ويرفق بهذا النوع من السندات كوبونات متعددة بواقع كوبون في كل فترة زمنية، وفي نهاية كل فترة

يفصل الكوبون الخاص بها ويتقاضى حامل السند الفائدة المستحقة عن تلك الفترة، في حين ان السندات الاسمية لا يرفق بها عادة كوبونات على اساس ان صاحب السند مقيد بدفاتر الشركة والفائدة تدفع له .

يتخذ السند قيمتين هما : القيمة الاسمية وهي القيمة التي تدفع بناء عليها الفائدة لحامل السند، فعندما نقول ان القيمة الاسمية للسند 1000 دينار ومعدل الفائدة 7% فان الفائدة الدورية = 1000×100/7=70 دينار وتدفع في نهاية كل سنة .

القيمة الثانية ويطلق عليها القيمة الاستهلاكية وهي القيمة التي يسدد بها السند لحامله في نهاية مدة القرض. وقد تكون القيمة الاستهلاكية مساوية للقيمة الاسمية وفي هذه الحالة يقال بان السند يستهلك بقيمته الاسمية. وقد تكون القيمة الاستهلاكية اكبر من القيمة الاسمية، وفي هذه الحالة يقال بأن السند يستهلك بعلاوة على القيمة الاسمية او تكون القيمة الاستهلاكية اقل من القيمة الاسمية وفي هذه الحالة يقال بأن السند يستهلك بخصم من القيمة الاسمية .

والجدير بالذكر ان السند يصدر بقيمه عند اصداره . هذه القمية – ثمن شراء السند- والتي تسمى ثمن الاصدار قد تكون مساوية للقيمة الاسمية او اكبر او اقل منها. ويقال ان السند اصدر بقيمته الاسمية ا وبعلاوة او خصم من القيمة الاسمية، كما في حالة القيمة الاستهلاكية .

ولتوضيح الصورة نفرض ان سندا قيمته الاسمية 1000 دينار اصدر بخصم قدره 3% ويستهلك في نهاية 8 سنوات بعلاوة قدرها 6% على القيمة الاسمية ومعدل فائدة 6% سنويا، فان ذلك يعني ان المشتري يدفع 970 دينار ويحصل على فائدة سنوية من الهيئة المصدرة تقدر 65 دينار لمدة 8 سنوات وفي نهاية هذه المدة تدفع الجهة المصدرة لحامل السند مبلغ 1060 دينار.

<u>تقييم السندات</u>

يقصد بتقييم السندات هو ذلك المبلغ الذي يدفعه المشتري لذلك السند في تاريخ الشراء، وان معدل الفائدة الذي يرغب المشتري في تحقيقه من عملية الشراء هو الذي يحدد ثمن شرائه السند ويطلق على هذا المعدل بمعدل فائدة الاستثمار وقد يساوي هذا المعدل او يزيد او يقل عن معدل فائدة السند وفقا لمعدلات فائدة الاستثمار السائدة في السوق المالية .

يتضح لنا مما سبق ان حامل السند يستفيد من ملكيته للسند بالعائد او الفائدة الدورية التي تدفع له في اخر كل سنة، او كسور منها عن المدة الباقية من مدة السند والقمية الاستهلاكية للسند التي ترد دفعة واحدة في نهاية مدة السند . وعلى ذلك تحسب:

قيمة السند الشرائية = القيمة الحالية لقيمة السند الاستهلاكية + القيمة الحالية لايرادات السند من الفوائد . وتحسب القيمتين على اساس معدل فائدة الاستثمار السائد يوم التقييم وليس معدل فائدة السند.

تحسب القيمة الحالية للقيمة الاستهلاكية للسند على أساس القيمة الاستهلاكية للسند × ح ن بمعدل فائدة الاستثمار السائد في السوق المالية وقت التقدير. حيث (ن) هي المدة الباقية حتى استهلاك السند ، او الفترة الزمنية الواقعة بين تاريخ الشراء وتاريخ استهلاك السند، اما القيمة الحالية لايرادات السند من الفوائد فتحسب بضرب الفائدة الدورية الواحدة (الكوبون) في القيمة الحالية لدفعه دورية متساوية مبلغها دينار واحد وبمعدل فائدة الاستثمار السائد في السوق المالية. ولمدة (ن) من الفترات الزمنية .

وعندما يراد احتساب قيمة السند فان الامر يقتضي ان نفرق بين ثلاث حالات ، **الحالة الاولى :** اذا كان المشتري يرغب بشراء السند بعد صرف قيمة الكوبون مباشرة (الفائدة الدورية) فان قيمة شراء السند تساوي القيمة الحالية للقيمة الاستهلاكية للسند مضافا اليها القيمة الحالية لدفعه دورية متساوية مبلغها الفائدة الدورية الواحدة (الكوبون الواحد).

الحالة الثانية: حامل السند يعرض بيع السند قبل صرف الكوبون مباشرة والمشتري يدفع ثمن الشراء على هذا الاساس . فقيمة الشراء = القيمة الحالية للقيمة الاستهلاكية للسند مضافا لها القيمة الحالية لدفعه دورية متساوية مبلغها كوبون (فائدة دورية واحدة) ومضافا لها ايضا قيمة الكوبون (فائدة دورية).

الحالة الثالثة: ان المشتري يدفع قيمة السند المعروض للبيع في تاريخ يقع بين موعد استحقاق فائدتين دوريتين وثمن الشراء يحسب باحدى الطريقتين:

1. تحسب قيمة السند في تاريخ صرف الكوبون السابق لتاريخ الشراء على اساس بعد الصرف مباشرة . وبعد استخراج القيمة تحسب جملة هذه القيمة المستخرجة لمدة تساوي الفرق بين تاريخ الشراء وتاريخ صرف الكوبون السابق لتاريخ الشراء، وذلك على أساس معدل فائدة الاستثمار.
2. تحسب قيمة السند في تاريخ صرف الكوبون اللاحق لتاريخ الشراء على أساس قبل الصرف مباشرة، وبعد استخراج القيمة تحسب جملتها لمدة تساوي الفرق بين تاريخ صرف الكوبون اللاحق وتاريخ الشراء، وتحسب القيمة الحالية باستخدام فائدة الاستثمار .

<u>أمثلة توضيحية:</u>

مثال (1):

سند قيمته الاسمية 10000 دينار بمعدل فائدة سنوية تبلغ 6% من القيمة الاسمية . فإذا كان السند يستهلك بقيمته الاسمية في نهاية 8 سنوات من الان. احسب ثمن شراء هذا السند ليحقق المشتري فائدة بمعدل 7% اذا قام المشتري بشراء السند بعد صرف الكوبون مباشرة .

الحل: فائدة السند (قيمة الكوبون) = $10000 \times \frac{6}{100} = 600$ دينار

ثمن الشراء = القيمة الحالية لقيمة السند الاستهلاكية + القيمة الحالية لدفعه دوريه متساوية مبلغها كوبون واحد .

= القيمة الحالية بقيمة السند الاستهلاكية + قمية الكوبون(الفائدة الدورية) × $\frac{\text{1-ح8}}{\text{ع}}$

(القيمة الحالية لدفعة دورية متساوية مقدارها دينار ومدتها 8 سنوات وبمعدل ع/ سنويا).

1-ح8

= 10000×ح8+600×______

0 ,07

0 ,582010-1

= 10000× 0 ,582010 +600×______________

0 ,07

= 1, 5820+771, 3582 =871, 9402 دينار

يتضح من الحل اعلاه ان قيمة السند الاسمية اكبر من ثمن شراء السند وذلك لان معدل فائدة السند كما هو موضح في المثال اقل من معدل فائدة الاستثمار . ويمثل الفرق بين القيمة الاسمية وثمن الشراء بالقيمة الحالية للفرق بين الفوائد كالاتي:

الفرق بين معدل فائدة الاستثمار ومعدل فائدة السند = 7%-6%=1%

=1/100×10000= 100 دينار

1-ح8

القيمة الحالية لفرق الفوائد = 100×_____ بمعدل 7%

ع

0 ,582010-1

= 100×__________= 597 ,1285 دينار

0 ,07

اذن قيمة السند الشرائية = 10000-1286, 597 =87 ,9402 دينار وهي نفس القيمة السابقة تقريبا.

مثال (2):

احسب ثمن شراء السند في المثال السابق، اذا كان الشراء قد تم قبل صرف الكوبون مباشرة.

الحل:

ثمن الشراء= القيمة الحالية لقيمة السند الاستهلاكية + قيمة الكوبون (الفائدة الدورية)×

$$\frac{1-ح8}{ع} + \text{قيمة الكوبون} \;.$$

$$= 10000×ح8+600×\frac{1-ح8}{0, 07}+600$$

$$= 10000×0,582010+600×5,971286+ 600$$

$$= 10002, 87 \text{ دينار}$$

مثال (3):

سند قيمته الاسمية 10000 دينار ويستهلك بعد 8 سنوات بعلاوة تبلغ 4% على القيمة الاسمية، فاذا كان السند يعطي فائدة معدلها 5% سنويا، احسب ثمن شراء السند بعد صرف الكوبون مباشرة اذا كان معدل الفائدة السائد في السوق 4% ثم احسب ثمن الشراء بعد صرف الكوبون مباشرة اذا كان السند يستهلك بعد 8 سنوات بخصم مقداره 3% .

الحل: حالة استهلاك السند بعلاوة 4% .

علاوة الاستهلاك = 10000×100/4=400 دينار

القمة الاستهلاكية للسند = 10000+400=10400 دينار

فائدة السند = 10000×100/5 = 500 دينار

اذن ثمن الشراء(بعد صرف الكوبون مباشرة) =

$$10400 \times \text{ح}^{8} + 500 \times \frac{1-\text{ح}^{8}}{0,04}$$

(تطبيق للقانون)

$$= 10400 \times 0,73069 + 500 \times \frac{1-0,73069}{0,04}$$

= 7599,176 + 3366,375 = 10965,55 دينار

حالة استهلاك السند بخصم 3%:

خصم الاستهلاك = 10000 ×100/3= 300 دينار

القيمة الاستهلاكية للسند = 10000-300= 9700 دينار

فائدة السند = 10000×5/100=500 دينار

$$\text{اذن ثمن الشراء} = 9700 \times ح^{8} + 500 \times \frac{1-ح^{8}}{0,04} \quad \text{(تطبيق للقانون)}$$

$$= 9700 \times 0,73069 + 500 \times \frac{1 - 0,73069}{0,04} = 10454,068 \text{ دينار}$$

مثال(4)

سند قيمته الاسمية 30000 دينر يستحق الدفع في 1993/12/31 بعلاوة قدرها 4% على القيمة الاسمية. فاذا كان معدل فائدة السند هو 5% سنويا وتدفع في 12/31 من كل عام. وقد قام احد الاشخاص بشراء هذا السند بتاريخ 1983/6/30.

احسب ثمن الشراء اذا اراد المشتري ان يستثمر امواله بمعدل فائدة 8% سنويا.

الحل: يلاحظ من هذا المثال ان المطلوب حساب ثمن شراء السند في تاريخ يقع بين تاريخ استحقاق فائدتين متتاليتين. وكما ذكرنا سابقا يمكن حساب ثمن الشراء باحدى الطريقتين.

I- يحسب ثمن شراء السند في تاريخ صرف الكوبون السابق لتاريخ الشراء أي في 1982/12/31 على أساس بعد صرف الكوبون مباشرة :

علاوة الاستهلاك = 30000×4/100=1200 دينار

القيمة الاستهلاكية للسند = 30000+1200= 31200 دينار

فائدة السند السنوية = 30000× 100/5 =1500 دينار

1-ح11

اذن قيمة شراء السند في 1982/12/31 = 31200×ح11+1500×ــــ

0 ,08

(تطبيق للقانون)

= 31200×428883, 0+ 1500× 138963, 7

= 593, 24089 دينار

اذن ثمن شراء السند الفعلي في 1983/6/30 = 593, 24089× (1+08, 0)½ وذلك لان المدة تقع بين 1982/12/31 ، 1983/6/30 = 6 شهور

= 593, 24089 × 03231, 1 = 64, 25034 دينار

ب- يحسب ثمن شراء السند في تاريخ صرف الكوبون اللاحق لتاريخ الشراء أي في 1983/12/31 على أساس قبل صرف الكوبون مباشرة كالاتي:

1-ح10

قيمة السند في1982/12/31= 31200×ح10+1500×ــــ+1500

0 ,08

(تطبيق للقانون)

= 31200×463193, 0+1500× 71009, 6+ 1500= 75, 26016 دينار

اذن ثمن شراء السند الفعلي في 1983/6/30 = 753, 26016× ح2/1 بمعدل 8% سنويا.

= 753, 26016× 0392305, 1

= 632, 25034 دينار

الوحدة الرابعة
تقييم الاسهم
Stock Valuation

تتضمن هذه الوحدة العناوين الرئيسية التالية:

اولا: تقييم الاسهم الممتازة

I- الاسهم الممتازة كمصدر للتمويل.

II- عملية تقييم الاسهم الممتازة

ثانيا: تقييم الاسهم العادية

I- عوامل التقييم

II- طرق التقييم

أ- نموذج التوزيعات

ب- طريقة مضاعف الارباح

أولا : تقييم الاسهم الممتازة

I- الاسهم الممتازة كمصدر للتمويل

استعرضنا في الوحدة الثالثة من هذا الكتاب مفهوم الاسهم الممتازة ومميزاتها وعيوبها بالنسبة للمستثمر وبالنسبة للشركة ، بالاضافة الى كيفية حساب تكلفتها .

وفي هذه الوحدة فاننا سوف نقوم بالتركيز على اللجوء الى اصدار الاسهم الممتازة من قبل الشركات كمصدر من مصادر تمويلها اضافة الى كيفية تقييم هذه الاسهم الممتازة .

تمتاز عملية تمويل الشركة من خلال اصدار الاسهم الممتازة بمزايا كثيرة اهمها المرونة وزيادة القدرة الانتاجية للشركة . فاذا تأخرت أي دفعة من دفعات فوائد السندات او لم تدفع قد يعني ذلك افلاس الشركة من الناحية الفنية. اما بالنسبة لنصيب حملة الاسهم الممتازة من الارباح فمن المعروف ان التأخير في دفعها قد يعني ان الشركة تحقق خسائر لكنه لا يعني اطلاقا افلاس الشركة. وفيما يتعلق بزيادة القدرة الاقتراضية للشركة يقول الدكتور منير صالح هندي " اصدار المزيد من الاسهم الممتازة يسهم في تخفيض نسبة الاموال المقترضة الى الاموال المملوكة، وهو امر يترتب عليه زيادة الطاقة الاقتراضية المستقبلية للمنشأة "[3]

على الرغم من هذه المزايا التي تمتع بها الاسهم الممتازة كمصدر من مصادر التمويل الا ان تكلفتها عالية لسببين رئيسين :

---

[3] د. منير صالح هندي، الادارة المالية : مدخل تحليلي معاصر، الطبعة الثانية، المكتب العربي الحديث، الاسكندرية ،1991، ص 500،501.

السبب الاول: ان حملة الاسهم الممتازة يحتاجون الى معدل عائد أعلى من المعدل الذي يحتاجه المقرضون وذلك راجع الى طبيعة المخاطر التي يتعرضون لها خاصة فيما يتعلق بترتيبهم بعد المقرضون عند تصفية الشركة وتوزيع الاموال

السبب الثاني: ان توزيعات الاسهم الممتازة ليست معفاة من الضرائب على أساس انها من اشكال توزيعات الارباح، اما فوائد السندات فتعتبر تكلفة على المشروع ويتم خصمها لاغراض ضريبية .

II- عملية تقييم الاسهم الممتازة :

ان قيمة السهم الممتاز هي القيمة الحالية للتوزيعات النقدية الي يستلمها حامل السهم، وحيث ان السهم الممتاز له نصيب محدود من الارباح بحد أعلى أو أدنى فان طريقة تقييمه تختلف عن طريقة تقييم السهم العادي ويمكن حساب قيمة السهم الممتاز من خلال تطبيق المعادلة التالية :

$$\text{قيمة السهم الممتاز} = \frac{\text{ت}}{\text{خ}}$$

حيث ت تمثل التوزيعات النقدية المتأتية من السهم الممتاز .

خ تمثل معدل العائد المطلوب على الاستثمار.

ان معدل العائد المطلوب عن الاستثمار هو معدل العائد الذي يطلبه حاملوا السهم والذي يعتمد على مدى المخاطرة بأن تتعرض الشركة للافلاس[4] ، أي انه يأخذ باعتباره خطورة الاستثمار في الشركة فاذا كانت احدى الشركات قد اصدرت اسهما

---

[4]Robert W.Kolb, Investments,4th ed. Blackwell Publishers , U.K., 1996, P. 295

ممتازة بقيمة اسمية -/10 دنانير على أساس معدل 9% احسب قيمة السهم الممتاز بفرض أن معدل العائد المطلوب على الاستثمار كان 13%

الحل: نصيب السهم الممتاز من التوزيعات – 10×9%= 900 ,0 دينار

قيمة السهم الممتاز = $\dfrac{\text{ت}}{\text{خ}}$

$= \dfrac{0 ,900}{0 ,13} =$ 923 ,6 دينار

أما في حالة ارتفاع معدل الفائدة على لاسهم الممتاز الى 11% مثلا فان قيمة السهم الممتاز يمكن حسابها كما يلي :

نصيب السهم الممتاز من التوزيعات = 10×11%= 100 ,1 دينار

قيمة السهم الممتاز = $\dfrac{\text{ت}}{\text{خ}}$

$= \dfrac{1,100}{0 ,13} =$ 462 ,8 دينار

ثانيا: تقييم الاسهم العادية

تعتبر عملية تقييم الاسهم العادية اكثر تعقيدا من تقييم الاسهم الممتازة اذ يعزى ذلك الى ان امكانية تذبذب اسعار الاسهم العادية صعودا وهبوطا اكبر منها في اسعار الاسهم الممتازة، وفي اسواق المال في العالم هناك طرق نظريات كثيرة لمحاولة تقييم الاسهم العادية، الا انها في هذه الوحدة سوف تقوم باستعراض اهم هذه الطرق . لكننا قبل عميلة الاستقراض للطرق، سوف نناقش عوامل التقييم .

I-   عوامل التقييم

هنالك العديد من العوامل التي تؤثر على عملية تقييم الاسهم العادية من اهمها :

1-   قدرة الشركة على تحقيق الارباح فكلما كانت قدرتها اكبر على تحقيق الارباح كلما اتجه سعر السهم الى الارتفاع والعكس بالعكس .

2-   التوزيعات النقدية على المساهمين: تحقيق الشركة لاية ارباح لا يعني بالضرورة اجراء عملية توزيع كل هذه الارباح او جزء منها على المساهمين ، فكلما شركة سياسة معينة خاصة بها بالنسبة لعملية التوزيعات التي تقررها للمساهمين .

وكما نعرف فانه الهدف الاساسي للمستثمر غير المضارب عند اتخاذه لقرار شراء اسهم هو الحصول على التوزيعات النقدية، وخاصة المستثمر الذي يعتمد في معيشته على هذه التوزيعات .

3-   اتجاهات النمو في الارباح : عند دراسة اتجاهات النمو في الارباح فانه يتوجب الاخذ بعين الاعتبار الارباح التي تتحقق من العمليات المتعلقة بطبيعة

العمل نفسه حيث يتم استبعاد أي ارباح عرضية ناتجة عن عمليات ليست من طبيعة عمل الشركة
.

4- معدل العائد المطلوب على الاستثمار والذي يمثل معدل الفائدة السائد بالاضافة الى معدل خطورة الاستثمار في الشركة وبالتالي فمعدل العائد يختلف وفقا لمعدلات الفائدة السائدة ونسبة الخطورة التي يحملها كل سهم .

II- **طرق التقييم**

هناك العديد من طرق التقييم المتبعة لتقدير القيمة الحقيقية للسهم العادي من اهمها:

أ- نموذج التوزيعات Dividends Model

في البداية فاننا سوف نقوم باعطاء فكرةعن مفهوم القيمة الحالية وكذلك الارباح المحققة والارباح الموزعة قبل ان نبدأ بشرح ماهية هذه الطريقة .

مفهوم القيمة الحالية

يقوم مفهوم القيمة الحالية على أساس فكرة بسيطة مؤداها ان الدينار الذي يتم استلامه بتاريخ اليوم قيمته اكبر من الدينار الذي سيتم قبضه بعد سنة من الان ، وذلك لسبب ان الدينار الذي يستلم اليوم يمكن استثماره والحصول على عائد من وراء هذا الاستثمار .

وعلى العكس تماما في حالة دفع النقود فان الدينار الذي ينفق اليوم هو أكثر قيمة (أكثر تكلفة) من الدينار الذي ينفق بعد سنة من الان ، وبالتالي فان كلتا الحالتين

تعكسان ما نسميه القيمة الزمنية للنقود Time Value of Money والتي تعني ان قيمة الدينار تتغير بمرور الوقت .

ان معدل الفائدة يعتبر من العوامل الرئيسية التي تتحكم في القيمة الحالية ، فكلما كان معدل الفائدة أعلى كلما ادى ذلك الى ان تكون القيمة الحالية اقل .

والان سوف نحاول ان نوضح ذلك بما يلي :

القانون الاساسي للفائدة المركبة :

جملة المبلغ = أصل المبلغ $(1 + ع)^{ن}$ ، حيث ع تمثل معدل الفائدة ، ن عدد السنوات وبعبارة اخرى فان

القيمة الاسمية للمبلغ = القيمة الحالية $(1 + ع)^{ن}$

$$إذن القيمة الحالية = \frac{القيمة الاسمية}{(1+ع)^{ن}}$$

او بمعادلة اخرى

القيمة الحالية = القيمة الاسمية $(1+ع)^{-ن}$

وهكذا فانه اذا كان لدينا عدة دفعات تستحق على فترات زمنية مختلفة ، تكون القيمة الحالية لهذه الدفعات هي عبارة عن القيمة الحالية للدفعة الاولى مضافا اليها القيمة الحالية للدفعة الثانية ، وهكذا دواليك .

وبامكاننا استخدام المعادلة التالية :

127

$$\text{القيمة المالية للدفعات} = \frac{د1}{(1+ع)^1} + \frac{د2}{(1+ع)^2} + \frac{د3}{(1+ع)^3} ....$$

حيث د1 ، د2، د3 تمثل الدفعات الاولى والثانية والثالثة ....

ولتجنب العمليات الحسابية المعقدة والمطولة ، فان بالامكان استخدام جداول القيمة الحالية والتي تعطينا القيمة الحالية لمبلغ نقدي قيمته الاسمية دينار واحد عند معدلات فائدة مختلفة .

مثال :

اوجد القيمة الحالية لثلاث دفعات قيمتها كما يلي :

الدفعة الاولى 1000 دينار تدفع بعد سنة واحدة

الدفعة الثانية 1500 دينار تدفع بعد سنتين

الدفعة الثالثة 2000 دينار تدفع بعد 3 سنوات

المطلوب ايجاد القيمة الحالية لهذه الدفعات الثلاثة مع العلم بأن معدل الفائدة 6%.

الحل:

$$\text{القيمة الحالية للدفعات الثلاث} = \frac{د1}{(1+ع)^1} + \frac{د2}{(1+ع)^2} + \frac{د3}{(1+ع)^3}$$

$$= \frac{1000}{(1+0,06)} + \frac{1500}{(1+0,06)^2} + \frac{2000}{(1+0,06)^3}$$

2000		1500		1000	
————	+	————	+	————	=
3(1 ,06)		2(1 ,06)		(1 ,06)	

= 400, 943+1335+200, 1679

= 600, 3957 دينار

ومن خلال استخدام جداول القيمة الحالية ، فمن المؤكد اننا سوف نصل النفس الاجابة ولكن بجهد اقل وعمليات حسابية ابسط ، فاذا بحثنا عن القمة الحالية للدفعة الاولى (1000) دينار تدفع او تستحق بعد سنة واحدة وبمعدل فائدة 6% فاننا نرجع الى جداول القيمة الحالية لفترة سنة واحدة وبمعدل فائدة 6% ، حيث نجد المعامل 94340, 0 ، والقيمة الحالية لهذه الدفعة تكون ناتج حاصل ضرب الدفعة الاولى في المعامل المذكور .

القيمة الحالية للدفعة الاولى = 1000×94340, 0 = 400‘ 943 دينار

وبنفس الطريقة نجد

القيمة الحالية للدفعة الثانية = 1500× 89000, 0= 1335 دينار

القيمة الحالية للدفعة الثالثة= 2000× 83962, 0 = 200, 1679 دينار

وبهذا تكون القيمة الحالية للثلاث دفعات =

400, 943 + 1335+200, 1679 = 600, 3957

الارباح المحققة

هناك عدة طرق لتقدير ارباح الشركة المستقبلية منها ما يعتمد على التنبؤ بالمبيعات والمصاريف المتعلقة بهاومنهاما يعتمد على دراسة النتائج في السنوات الماضية واستخراج المتوسطات الحسابية وتحديد الاتجاهات الى غير ذلك .

ان ما يهمنا هنا هو نصيب السهم الواحد من ارباح الشركة والذي تم التوصل اليه من خلال قسمة صافي الربح الخاص بالمساهمين العاديين على عدد الاسهم العادية كما بينا في الوحدة الثالثة من هذا الكتاب . ولتحليل مدى ربحية السهم فهناك العديد من النماذج يتم اتباعها الا ان من اكثر هذه النماذج استخداما النموذج التالي [5]

ربحية السهم = القيمة الدفترية للسهم × معدل العائد على حقوق الملكية

أما بالنسبة لمعدل نمو ربحية السهم فيمكن التنبؤ به من خلال تطبيق المعادلة التالية:

$$\text{معدل نمو ربحية السهم} = \left(\frac{\text{ق}1}{\text{ق}} \times \frac{\text{ح م}1}{\text{ح م}}\right) - 1$$

حيث ق تمثل القيمة الدفترية للسهم في السنة الماضية

ق1= القيمة الدفترية للسهم في السنة التالية

ح م = معدل العائد علىحقوق الملكية في السنة الماضية

ح م1= معدل العائد على حقوق الملكية في السنة التالية

مثال:

المعلومات التالية تتعلق بالقيمة الدفترية للسهم ومعدل العائد علىحقوق الملكية الخاص باحدى الشركات العاملة للفترة من عام 1991-1996

[5] For more details see S.Hanny ,and M.Radall Invstmenet Analysis and Management, Allyn and Boncon , Boston , 1987, pp. 244-24

الحل : المطلوب استخراج معدل نمو ربحية سهم الشركة المذكورة .

	1991	1992	1993	1994	1995	1996	المجموع	الوسط الحسابي
ق(دينار)	17 ,0	17 ,5	18 ,4	19 ,7	21 ,0	23 ,5		
ح م(نسبة مئوية)	15 ,0	16 ,8	19 ,0	19 ,2	18 ,0	32 ,2	111 ,2	18 ,533
ق ÷ق 1	-	1 ,029	1 ,051	1 ,071	1 ,066	1 ,119	5 ,336	1 ,067
ح م ÷ح م 1	-	1 ,120	1 ,131	1 ,011	0 ,938	1 ,289	5 ,489	1 ,098
ق1×ح م1 / ق ح م	-	1 ,152	1 ,189	1 ,083	1 ,000	1 ,442	5 ,866	1 ,173
معدل نمو الربحية	-	%15 ,2	%18 ,9	%8 ,3	صفر	%44 ,2	-	%17 ,3

ملاحظات على الحل:

أ- لاستخراج قيمةق1 ÷ ق لسنة 1992 فاننا نقوم بقسمة القيمة الدفترية للسهم في سنة 1992 (5‘ 17) على القيمة الدفترية للسهم في سنة 1991 (0, 17) فيكون الناتج (029‘ 1) .

وكذلك فاننا حتى نستخرج قيمة ق1÷ق لسنة 1993 نقوم بقسمة القيمة الدفترية للسهم في سنة 1993 (4, 18) على القيمة الدفترية للسهم في سنة 1992 (5, 17) حيث يظهر الناتج (051, 1) وهكذا .

ب- لايجاد قيمة ح م1 ÷ ح م لسنة 1992 ، نقوم بقسمة معدل العائد علىحقوق الملكية لسنة 1992 (8, 16)على معدل العائد على حقوق الملكية لسنة 1991

(0, 15) فيكون الناتج (120 ,1). وبنفس الطريقة فاننا نجد قيمة ح م1÷ ح م لسنة 1993 من خلال قسمة معدل العائد على حقوق الملكية لسنة 1993 (19 ,0) على معدل العائد على حقوق الملكية لسنة 1992 (16 ,8) حيث يظهر لدينا الناتج (131 ,1) وهكذا دواليك .

ج.   نقوم بتطبيق المعادلة التالية .

$$معدل نمو ربحية السهم = (\frac{ح م 1}{ح م} × \frac{ق 1}{ق}) - 1$$

معدل نمو ربحية السهم لعام 1992 = (120 ,1×1 ,029) –1

= 152 ,1 1

= 52 ,1%

معدل نمو ربحية السهم لعام 1993 = (130 ,1×1 ,051)-1

= 189 ,1 –1

= 18 ,9%

معدل نمو ربحية السهم لعام 1994 =(071 ,1× 11 ,1) –1

= 083 ,1 –1

= 8 ,3%

معدل نمو ربحية السهم لعام 1995=(066 ,1× 938 ,0) –1

= 00 ,1-1

= صفر

معدل نمو ربحية السهم لعام 1996=(289 ,1× 1 ‘119)-1

132

= 442, 1-1

=2, 44%

بإستعراض الجدول السابق نجد ان متوسط معدل نمو ربحية السهم خلال الفترة 1991-1996 بلغت 3, 17% حيث كانت انعكاسا لمتوسطين :

أ- متوسط معدل نمو القيمة الدفترية للسهم (067, 1)

ب- متوسط معدل نمو العائد على حقوق الملكية (098, 1)

ولكن ما مدى دقة هذه التنبؤات المتعلقة بمعدلات نمو الربحية المتوقعة في المستقبل بالاعتماد على معدلات النمو في الماضي، ان الاساليب الكمية في التنبؤ بمعدلات نمو الربحية المتوقعة في المستقبل يمكن الاعتماد عليها بدون أي شك لكن بشرط استبعاد العوامل الاخرى التي قد تؤثر على معدل نمو الارباح في أي شركة .

ان المحلل عند اعداده لمعدلات نمو ربحية السهم لاي شركة يجب ان يأخذ باعتباره تلك العوامل الاخرى والتي قد تشمل معلومات عن مستقبل الصناعة ، اسعار الفائدة المتوقعة، معدلات التضخم ، امكانية فتح اسواق خارجية، قوانين العملة والاستيراد والتصدير وغير ذلك .

الارباح الموزعة

لا تستطيع أي شركة ان توزع ارباح على مساهميها في السنة او السنوات التي تعاني فيها من خسائر، فالارباح المحققة تعتبر المنبع الاصلي الذي تؤخذ منه أي توزيعات على المساهمين.

ان صافي ارباح الشركة اما ان يذهب الى الارباح المحتجزة او يوزع على المساهمين ، وكثير من الشركات تتبع سياسة ثابتة بهذا الخصوص على مر السنوات .

عموما فإن نصيب السهم من الارباح الموزعة يتوقف على العوامل التالية :

1- مقدار الارباح المحققة بعد خصم الضريبة، سواء كانت هذه الارباح ناتجة عن اعمال تتعلق بطبيعة اعمال الشركة ام ارباح عرضية .
2- نسبة التوزيعات النقدية على المساهمين من اجمالي الارباح المحققة، حيث يتم اقتراح هذه النسبة من قبل مجلس ادارة الشركة وفقا للسياسة المتبعة وتوافق عليها الهيئة العامة للمساهمين في اجتماعها السنوي .

مفهوم النموذج

يقوم هذا النموذج على أساس ان القيمة الحقيقية للسهم تعكس المكاسب التي يحصل عليها المستثمر سواء كانت في صورة توزيعات نقدية او ارباح رأسمالية يستلمها عند بيعه للسهم .

وبهذا فان يمكن وضع المعادلة بالصيغة التالية :

$$\text{القيمة الحقيقية للسهم} = \frac{\text{ز}1}{(1+\text{م})^1} + \frac{\text{ز}2}{(1+\text{م})^2} + \frac{\text{ح}2}{(1+\text{م})^2} + \frac{\text{ز}3}{(1+\text{م})^3} + \frac{\text{ح}3}{(1+\text{م})^3}$$

حيث ز تمثل التوزيعات المتوقعة في السنة الاولى

ز2= التوزيعات المتوقعة في السنة الثانية ....وهكذا

م = معدل العائد المطلوب على الاستثمار

ح3= سعر بيع السهم بعد ثلاث سنوات (اذا اراد المستثمر بيع السهم بعد ثلاث سنوات مثلا)

مثال:

اذا توقع احد المستثمرين انه يمكن شراء سهم احدى الشركات بمبلغ 100 دينار، وانه سيتمكن من بيعه بعد ثلاثة سنوات بمبلغ 5, 140 دينار وان سوف يستلم توزيعات نقدية قيمتها 5 دنانير للسهم في كل سنة من السنوات الثلاث المذكورة ، ماهو السعر المناسب للسهم اذا علمت ان معدل العائد المطلوب على الاستثمار 12%

الحل: هناك طريقتان للحل:

أ- باستعمال جداول القيمة الحالية :

القيمة الحالية للدفعات السنوية (دينار لمدة 3 سنوات بسعر فائدة12% =

402, 2×5 دينار= 010, 12

القيمة الحالية لدينار واحد (يدفع بعد 3 سنوات بسعر فائدة 12%) =

100= 140 ,5 × 0 ,712

اذن القيمة الحالية للسهم = 010, 12+ 100= 010, 112 دينار

ب- باستعمال المعادلة

$$\text{القيمة المالية للسهم} = \frac{5}{(1+0,12)} + \frac{5}{(1+0,12)^2} + \frac{5}{(1+0,12)^3} + \frac{140,5}{(1+0,12)^3}$$

$$= \frac{5}{1,12} + \frac{5}{(1,12)^2} + \frac{5}{(1,12)^3} + \frac{140,5}{(1,12)^3}$$

$$= \frac{5}{1,12} + \frac{5}{1,2544} + \frac{5}{1,404928} + \frac{140,5}{1,404928}$$

= 112 ,01 دينار

حالات معدل نمو التوزيعات النقدية

هناك ثلاثة حالات لمعدل نمو التوزيعات النقدية هي :

أ- معدل النمو الثابت

تأمل الشركات ان تقوم باجراء توزيعات نقدية في كل سنة اكثر من السنة التي قبلها، وبالتالي تأمل هذه الشركات ان يكون هنالك نموا ثابتا في معدل التوزيعات فلو فرضنا ان احدى الشركات وزعت في السنة الاولى دينار واحد على مساهميها وان معدل نمو هذه التوزيعات هو 8% في كل سنة من السنوات الثلاثة اللاحقة ،كان يعني ذلك ان التوزيعات في السنة الثانية = 000, 1(1+08, 0)

= 080, 1 دينار

التوزيعات في السنة الثالثة = 080, 1 (1+080,)

= 166, 1 دينار

التوزيعات في السنة الرابعة = 166, 1(1+08, 0)

= 260, 1

واذا اردنا احتساب القيمة الحقيقية للسهم في حالة معدل النمو الثابت فاننا نستخدم المعادلة التالية :

$$\text{القيمة الحقيقية للسهم} = \frac{\text{ز}1}{\text{م} - \text{و}}$$

حيث ز1 تمثل التوزيعات في السنة القادمة .

م = معدل العائد المطلوب على الاستثمار

د = معدل نمو التوزيعات النقدية

ولتوضيح كيفية استخدام هذه المعادلة نقوم بايراد المثال التالي.

مثال: اجرت احدى الشركات المساهمة العامة توزيعات في السنة المالية قيمتها 2 دينار للسهم الواحد، ما هي القيمة الحقيقية للسهم اذا علمت ان معدل العائد المطلوب على الاستثمار 15% وان نمو التوزيعات كان ثابتا وبمعدل 9%.

الحل: نصيب السهم من التوزيعات في العام القادم(ز1)=2(1+09, 0)

=180, 2 دينار

$$\text{القيمة الحقيقية للسهم} = \frac{\text{ز}1}{\text{م} - \text{و}}$$

$$= \frac{2,180}{0,15 - 0,09}$$

2 ,180

$$= \frac{2,180}{0,06}$$

= 333, 36 دينار

وفي نموذج معدل النموالثابت، فان توزيعات السهم وسعر السهم ينموان بنفس المعدل بمرور الوقت [6] .

فاذا حسبنا القيمة الاسمية للسهم في السنة القادمة باستخدام نفس المعادلة السابقة نجد أن

ز2= 180, 2 (1+ 09, 0)

= 376, 2

بالتعويض في المعادلة الاصلية فان

$$\text{القيمة الحقيقية للسهم في السنة القادمة} = \frac{2,376}{0,15 - 0,09}$$

$$= \frac{2,376}{}$$

39 ,603

والان لو قمنا باحتساب معدل الزيادة في القيمة الحقيقية للسهم في السنة الحالية عن السنة القادمة نجد انها تساوي

[6] Robert A.Haugen ,Modern Investment Theory ,Prentice-Hall, Englewood Cliffs, New Jersey ,1993, p.592

$$= \frac{(36{,}333 - 39{,}603) \times 100}{36{,}333}$$

$$= \frac{3{,}270 \times 100}{36{,}333}$$

$$= 9\%$$

ب- عدم وجود نمو في التوزيعات

في حالة ثبات التوزيعات النقدية على المساهمين فاننا بالامكان استخدام نفس المعادلة السابقة المستخدمة في حالة النمو الثابت مع الغاء و من المعادلة ، فتصبح كما يلي :

$$\text{القيمة الحقيقية للسهم} = \frac{\text{ز}}{\text{م}}$$

مثال: افترض ان احدى الشركات قامت باجراء توزيعـات نقديـة في السـنة الحاليـة قـدرها 4 دينـار للسـهم الواحد، احسب القيمة الحقيقية للسهم اذا علمت ان معدل العائد المطلوب على الاستثمار كان 14% .

الحل: بالتعويض في المعادلة المذكورة فان

$$\text{القيمة الحقيقية للسهم} = \frac{4}{0{,}14}$$

= 571, 28 دينار

جـ- معدل النمو غير الثابت

هنالك الكثير من الشركات التي لا تقوم باجراء توزيعات نقدية في السنوات الاولى من عمرها لانها تفضل اعادة استثمار الارباح المحتجزة لديها، ولكنها بعد ذلك قد تقوم بجراء توزيعات بمعدلات تختلف من سنة لاخرى .

وفي حالة ان معدل نمو التوزيعات غير ثابت فان

$$\text{القيمة الحقيقية للسهم} = \frac{\text{ز}\ (1+\text{و}1)}{1+\text{م}} + \frac{\text{ز}1(1+\text{و}2)}{(1+\text{م})^2} + \ldots\ldots + \left(\frac{\text{زن}(1+\text{و})\text{ن}+1}{\text{م}-\text{و}\text{ن}+1}\right)\left(\frac{1}{(1+\text{م})^{\text{ن}}}\right)$$

حيث تمثل زن قيمة التوزيعات النقدية في السنة الأخيرة.

مثال : بلغت التوزيعات النقدية في السنة الماضية 2 دينار لكل سهم من الاسهم العادية، وكانت توقعات المستثمر المعني نمو معدل تلك التوزيعات بمعدل 10% في السنة التالية (الاولى) ، 10% في السنة الثانية، 5% في السنة الثالثة، 5% في

السنة الرابعة ، 4% في السنة الخامسة 3% في السنوات التالية المطلوبة حساب القيمة الحقيقية للسهم بفرض ان معدل العائد المطلوب على الاستثمار كان 12%

الحل:

بالتعويض في المعادلة السابقة نجد أن القيمة الحقيقية للسهم =

$$\frac{2(1,10)}{1+0,12}+\frac{2,200(1,10)}{(1+0,12)^2}+\frac{2,420(1,05)}{(1+0,12)^3}+\frac{2,541(1,05)}{(1+0,12)^4}+\frac{2,668(1,04)}{(1+0,12)^5}$$

$$+\left(\frac{2,775(1+0,03)}{0,12-0,03}\right)\times\left(\frac{1}{(1+0,12)^5}\right)$$

هذا ويمكن حساب القيمة الحقيقية للسهم في هذا المجال من خلال اتباع الجدول التالي وكما يلي :

السنة	معدل نمو التوزيعات	التوزيعات المتوقعة	القيمة الحالية بمعدل 12%
الاولى	%10	2 ,200	1 ,965
الثانية	%10	2 ,420	1 ,929
الثالثة	%5	2 ,541	1 ,809
الرابعة	%5	2 ,668	1 ,697
الخامسة	%4	2 ,775	1 ,573
المجموع			8 ,973

الان نقوم باحتساب القيمة الحقيقية للسهم في نهاية السنة الخامسة

$$\frac{\text{ز}5\,(1+\text{و}6)}{\text{م}-\text{و}6} = \frac{2,775\,(1+0,03)}{0,12-0,03} = \frac{2,858}{0,09}$$

31 ,758 =

القيمة الحالية لسعر السهم في السنة الخامسة (وباستخدام جداول القيمة الحالية)

18 ,020 = 0 ,5674 ×31 ,758

إذن القيمة الحقيقية للسهم = 8 ,973 + 18 ,020

26 ,993 =

آثار سياسة التوزيعات النقدية

ان لسياسة التوزيعات النقدية آثار مختلفة على اسعار الاسهم ففي بعض المنشآت قد تتغير قيمة السهم مع تغير نسبة التوزيعات النقدية وفي منشآت اخرى قد لا تتأثر اسعار الاسهم بسياسة التوزيعات المتبعة ، وعموما فإنه يمكن تصنيف المنشآت في هذا المجال الى ثلاثة انواع رئيسية :

1- المنشآت المتنامية Growth Firms

وهي المنشآت التي لا تقوم بتوزيع ارباح على المساهمين او انها تقوم بتوزيع نسبة ضئيلة من الارباح عليه ، وتحتفظ بالجزء الاكبر لاجل اعادة استثماره.

ويعرف د. منير هندي المنشأة المتنامية بانها تلك المنشأة التي تحقق معدل نمو مرتفع للربحية، نتيجة قدرتها على اعادة استثمار الارباح المحتجزة بمعدل للعائد يفوق معدل العائد المطلوب على الاستثمار. إذن فمعدل العائد الداخلي في المنشآت

[7] المتنامية اكبر من معدل العائد المطلوب على الاستثمار ، وهذه المنشآت تحاول ان تزيد من قيمتها من خلال الاحتفاظ بايراداتها وعدم توزيعها بهدف استثمارها وبالتالي فان قيمة السهم تزيد مع زيادة معدل احتجاز الارباح .

-2 المنشآت العادية Normal Firms

هي المنشآت التي يتساوى فيها معدل العائد الداخلي مع معدل العائد المطلوب على الاستثمار، وفي هذا النوع من المنشآت فان سياسة التوزيعات ليس لها أي تأثير على اسعار الاسهم ، مما يعني ان سعر السهم لا يتغير سواء قامت المنشأة بتوزيع 10% من ارباحها المحققة او 20% أو 30% أو 90%.

-3 المنشآت المتراجعة Declining Firms

المنشآت المتراجعة هي تلك المنشآت التي لا يتوفر أمامها فرص الاستثمار ، وقد يعود أسباب تراجع هذه المنشأت الى طبيعة منتجات الشركة ومدى ظهور منتجات بديلة اوالى انخفاض مستمر في مبيعاتها او غير ذلك .

وفي هذه المنشآت يكون معدل العائد الداخلي أقل من معدل العائد المطلوب على الاستثمار ، ونتيجة لذلك فان سعر الاسهم يزيد مع زيادة نسبة التوزيعات النقدية.

ولدراسة اثر سياسة التوزيعات على سعر السهم فانه يمكن تطبيق المعادلة التالية :

$$\text{سعر السهم} = \frac{\text{ر}(1-\text{ج})}{\text{م}-\text{ج}\times\text{د}}$$

[7] د. منير هندي، الاوراق المالية واسواق رأس المال، منشأة المعارف، الاسكندرية ، 1992، ص 393

حيث ر= نصيب السهم من الارباح .

ج= نسبة احتجاز الارباح .

م= معدل العائد المطلوب.

د= معدل العائد الداخلي .

هذا مع ملاحظة ان معدل نمو الارباح = نسبة احتجاز الارباح×معدل العائد الداخلي وذلك في حالة عدم اقتراض المنشأة أموال من الخارج .

وفيما يلي مثالا عمليا لتوضيح الفكرة وبيان كيفية التمييز بين الثلاثة انواع المذكورة.

مثال : اليك البيانات التالية والمتعلقة بمنشأة متنامية واخرى عادية وثالثة متراجعة :

البيان	منشأة متنامية	منشأة عادية	منشأة متراجعة
معدل العائد الداخلي	15%	12%	8%
معدل العائد المطلوب	12%	12%	12%
نصيب السهم من الارباح	4	4	4

المطلوب حساب سعر السهم لكل منشأة اذا علمت ان :

أ-   نسبة احتجاز الارباح 70%

ب-   نسبة احتجاز الارباح 20%

الحل

أ-   نسبة احتجاز الارباح 70%

نطبق المعادلة السابقة في كل من الشركات الثلاثة كما يلي :

144

	شركة متنامية	شركة عادية	شركة متراجعة
قيمة السهم =	(0 ,70-1)4 / 0 ,12-(0 ,15×0 ,70)	(0 ,70-1)4 / 0 ,12-(0 ,70× 0,12)	(0 ,70-1)4 / 0,12-(0,08×0,70)
=	1 ,200 / 0 ,015	1 ,200 / 0 ,036	1 ,200 / 0 ,064
=	80 دينار	33,333	18,750

ب- نسبة احتجاز الارباح 20%

	شركة متنامية	شركة عادية	شركة متراجعة
قيمة السهم =	(0 ,20-1)4 / 0 ,12 -(0 ,15×0 ,20)	(0 ,20-1)4 / 0 ,12 -(0 ,12×0 ,20)	(0 ,20-1)4 / 0 ,12-(0 ,08×0 ,20)
=	3 ,200 / 0 , 90	3 ,200 / 0 ,096	3 ,200 / 0 ,104

= 35 ,555   33 ,333   30 ,769

النتيجة : 1- المنشأة المتنامية : سعر السهم قد انخفض مع انخفاض نسبة احتجاز الارباح ، ومع قراءة الاسعار نجد أن سعر السهم في حالة نسبة احتجاز الارباح 70% كان 80 دينارا ، اما عندما انخفضت نسبة امتياز الارباح الى 20% اصبح سعر السهم 555, 5 .

2-المنشأة العادية : لا تأثير لسياسة التوزيعات على سعر السهم ففي الحالتين بقي سعر السهم 333, 33 دينار.

3- المنشأة المتراجعة : سعر السهم قد ارتفع مع انخفاض نسبة امتياز الارباح ، ففي حالة امتياز الارباح بنسبة 70% كان سعر السهم 750, 18 اما في حالة انخفاض نسبة امتياز الارباح الى 20% فان سعر السهم قد اصبح 769, 30 دينارا.

ب-طريقة مضاعف الارباح Price /Earnings Ratio

مفهوم مضاعف الارباح

تعتبر طريقة مضاعف الارباح من أكثر الطرق استخداما في عملية تقدير القيمة الحقيقية للاسهم، ان مضاعف الارباح يعكس معدل سعر السهم بالنسبة الى الارباح السنوية للشركة وبالتالي فان :

$$\text{مضاعف الارباح} = \frac{\text{سعر السهم}}{\text{نصيب السهم من الارباح السنوية}}$$

ومن المعروف انه كلما كانت هذه النسبة منخفضة كلما كان السهم اكثر جاذبية للاستثمار [8]. حيث ان المضاعف هنا يمثل عدد السنوات التي يضطر المستثمر ان ينتظرها حتى يتمكن من استرجاع رأس ماله .
وفي الاسواق المالية عادة فان مضاعف الارباح الذي يتراوح بين 12-16 مرة يكون مقبولا، وكلما كان اقل من 12 كلما كان اكثر جاذبية للاستثمار .

مثال: افترض ان صافي ربح احدى الشركات بعد اقتطاع الضريبة بلغ 000, 150 دينار، وكان عدد اسهم تلك الشركة 000, 500 سهم بقيمة اسمية لكل سهم دينار ، فاذا علمت ان القيمة السوقية للسهم كانت 3 دينار استخرج مضاعف الارباح .

الحل: نطبق المعادلة المذكورة آنفا ، وبالتالي يظهر عندنا مضاعف الارباح كما يلي:

$$\text{مضاعف الارباح} = \frac{3}{\frac{150,000}{500,000}}$$

$$= \frac{3}{0,30}$$

= 10 مرات

[8] د. زياد رمضا، محفوظ جودة ، ادارة البنوك ، دار صفاء ، عمان ، 1995 ، ص 293

هذا وتختلف قيمة المضاعف من يوم لاخر او من فترة لاخرى تبعا للتغير الذي يجري في سعر اقفال السهم حيث نأخذ بالحسبان فقط سعر اقفال السهم في نفس اليوم الذي جرت فيه عملية التقييم .

وقد يجري مقارنة قيمة مضاعف الارباح لأي شركة من الشركات مع مضاعف الارباح للشركات المنافسة او مضاعف نموذجي للارباح كما انه قد تجري عملية المقارنة هذه بين قيمة مضاعف الارباح للسنة الحالية مع قيمة مضاعف الارباح للسنوات الماضية في نفس الشركة .

تحديد سعر السهم على أساس المضاعف.
يمكن استخدام المعادلة التالية لتحديد القيمة الحقيقية للسهم
القيمة الحقيقية للسهم = مضاعف الارباح × نصيب السهم من أرباح السنة القادمة.
ان هذه المعادلة قد تم استخراجها من معادلة مضاعف الارباح السابقة واذا ما استطاع المستثمر تحديد قيمة مضاعف الارباح وتحديد نصيب السهم من ارباح السنة الحالية فبامكانه الوصول الى تقدير القيمة الحقيقية للسهم ، ونلاحظ اننا نأخذ بعين الاعتبار على أساس نصيب السهم من الارباح المتوقع تحقيقها في السنة القادمة، والسبب في ذلك يعود الى ان سعر السهم يتأثر بالارباح التي يتوقع تحقيقها مستقبلا.

مثال: السعر الحالي لسهم شركة من الشركات المدرجة في السوق المالي كان 13 دينار، وقد بلغ مضاعف الارباح للسهم نفسه 6 مرات ، المطلوب حساب القيمة

الحقيقية للسهم اذا علمت ان ارباح السهم في السنة الماضية كانت 2 دينار وان معدل نمو ارباح الشركة 10%.

الحل

نصيب السهم من ارباح السنة الحالية = 2(1+10, 0)

= 200, 2 دينار

القيمة الحقيقية للسهم = مضاعف الارباح × نصيب السهم من الارباح السنوية

= 6× 200, 2

= 200, 13 دينار

فاذا كان السهم نفسه يتم بيعه بسعر 13 دينار ، فان معنى ذلك ان سعر السهم معقول، وشراؤه هو في صالح المستثمر .

أما اذا كانت القيمة السوقية الفعلية للسهم 20 دينار مثلا، فذلك يعني بأن سعر السهم مرتفع جدا ولا ينصح بشرائه . ويتوجب على المستثمر ان لا يأخذ بعين الاعتبار اية ارباح استثنائية تم تحقيقها بصفة عرضية في احدى السنوات وذلك لان هذه الارباح لا تتعلق بطبيعة عمل الشركة وبالتالي لن تتكرر مستقبلا .

تمارين على الوحدة الرابعة

التمرين (1):

البيانات التالية تتعلق بالقيمة الدفترية لسهم احدى الشركات ومعدل العائد على حقوق الملكية للفترة من عام 1991-1995 :

	1991	1992	1993	1994	1995
القيمة الدفترية	39 ,0	41 ,2	43 ,1	46 ,2	47 ,7
معدل العائد على حقوق الملكية	27 ,6	30 ,2	34 ,4	32 ,1	36 ,7

المطلوب حساب معدل نمو ربحية السهم

التمرين (2)

توقع مستثمر بأنه اذا اشترى احد الاسهم بمبلغ 50 دينار فانه سوف يستلم توزيعات نقدية قدرها 4 دنانير في كل سنة من السنوات الخمس التالية ، ما هو السعر المناسب للسهم اذا علمت ان من المتوقع ان يكون سعر بيع السهم بعد 5 سنوات بمبلغ 339, 96 وان معدل العائد المطلوب على الاستثمار كان 14%.

التمرين (3)

بلغت التوزيعات النقدية لاحدى الشركات 3 دينار لكل سهم من اسهمها في السنة الحالية احسب القيمة الحقيقية للسهم اذا علمت ان معدل العائد المطلوب على الاستثمار 16% وان نمو التوزيعات كان ثابتا وبمعدل 12% .

التمرين (4)

كانت التوزيعات النقدية لاسهم شركة من الشركات المساهمة العامة 4, 500 دينار في العام الماضي، وتوقع احد المستثمرين ان يكون معدل نمو التوزيعات للاعوام الاربعة القادمة كما يلي :

السنة	معدل نمو التوزيعات
السنة الاولى	8%
السنة الثانية	7%
السنة الثالثة	5%
السنة الرابعة	5%

المطلوب حساب القيمة الحقيقية للسهم بفرض ان التوزيعات النقدية المتوقعة في السنة الخامسة 4% وان معدل العائد المطلوب على الاستثمار 10%.

التمرين (5)

البيانات التالية تتعلق بمنشأة متنامية و اخرى متراجعة :

	المنشأة المتنامية	المنشأة المتراجعة
معدل العائد الداخلي	17%	7%
معدل العائد المطلوب	10%	10%
نصيب السهم من الارباح	2, 500	2, 500

ما هو سعر السهم لكل من المنشأتين اذا علمت ان نسبة احتجاز الأرباح 65%.

التمرين (6):

بالرجوع الى التمرين السابق، ما هو سعر السهم لكل من المنشأتين اذا علمت ان نسبة احتجاز الارباح كانت 25% .

التمرين (7)

السعر الحالي لسهم الشركة هو 7 دنانير، وقد بلغ مضاعف الارباح للسهم نفسه 12 مرة، ماهي القيمة الحقيقية للسهم اذا علمت ان ارباح السهم في السنة الماضية 500 ,2 دينار وان معدل نمو ارباح الشركة كان 8%.

الوحدة الخامسة

كفاءة الاسواق المالية

تتضمن هذه الوحدة التعريف بكفاءة الاسواق المالية وخصائص السـوق الكفـوءة ومسـتويات الكفـاءة واختيار مستويات الكفاءة واطراف السوق الكفوءة والخصائص التنظيمية للسوق المالية الكفوءة.
وعلى ذلك سوف تشتمل هذه الوحدة العناصر التالية :

اولا :- مفهوم الكفاءة .

ثانيا:- خصائص السوق الكفوءة.

ثالثا:- مستويات الكفاءة .

رابعا:- اختيار مستويات الكفاءة.

خامسا:- اطراف السوق الكفوءة .

سادسا:- الخصائص التنظيمية للسوق الكفوءة .

كفاءة الاسواق المالية

اولا: مفهوم الكفاءة

هذه الفرضية تسمى احيانا بفرضية الكفاءة السوقية أو الكفاءة المعلوماتية او كفاءة التسعير ووفق هذه النظرية فان اسعار الاسهم تكون كفوءة عندما تعكس القيمة الحقيقية الواقعية للاسهم. ولان وظائف الاسواق المالية هدفها الاساسي تخصيص الموارد المالية للمشاريع الاكثر انتاجية ، فانه لا بد من تحقيق الكفاءة لتتمكن هذه الاسواق من تحقيق اهدافها بشكل امثل. وبالتالي يجب ان تعكس اسعار الاسهم قيمتها الحقيقية الواقعية للاسباب التالية :-

1. وجود متعاملين على قدر كبير من المعرفة العلمية والعملية .
2. معلومات متوفرة للجميع وتكاليف الحصول عليها قليلة.
3. ان تكون المعلومات صادقة وصحيحة.
4. ان يحصل عليها الجميع في نفس اللحظة .
5. ان تصل المعلومات لكل المتعاملين بسرعة ويعكس سعر الورقة في نفس اللحظة.
6. ان الاسعار تتحرك بصورة عشوائية دون امكانية السيطرة عليها من قبل المتعاملين .

وهذا يعني ان التغيرات المتتابعة التي تحدث في اسعار الاوراق المالية لا توجد بينها علاقة " Random Walk" وهذا بالتالي يؤدي الى الاستنتاج بانه من

154

غير الممكن تحقيق ارباح غير عادية "Abnormal Returns" في ظل وجود سوق كفوءة.

ثانيا: خصائص السوق الكفوءة:

1. المنافسة الكاملة في السوق، وبمعنى اخر (عدالة السوق) ، أي أن يكون عدد المتعاملين في السوق كبيرا. وبالتالي عدم وجود قوة احتكارية على الاسعار بحيث يصبح المشاركون متلقون للسعر "-Price Taker" بدلا من كونهم قادرين على فرض الاسعار للسوق " Price-Maker" .

خلاصة القول انه يجب ان يتيح السوق العدالة لكل من يرغب في ابرام الصفقات بحيث يوفر لهم فرصا متساوية. وهذا يتطلب التحقق من سيادة القانون وتوفير مكاتب استشارية .

2. كفاءة التشغيل ، فلا بد ان تتوفر كافة الاليات التي تمكن من اصلاح أي خلل في التسعير ، ويجب ان تكون تكاليف المعاملات (بيع وشراء) معقولة لكل صفقة ، وبضرائب معقولة او غير موجودة مطلقا على الارباح الرأسمالية .

ومن وسائل زيادة الكفاءة التشغيلية وجود ادوات لضبط حركة الاسعار في السوق ، كوجود المتخصصون في سوق نيويورك وسوق طوكيو، وكذلك وجود صناع للسوق يوفرون السيولة للورقة المالية .

3. كفاءة السعر، أي ان يبني سعر الورقة المالية على اساس معلوماتي وليس على اساس الاشاعات (ليس نتيجة لاستراتيجية القطيع).

4. الامن ، أي ان تتوفر الحماية ضد المخاطر (سواء كانت تجارية او غير تجارية) التي يمكن ان يتعرض لها المستثمر، وبالتالي يجب ان تتوفر لادارة

155

سوق المال الامكانية لمتابعة الصفقات الغير اخلاقية او الوهمية، وكذلك الاجراءات الرادعة لها ، ووجود مؤسسات للتأمين ضد المخاطر غير التجارية والتي مصدرها السماسرة .

5. العقلانية ، فيجب ان يكون المتعاملون في السوق يهدفون الى تحقيق الربح من خلال معالجة المعلومات واختيار البديل الاستثماري الافضل، وقد يتم الاستعانة بمكاتب استشارية في هذا المجال.

الخلاصة

تعددت التعريفات والمفاهيم التي وضعها الباحثون عن سوق الاوراق المالية الكفؤ.

الا انها تحمل نفس المعنى، فقد عرف بلكوي السوق ذات الكفاءة بانها السوق التي تكون في حالة توازن مستمر، بحيث تكون اسعار الاوراق المالية فيها مساوية تماما لقيمتها الحقيقية، وتتحرك بطريقة عشوائية دون امكانية السيطرة عليها [9] ويشمل هذا التعريف الامور التالية :

1. ان الاسعار تعبر وبشكل واقعي عن المعلومات المتوفرة والمصرحة عن الاوراق المالية .

2. ان تتوفر المرونة في السوق بحيث تتعامل مع المعلومات الجديدة وفورية وبحيادية تامة .

---

[9] DELKAOUI. A. :ACCOUNTING THEORY. "NEW YORK": HARCAURT BRACE JAVANORICH. INC 1981. P. 48

ثالثا: مستويات كفاءة السوق المالية :

يقسم الباحثون الكفاءة الى ثلاثة مستويات ، حيث ان الكفاءة مفهوم نسبي وليس مطلقا، فقد قام عالما التمويل المشهوران هاري روبرت ويوجين فاما بتقسيم كفاءة السوق المالي الى ثلاثة مستويات ، حيث تحدد هذا المفهوم بطبيعة العلاقة بين الاسعار المتداولة والمعلومات المتاحة وهذه المستويات هي :

1. المستوى الضعيف "Weak Form":

أي ان اسعار الاسهم المتداولة تعكس المعلومات التاريخية السابقة للاسهم ، وبمعنى اخر ان اسعار الاسهم تسير بصورة عشوائية وبلا وجود علاقة بين بعضها البعض "Random Walk" وهذا بالتالي يؤدي للاستنتاج بانه غير ممكن تحقيق ارباح غير عادية في ظل وجود سوق كفؤ وهذا يعني ان حركة اسعار الاسهم في الماضي لا تشكل مرشدا لحركة الاسعار في المستقبل، وبالتالي فانه حسب هذه النظرية فان المستثمرين غير قادرين على الحصول على ارباح غير عادية من خلال استخدام بيانات الاسعار التاريخية . لان كافة المعلومات عكست بالاسعار الحالية .

2. المستوى شبه القوي "Semi Strong Form"

أي ان اسعار الاسهم تعكس المعلومات التاريخية والحالية (معلومات متاحة للجميع) وان المستثمر لا يتمكن من تحقيق ارباح غير عادية من خلال دراسة التقارير المحاسبية المنشورة والمعلومات المتاحة للجميع، والسبب الاساسي في عدم تحقيقه لارباح غير عادية هو ان المعلومات المتاحة الحالية والتاريخية قد عكست اولا بأول في اسعار الاسهم .

3. **المستوى القوي "Strong Form":**

أي ان اسعار الاسهم ينعكس فيها المعلومات الحالية والتاريخية والخاصة (المعلنة وغير المعلنة) ، ولا يقتصر على المعلومات الحالية والتاريخية المتاحة للجميع ، انما تمتد ايضا للمعلومات الخاصة ، أي ان المتعاملين في السوق لن يكونوا قادرين على تحقيق ارباح غير عادية من خلال هذه المعلومات الخاصة، لان هذه المعلومات ستنعكس على اسعار الاسهم المتداولة ، والتنافس بين اولئك الذين يملكون القدرة على الحصول على المعلومات الخاصة سوف ينعكس على الاسعار المتداولة بسرعة .

رابعا: اختبار مستويات الكفاءة الثلاثة

اجريت العديد من الدراسات في العالم عن اسواق العالم المتقدم مثل سوق نيويورك وسوق طوكيو ولندن، ووجدت هذه الدراسات صحة المستويين الاول والثاني(المستوى الضعيف وشبه القوي) ولم تثبت صحة المستوى القوي .

وأجريت دراسة على اسواق بعض الدول النامية وبعض الدول العربية مثل الاردن والكويت، ووجدت هذه الدراسات ان هذه الاسواق لا تتسم بالكفاءة حتى على المستوى الضعيف .

خامسا:- اطراف السوق الكفوء:

1. **المتعاملين** : ويجب ان يكونوا على دراية علمية وعملية وان يمتازوا بالعقلانية في قراراتهم الاستثمارية، وكذلك غير قادرين على تحقيق ارباح غير عادية لان المعلومات تنعكس على اسعار الاسهم المتداولة .

2. **المساهمين** : هناك رقابة على اداء الشركات وخاصة الادارة من خلال المـالكين نتيجـة لانفصـال الادارة عن الملكية، وبالتالي يكون هناك نوع من الكفاءة في التسعير والتشغيل .

3. **ادارة السوق** : فهل يتيح هذا السوق فرصا متساوية لكل مـن يرغـب في ابـرام الصـفقات (العدالـة) ، وهذا يتطلب سيادة القانون، بالاضافة لعدم وجود فرص لتحقيـق اربـاح غـير عاديـة مـن معلومـات خاصة .

سادسا:- الخصائص التنظيمية للسوق المالية الكفوءة

ان من اهم الخصائص التنظيمية الواجب توافرها للسوق المالي للوصول الى مستوى الكفاءة المعقول ما يلي [10]-:

1. وجود هيئة عامة لاعضاء السوق المالية تتألف من وسطاء ووكلاء يقومون بعمليات التداول، ويمثلـون شركات الوساطة والبنوك والمؤسسات الاخرى التي يسمح لها النظام بالمساهمة في عضوية البورصة .

2. وجود لجنة ادارية تصنع انظمة اسوق المالية وتشرف على تطبيقها ، وتعمل على تطويرهـا باستمرار وتراقب عمليات التداول عن كثب.

3. وجود شروط لادراج الاوراق المالية للشركات علـى لائحـة السـوق المالية ولاستمرارية وايقـاف هـذا الادراج .

4. وجود قائمة للتداول تتجمع فيها طلبات البيع والشراء واسعار الطلـب والعـرض التـي تشـمل جميـع الاسهم المدرجة .

---

[10] أيمن عزت الميداني: اسواق الاوراق المالية في المملكة العربية السعودية، المجلة العربية للادارة، العدد الثالث صيف 1988.

5. وجود طريقة للتداول يتم من خلالها تنفيذ أوامر وتحديد أسعار الصفقات بسرعة، وهناك طريقتان متبعتان في العادة هما طريقة المزايدة وطريقة المفاوضة، ويتم تحديد سعر التبادل حسب الطريقة الاولى بمطابقة اعلى سعر طلب مع أدنى سعر عرض، أما الطريقة الثانية فان سعر التبادل يتم تحديده بالتفاوض بين وكلاء الاسهم .

6. وجود صانعي الاسواق "Market Makers" مثل المتخصصين والمتاجرين المعتمدين الذين يقومون بتحريك السوق عند هدوء التعامل ويؤمنون سوقا مستمرة ونشيطة في الاسهم .

7. ان تكون معدلات العمولة منخفضة قدر الامكان كي لا تحد من نشاط التداول عند بروز اية فرصة للربح من خلال البيع والشراء مهما كانت صغيرة.

8. سرعة اتمام عمليات تسوية تبادل الاسهم وتسجيلها ونقل ملكيتها وتسديد ثمنها بسرعة كي لا يتأثر نشاط السوق.

9. ان يخضع تداول الاشخاص من الداخل "Insiders Trading" لانظمة ومتطلبات افصاح محددة وان يتم مراقبة متاجرة هؤلاء بالاوراق المالية للشركات التي يعملون فيها للتأكد من عدم استغلالهم لمعلومات متاحة لهم فقط بحكم وظائفهم لتحقيق الارباح السريعة، ويجب اعلام باقي المستثمرين بنشاطات تداول الاشخاص من الداخل بنشرها في الجرائد اليومية .

الوحدة السادسة
الخيارات والعقود المستقبلية
Options and Futures Contracts

تتضمن هذه الوحدة العناوين الرئيسية التالية :

أولا- الاختيار

1- مفهوم عقود الاختيار

2- اشكال الاختيارات

3- محددات القيمة السوقية للاختيار

ثانيا: العقود المستقبلية

1. تعريف العقود المستقبلية

2. اجراءات تعليم التأمين حسب السوق

3. دور مؤسسة التقاصي.

4. المضاربة في العقود المستقبلية .

162

أولا : الاختيار [11]

1). مفهوم عقود الاختيار

لقد بدأ التعامل بحقـوق الاختيـار في الولايـات المتحـدة الامريكيـة في اوائـل السـبعينات ، وكانـت بـدايات حقوق الاختيار عقود مباشرة بين طرفي التعاقد ، اما الان فقد أصبحت عقود الاختيار اكثر تنظيما حيث تـم معظمها من خلال مؤسسات التقاصى Clearing Crop.

ويمكننا تعريف عقد الاختيار بأنه هو ذلك العقد الذي يعطي لحاملـه الحـق في ان يبيـع او يشـتري كميـة معينة من الاوراق المالية او غيرها من السلع بسعر محدد سلفا في تـاريخ معـين (أو خـلال فـترة محـددة) وله الحق كذلك في ان ينفذ او لا ينفذ عملية البيع او الشراء [12].

من هذا التعريف نستنتج ان هناك طرفين اساسيين في عقد الاختيار :

1- مشتري حق الاختيار   The buyer

2- محرر حق الاختيار (البائع) The writer (Seller).

وفي حق الاختيار فان محرره يمنح المشتري حق شراء او بيع اوراق ماليـة او أي سـلعة اخـرى بسـعر معـين Strike Price خلال فترة محددة او في تـاريخ محـدد وذلـك مقابـل مبلـغ معـين يدفعـه محـرر العقـد الى المشتري يسمى علاوة حق الاختيار Option Premium.

ان عقد الاختيار يعتبر من الوسائل التي يتبعها المستثمر بهدف التقليل من المخـاطر المتعلقـة باسـتثماراته سوا كانت اسهم او عملات او اية سلعة اخرى ، ويؤيد ذلك

---

[11] لمزيد من المعلومات انظر د. حسني خريوش وآخرون ، الاستثمار والتمويل :بين النظرية والتطبيق ، عمان،1996 .

[12] د. زياد رمضان،محفوظ جودة، ادارة البنوك ، دار صفاء للنشر والتوزيع ، عمان ، 1995، ص 287.

الدكتور منير ابراهيم هندي فيقول ، بان الاختيار يعتبر احد الادوات التي يستخدمها المستثمرون للحماية من مخاطر تغير اسعار الاوراق المالية كما يستخدمها المستثمرون المضاربون بهدف تحقيق الارباح [13].

ويمكن التمييز بين نوعين من عقود الاختيار:

1- **عقد اختيار البيع Put option** حيث يعطي هذا النوع من عقود الاختيار الحق للمشتري في ان ينفذ او لا ينفذ عملية بيع الاوراق المالية وفقا للسعر المتفق عليه مسبقا.
2- **عقد اختيار الشراء Call Option** وهنا يعطى الحق للمشتري في ان ينفذ او لا ينفذ عملية شراء الاوراق المالية وفقا للسعر المتفق عليه مسبقا.

ويمكن التمييز بين اسلوبين من أساليب الاختيار :

أ- الاسلوب الامريكي American Option

بموجب الاسلوب الامريكي فان العقد يعطي مشتري حق الاختيار الحق في شراء او بيع اوراقا مالية، بالسعر المتفق عليه في أي وقت خلال الفترة الممتدة منذ ابرام العقد حتى التاريخ المحدد لانتهائه .

ب- الاسلوب الاوربي European option

بموجب هذا الاسلوب فان العقد يعطي مشتري حق الاختيار الحق في شراء او بيع اوارقا مالية بالسعر المتفق عليه ، الا ان التنفيذ لا يتم الا في تاريخ الاستحقاق فقط.

أشكال الاختيارات

[13] د. منير ابراهيم هندي، الفكر الحديث في مجال الاسثمار ، منشأة المعارف، الاسكندرية ، 1996 ، ص 573.

تتخذ الاختيارات اربعة اشكال رئيسية هي:

أ- **شراء حق اختيار الشراء**

قد يفكر المستثمر الذي يتوقع ارتفاع سعر سهم معين مستقبلا في ان يشتري حق اختيار يعطيه الحق في طلب تنفيذ عملية الشراء او عدم تنفيذها، بسعر متفق عليه مسبقا، وهذا يعني انه ليس هناك أي التزام على مشتري هذا الحق بتنفيذ الاتفاق ويعطي المشتري هذا الحق مقابل دفع معين الى محرر الاختيار اطلقنا عليه تسمية علاوة حق الاختيار .

مثال: قام احد المستثمرين بشراء حق اختيار لشراء سهم بسعر محدد بمبلغ (100) دينار استحقاق تموز 1996 ودفع مبلغ ثلاثة دنانير كعلاوة حق الاختيار، فاذا افترضنا ان سعر السهم قد ارتفع الى (108) دينار فهل يطلب هذا المستثمر تنفيذ الشراء ام لا .

اذا كان بامكان مشتري حق الاختيار ان يبيع السهم المذكور بمبلغ (108) دينار ويشتريه بملغ (100) دينار فانه بهذا يحقق ربحا اجماليا قدره (8) دينار وبعد الاخذ بعين الاعتبار مبلغ (3) دينار التي دفعها كعلاوة حق الاختيار فانه يحقق ربحا صافيا مقداره (5) دينار عن كل سهم .

ففي حالة ارتفاع سعر السهم الى هذا الحد فانه من مصلحة المستثمر تنفيذ اختيار الشراء،و لكن ما هو الوضع فيما لو انخفض سعر السهم الى (97) دينار. هنا يكون من مصلحة المستثمر ان لا يطلب تنفيذ الشراء ذلك لان خسارته سوف تصل الى

165

6 دينار ، 3 دينار منها هي علاوة حق الاختيار و3 دينار اخرى هي عبارة عن الفرق بين السعر المتفق عليه والسعر الفعلي.

اما اذا ارتفع سعر السهم الى 101 دينار فان من مصلحة المستثمر ان يطلب تنفيذ الشراء وذلك لان خسارته سوف تكون اقل فيما لو لم يطلب تنفيذ العقد .

فخسارته في حالة تنفيذ الحق تكون كما يلي :

101-(100+3) = 2 دينار للسهم الواحد.

أما خسارته في حالة عدم تنفيذ الحق تكون 3 دينار وهي علاوة حق الاختيار.

والشكل التالي يبين حالات الربح والخسارة لمشتري حق اختيار الشراء.

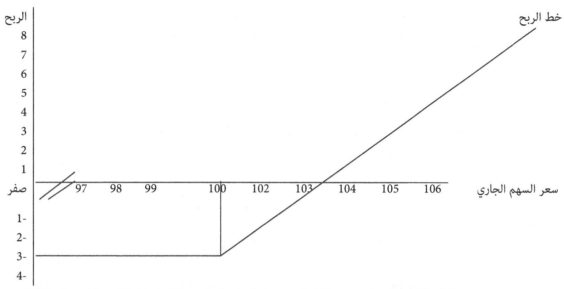

وبالتالي فان خسائر مشتري حق الاختيار محددة بقيمة علاوة حق الاختيار اما رابـاحـه فـا حـد لهـا، اذ انـه كلما ارتفع السعر الجاري للسهم كلما زادت ارباحه اما اذا نظرنا الى محرر حق اختيار الشراء فاننا نجـد ان ارباحه محددة بقيمة علاوة حق الاختيار التي دفعت له ,اما خسائره فهي تتمثـل في ضـياع الفـرص امامـه وعدم امكانيته تحقيق أي ارباح من ارتفاع السعر .

167

وجدير بالذكر بأن علاوة حق الاختيار تعتبر القيمة السوقية لحق الاختيار، فاذا رغب مشتري حق الاختيار ببيع هذا الحق والتخلص منه فان بامكانه بيعه في السوق بقيمة تقل او تزيد عن علاوة حق الاختيار التي دفعها سابقا.

ب- بيع حق اختيار الشراء.

ان عملية بيع حق اختيار الشراء هي الوجه الاخر لعملية شراء حق اختيار الشراء. فبائع حق اختيار الشراء لايجوز له ان يطلب تنفيذ او عدم تنفيذ الشراء للسهم، وما عليه الا الرضوخ لرغبة مشتري حق الاختيار في التنفيذاو عدمه ولكن ما يستحقه هنا هو فقط استلام علاوة حق الاختيار والتي يقبضها سواء تم تنفيذ العقد او لم يتم .

لو أخذنا نفس ارقام مثالنا السابق ، ولكن من وجهة نظر بائع حق اختيار الشراء، ولو فرضنا ان سعر السهم الجاري قد ارتفع الى 108 دينار فما هو موقف بائع حق الاختيار ، فما لو طلب الطرف الاخر تنفيذ العقد. في هذا الحالة فان خسائر بائع حق الاختيار تكون

108 - (3+100)= 5 دينار

اما اذا ارتفع سعر السهم الى 101 دينر فان ذلك يعني ان خسائر بائع حق اختيار الشراء تكون :

101- (3+100) = 2 دينار

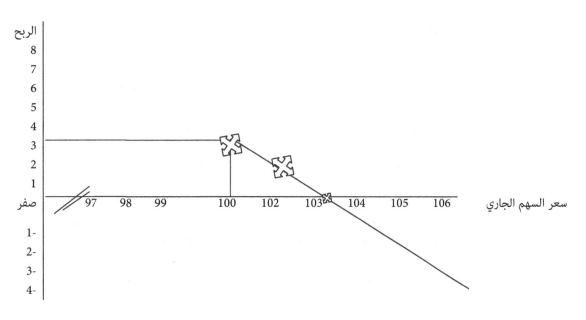

ونلاحظ هنا ان ارباح مشتري حق الاختيار في حالة تنفيذ العقد هي نفس خسائر بـائع حـق الاختيـار مـع الاخذ بعين الاعتبار السعرالجاري للسهم في السوق.
ويبين الشكل التالي حالات الربح والخسارة لبائع حق اختيار الشراء.

واذا انخفض سعر السهم الى اقل من (100) دينار فان مشتري حق الاختيار في هذه الحالة لن يقوم بتنفيذ حق الاختيار.

جـ- شراء حق اختيار البيع

من أحد أهم وسائل حماية المستثمر من الخسائر هي عملية شراء حق اختيار البيع، فـاذا توقع المسـتثمر انخفاض سعر السهم مستقبلا فانه يقوم بتوقيع عقد اختيار البيع والذي يعطيـه الحـق في ان يقـوم باتمـام عملية البيع بالسعر المتفق عليه او ان يتراجع عن تنفيذ ما جاء في العقد ويقوم بالغـاء الصـفقة ، ومقابـل حق الاختيار فان مشتري حق الاختيار ، يدفع تعويضا مناسبا الى الطرف الاخر اطلقنا عليه سـابقا عـلاوة حق الاختيار، حيث يدفع هذه العلاوة سواء طلب تنفيذ العقد او لم يطلب.

مثال: احد المستثمرين لديه اسهم قام بشراءها بسعر (40) دينار للسهم الواحد، وفي احد الاشـهر مـن عـام 1996 وقع عقدا اشترى بموجبه حق اختيار البيع لاسهم بسعر محدد 40 دينار للسهم استحقاق شهر تمـوز 1996 مقابل علاوة حق اختيار بلغت 3 دينار دفعها الى بائع حق الاختيار.

نفترض ان سعر السهم في تموز 1996 قد انخفض الى 35 دينار فما هـو موقف المسـتثمر في هـذه الحالة، وهل سوف يطلب تنفيذ العقد ام لا .

في حالة انخفاض سعر السهم الى 35 دينار فان المستثمر سوف يطلب تنفيذ العقد لان خسارته لن تتعـدى 3 دينار التي دفعها كعلاوة حق الاختيار ، اما اذا لم يطلب

تنفيذ العقد وقام ببيع الاسهم في السوق بنفسه لحاجته الى الاموال فان خسارته سوف تكون كما يلي :
35- (3+40)= 8 دينار.
ويبين الشكل تحليل الربح والخسارة فيما يتعلق بمشتري حق اختيار البيع :

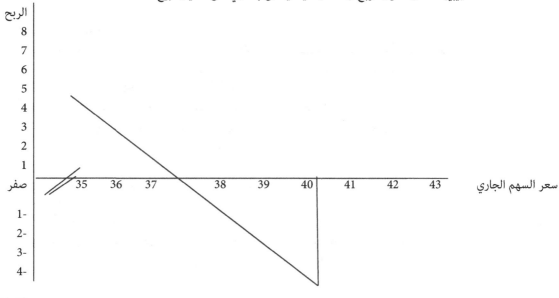

هذا ويمكن شراء خيارات البيع لاجل حماية الاسهم من خطر انخفاض قيمتها السوقية، ففي حال الانخفاض تكون الحماية كاملة مهما بلغ مدى ذلك الانخفاض... ونذكر ان البيع بعلاوة لا يحمي الا اذا كان الانخفاض اقل من العلاوة [14].

د) بيع حق اختيار البيع

قد تكون توقعات بائع او محرر حق اختيار البيع متفائلة اكثر من توقعات الطرف الاخر في العقد، وبالتالي فقد يقرر بيع حق اختيار البيع اليه لانه يدرك وفقا لحساباته، بان سعر السهم سوف يرتفع ولن ينخفض حسب توقعات الطرف الاخر، وهو يعلم بانه في حالة ارتفاع سعر السهم فان الطرف الان لن يطلب تنفيذ العقد وبالتالي فانه سيحقق ربحا مقداره المبلغ المتفق عليه كعلاوة حق الاختيار.

لو أخذنا نفس ارقام المثال السابق، ولكن من وجهة نظر بائع حق اختيار البيع، ولو فرضنا ان السعر الجاري للسهم قد انخفض الى (35) دينار فما هو موقف بائع حق اختيار البيع فيما لو طلب الطرف الاخر تنفيذ الاتفاق.

في هذه الحالة فان خسائر بائع حق اختيار البيع تكون .

(40-35)-3= 2 دينارين .

أو 40 – (35+3)=2 دينارين .

أما اذا ارتفع سعر السهم الى اكثر من 40 دينار فان بائع حق الاختيار لن يحقق سوى 3 دينار التي هي علاوة حق الاختيار وذلك لان المشتري لن يطلب منه تنفيذ العقد ، وسوف يفضل بيع السهم في السوق .

---

[14] اتحاد المصارف العربية، بورصة الاوراق المالية وادارة المحافظ، باشراف د. فريدي باز والاستاذ جورج أبي صالح، بيروت، 1987، ص 249.

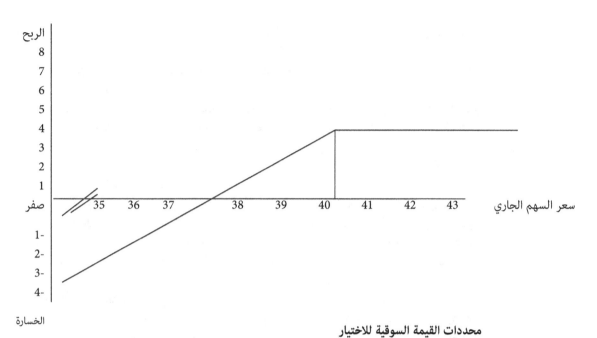

محددات القيمة السوقية للاختيار

كما ذكرنا سابقا فان القيمة السوقية للاختيار هي تعبير اخر لعلاوة حق الاختيار التـي يحصـل عليهـا بـائع حق الاختيار ويقبضها من مشتري حق الاختيار، مقابل اعطائه حـق الاختيـار بـين تنفيـذ العمليـة او عـدم تنفيذها وفقا لما تقتضيه مصلحته، وبغض النظر عن مدى الخسائر التي تلحق ببائع حق الاختيار .

ولا يجب ان يغيب عن بالنا بان مشتري حق الاختيار له الحق اعادة بيعه الى اخر او اخرين وفقا للاسعار المعلنة في الاسواق المالية .

عموما يمكن ايجاز اهم محددات القيمة السوقية للاختيار بما يلي :

1- السعر المتوقع للسهم

ان توقعات ارتفاع او انخفاض سعر السهم في المستقبل لها أثر كبير على تحديد القيمة السوقية للاختيار، فلو كانت هذه التوقعات تشير الى ارتفاع سعر سهم معين في المستقبل فان سعراختيار الشراء سوف يتجه الى الصعود بينما يتجه سعر اختيار البيع الى الانخفاض.

2- سعر التنفيذ لشراء او بيع السهم

ان للعلاقة بين سعر التنفيذ وسعر السهم الجاري تأثير مباشر على علاوة حق الاختيار التي يطلبها مشتري حق اختيار الشراء، فلو فرضنا ان السعر الجاري للسهم (10)دينار، فان اختيار الشراء اذا كان بسعر تنفيذ 9 دينار تكون قيمته السوقية بلا شك اعلى من اختيار شراء بسعر تنفيذ 12 دينار. فاذا كان سعر التنفيذ مرتفعا اكثر من القيمة السوقية للسهم فان معنى ذلك ان القيمة السوقية للاختيار تكون منخفضة .

3- العرض والطلب.

ان القيمة السوقية للاختيار تتأثر بحجم الطلب عليها والمعروض منها في الاسواق المالية،فمن المعروف انه كلما زادت الكميات المعروضة للبيع بالمقارنة مع الطلب فان القيمة السوقية للاختيار سوف تتجه الى الانخفاض.

4- مدة العقد

يعتمد حجم العلاوة (علاوة حق الاختيار) على مدة سريان العقد فتميل العلاوة للزيادة كلما طالت المدة وللنقصان كلما قصرت.[15]

5- أسعار الفائدة السائدة

عندما تكون اسعار الفائدة مرتفعة فان القيمة السوقية للاختيار تميل الى الارتفاع وذلك بهدف تشجيع المستثمر على توقيع الاختيار، وذلك يكون له أفضل من مجالات اخرى للاستثمار.

6- توزيع الارباح

بعد اجراء توزيعات للارباح في نهاية العام، فان القيم السوقية للاختيار لا بد ان تنخفض في حالة اختيار الشراء، وذلك بسبب انخفاض القيمة السوقية للسهم نفسه، فانخفاض القيمة السوقية للسهم يؤدي الى انخفاض احتمالات تنفيذ عقود الاختيار في هذا المجال .

ثانيا: العقود المستقبلية Futures Contracts

1. **تعريف العقود المستقبلية :** العقود المستقبلية هي اتفاقية بين مستثمر ومؤسسة تقاص لاستلام او تسليم اصل معين في وقت لاحق وبسعر محدد سلفا، والعقود

[15] مروان عوض، العملات الاجنبية ، الاستثمار والتمويل : النظرية والتطبيق عمان، 1988 ، ص 145.

المستقبلية تكون موحدة من حيث تواريخ الاستحقاق ، حيث يتم تداولها بوحدات نقدية موحدة أو بمضاعفاتها. ولكن هذه الاتفاقية تختلف عن الاتفاقيات الاخرى من حيث امكانية تحويلها ، فكل طرف يمكنه ان يبيع حقه في الاستلام او التسليم خلال فترة سريان العقد[16] .

ان مؤسسة التقاص تقوم بدور الوسيط بين المشتري والبائع وتضمن لكل منهم حقه، ومن اجل ذلك فانها تطلب من المشتري ايداع مبلغ معين كهامش ابتدائي Initial Margin لضمان تنفيذ شروط العقد .

2. اجراءات تعليم التأمين حسب السوق: Mark- to - market

تحتفظ مؤسسة التقاص دائما بسجلات تبين فيها اوضاع المتعاملين في نهاية كل يوم عمل حيث ان اسعار هذه العقود تتغير باستمرار . فاذا انخفضت الاسعار في يوم من الايام ووصلت الخسارة الى الحد الادنى المحدد سلفا (ويسمى هامش الصيانة (Mianterence Margin) فانه يطلب فانه يطلب من المشتري دفع هامش إضافي. هذا الهامش الاضافي يسمى هامش الفرق Variation Margin والذي يتمثل في المبلغ الواجب دفعه حتى يصل مبلغ التأمين لدى مؤسسة التقاص الى مبلغ يساوي التأمين الابتدائي .

مثال عملي :

المستثمر (أ) اشترى 400 عقد مستقبلي بسعر 100 دينار للعقد الواحد يستحقون جميعهم بعد ثلاثة شهور والمستثمر (ب) باع نفس عدد العقود بنفس تاريخ الاستحقاق وبافتراض ان

[16] Lewis Mandell and Thomas O ' Brein, Investments, Macmillan Publishing 250 New York, 1992, P.262

| التأمين الابتدائي | %7 | من قيمة العقد |
| تأمين الصيانة | %4 | من قيمة العقد |

احسب كيفية تعليم التأمين حسب السوق   mark- to - market
اذا علمت ان الاسعار كانت في الخمسة ايام الاولى بعد توقيع العقد كما يلي :

اليوم	الاسعار
الاول	98 دينار
الثاني	97 دينار
الثالث	99 دينار
الرابع	98 دينار
الخامس	96 دينار

الحل: التأمين الابتدائي لكل من (أ) ، (ب)

$100 \times 7\% \times 400 = 2800$ دينار

تأمين الصيانة لكل من (أ) ، (ب)

$100 \times 4\% \times 400 = 1600$ دينار

(أ)   بالنسبة للمشتري (أ)

اليوم	الربح (الخسارة)	حقوق حساب التأمين (الهامش)
الاول	$(2) \times 400 = (800)$	$2800 - 800 = 2000$
الثاني	$(1) \times 400 = (400)$	$2000 - 400 = 1600$
الثالث	$2 \times 400 = 800$	$1600 + 800 = 2400$
الرابع	$(1) \times 400 = (400)$	$2400 - 400 = 2000$
الخامس	$(2) \times 400 = (800)$	$2000 - 800 = 1200$

177

ففي نهاية اليوم الخامس وحيث ان حقوق حساب التأمين قد انخفض الى اقل من تأمين الصيانة فان على أ ان يدفع هامش الفرق والذي هو عبارة عن 1600 دينار (2800-1200) وبذلك تصل حقوق حساب التأمين الى 2800 دينار.

(ب) بالنسبة للبائع .

اليوم	الربح(الخسارة)	حقوق حساب التأمين	حقوق السحب	حقوق حساب التأمين بعد السحب
الاول	2×400=800	2800+800=3600	800	2800
الثاني	1×400=400	2800+400=3200	400	2800
الثالث	(2)×=(800)	2800-800=2000	-	2000
الرابع	1×400=400	2000+400=2400	-	2400
الخامس	2×400=800	2400+800=3200	400	2800

وهنا يجب ان نؤكد بأن الهامش او التأمين الابتدائي يتم دفعه من قبل كل من المشتري او البائع وذلك لتغطيه اية مخاطر يمكن ان تتسبب بها ذبذبات اسعار العقود المستقبلية وبالتالي فانه لا يعني تحويل ملكية الاوراق المالية .

3. دور مؤسسة التقاص

ان لمؤسسة التقاص دور رئيسي في العقود المستقبلية وخاصة في مجال ضمان حقوق طرفي التعاقد .

ولتوضيح ذلك فاننا نفترض ان (أ) اشترى عقدا مستقبليا استحقاق شهر حزيران 1997 مقابل مبلغ 100 دينار، بينما كان ب هو البائع لهذا العقد. ان كلا من

الطرفين مهتم بقدرة الاخر على الوفاء بالالتزامات التي يفرضها العقد في تاريخ التسوية .

ولنفترض انه في تاريخ التسويه كان سعر التنفيذ الفعلي 85 دينار ، فقد يرفض أ ان يدفع مبلغ 100 دينار في حين ان بامكانه ان يشتري من السوق بسعر 85 دينار، وبذلك قد تضيع على ب فرصة تحقيق ربح مقداره 15 دينار.

وفي الجانب الاخر نفترض ان في تاريخ التسوية ارتفع سعر التنفيذ الفعلي الى 115 دينار هنا قد يرفض ب ان يسلم الاوراق المالية لان بامكانه بيعها بسعر أعلى من السعر المتفق عليه وهو 100 دينار ، وبهذا قد يفقد أ فرصة تحقيق ربح مقداره 15 دينار.

ان مؤسسة التقاصي تتدخل لتمثل دور المشتري لكل عملية بيع ودور البائع لكل عملية شراء.

4. المضاربة في العقود المستقبلية Speculation

ان من أهم وظائف العقود المستقبلية تحويل المخاطر من أطراف لا ترغب في تحمل مخاطر عالية الى اطراف قد ترغب في تحمل هذه المخاطر املا في تحقيق ارباح عالية فيما لو سارت الامور على ما يرام واتجهت الاسعار بشكل مواتي.

فلو افترضنا ان احد المستثمرين كان مقاولا ووقع عقدا سوف يحتاج بموجبه الى كميات كبيرة من الخشب مثلا في شهر ايلول من العام الحالي. وحيث ان الاسعار في شهر أيلول غير معروفة الان ، وبما أن هناك احتمال كبير لانخفاضها او ارتفاعها بما يتضمن مخاطره كبيرة فقد يلجأ هذا المستثمر الى شراء عقود اجلة

لشهر ايلول، وبهذا تكون حدود مخاطرة محدودة منذ البداية ويستطيع ان يحسب بدقة تكلفة شراء الخشب في المقاولة .

فاذا كانت اسعار العقود المستقبلية لمادة الخشب كما يلي :

الشهر	الاسعار للعقود المستند
آذار	110 دينار
حزيران	115 دينار
ايلول	120 دينار

فان هذا المستثمر بشرائه للعقود المستقبلية لايلول بمبلغ 120 دينار تكون تكلفته محسوبة منذ الان فلوحدث ان ارتفع السعر الجاري لطن الخشب في ايلول الى 150 دينار، فان المستثمر سوف يدفع فقط 120 دينار ، وبذلك يكون قد وفر مبلغ 30 دينار للطن اما اذا انخفض السعر الجاري للطن في ايلول الى 90 دينار مثلا فانه سوف يدفع مبلغ 10 دنانير اكثر من سعر السوق، والهدف من ذلك ليس احتساب الارباح او الخسائر على المستثمر بل التقليل من المخاطر لتذبذبات الاسعار في المستقبل.

اذن هناك اطراف تقوم بتحويل المخاطر الى اطراف اخرى حيث يتحملونها مقابل تعويض لهذه الخدمة التي يقدمونها.

المهم ان هناك من هم مستعدون لتحمل هذه المخاطر وهم ما نسميهم بالمضاربين Speculators والذين يلعبون دورا مهما في العقود المستقبلية .

وفيما يلي سوف نستعرض بايجاز اهم انواع المضاربين في العقود المستقبلية بالاسواق المالية :

1- مضاربو الارباح الصغيرة   Scalpers

وهم المضاربون الذين يشترون ويبيعون في اوقات قصيرة جدا بهدف الاستفادة مـن تذبـذبات الاسـعار في السوق, فالمضارب يشتري عقد مستقبلي وبعد لحظات قد يبيع عقد مستقبلي اخر .

2- المضاربون اليوميون   Day Traders

هؤلاء المضاربون بعيدو النظر مقارنة بمضاربو الارباح الصغيرة ، حيث يحتفظوا بالعقود لفترة اطول ، لكـن هذه الفترة لا تتعدى يوم واحد عادة .

3- مضاربو المراكز   Position Trader

هؤلاء المضاربون يحتفظون بمراكز قد تستمر لعدة ايام او اسابيع او ربما اكثر مـن ذلك . وهنالك عـدة اصناف من هذا النوع من المضاربين فمنهم من يبيع او يشتري عقود مستقبلية تستحق كلها في يوم واحد حيث يكون مستوى المخاطرة عالي جدا، ومنهم من يقوم بتوزيع المخاطرة بـين عـدة تـواريخ اسـتحقاق او بين عدة انواع من السلع او الاوراق المالية .

ومهما يكن نوع المضارب في اسواق العقود المستقبلية الا انه يجب ان يعـترف لـه بالـدور المميـز في زيـادة سيولة السوق بالاضافة الى دوره في تحمل المخاطر في هذا المجال.

182

الوحدة السابعة
بورصات الاوراق المالية

تتضمن هذه الوحدة إلقاء الضوء على بعض التجارب المختلفة لبورصات الاوراق المالية مركزين في ذلك تجربة السوق المالي الاوروبي وسوق عمان المالي والسوق المالي لدولة الكويت وعلى ذلك فسوف تشتمل هذه الوحدة على العناوين الرئيسية التالية :-

أولا: - السوق المالي الاوروبي
ثانيا:- سوق عمان المالي
ثالثا:- السوق المالي لدولة الكويت .

أولا:- السوق المالي الاوروبي " Euro Market"

أ- مفهوم السوق المالي الاوروبي :

المقصود بالسوق المالي الاوروبي سوق السندات الاوروبية وتتكون من مجموعة البورصات المحلية الاوروبية او بعبارة اخرى يتم تسجيل الاصدارات في بورصة او أكثر من البورصات الاوروربية ويتم التعامل في اصداراتها في اكثر من دولة مما يغلب عليها الطابع الدولي على الطابع المحلي.

وأهم ما يميز السوق المالي الاوروبي عن البورصات المحلية او الاسواق المحلية عدد من الامور نذكر من أهمها ما يلي :-

1. لا يوجد مركز محدد للسوق المالي الاوروبي وانما يوجد في كل دولة من الدول الاوروبية عدة مراكز وتكون هذه المراكز بمثابة مكونات لهذه السوق (السوق المالي الاوروبي)

ومن أهم هذه المراكز او البورصات الاوروبية ، المكونة للسوق المالي الاوروبي بورصة لندن حيث تعتبر هذه البورصة من أكبر البورصات الاوروبية والعالمية ويرجع ذلك لتداول سندات كبرى الشركات الاجنبية فيها حيث نجد أن معظم السندات الصادرة في السوق المالي الدولي مقيدة هناك. وقد بلغت قيمة السندات المقيدة فيها بما لا يقل عن 300 مليار دولار وهذا ان دل على شيء فانه يدل على أهمية هذه البورصة في تكوين السوق المالي الاوروبي ، ومن أهم المراكز الاخرى المكونة للسوق المالي الاوروبي بورصة ألمانيا الاتحادية حيث يوجد فيها ثمانية بورصات تتداول فيها الاوراق المالية واهم هذه البورصات الموجودة في ألمانيا الاتحادية بورصة فرانكفورت ودسلدروف وميونيخ وبرلين وبريمن وشتوتجارت...

الخ ، وقد بلغت قيمة السندات المسجلة في هذه البورصة حوالي 400 مليار مارك ألماني.

ومن المراكز الاخرى المهمة التي تتكون منها السوق المالي الاوروبي هـي سويسـرا حيـث يوجـد فيهـا سـبعة بورصات للاوراق المالية يأتي في مقدمتها بورصة زيـوريخ، ومـن المراكـز المهمـة الاخـرى التـي تتكـون منهـا السوق المالي الاوروبي فرنسا وايطاليا والدنمارك والنرويج والسويد والنمسا وبلجيكا واسبانيا ... الخ .

ويتبين مما سبق ان السوق المالي الاوروبي تتكون مـن مجموعـة مـن المراكـز الرئيسـية التـي يـتم تسـهيل الاصدارات فيها ويمكن لهذه الاصدارات تداولها في مختلف هذه المراكز وجميع هـذه المراكـز تقـوم بتقـدم كافة التسهيلات الى مختلف الشركات المستثمرة في هذه الدول.

2.   ان من أهم الشروط المميزة للاصدارات المحليـة عـن الاصدارات الدوليـة (السـوق المـالي الاوروبي) يتطلب ان تكون الاصدارات في السوق المالي الاوروبي بعملة مختلفة عن عملة بلـد المسـتثمر او بلـد المقترض .

مثال:- مستثمر بريطاني في ألمانيا الاتحادية، يتطلب في هذه الحالة ان تكون العملة التي يتم فيهـا الاصدار ليست بريطانية وليست المانية وانما بعملة دولة اخرى مختلفة من دولة المستثمر والمقترض.

185

3. يتم طرح الاصدارات في اكثر من دولة اوروبية وبذلك فان القدرة على التوزيع والاكتتاب تعتمد الى حد كبير على العملة السائدة في هذه الاسواق.

4. يسجل الاصدار في اكثر من بورصة من البورصات الاوروبية .

5. تعفى رؤوس الاموال والفوائد من جميع انواع الضرائب وذلك من أجل تشجيع انتقال رؤوس الاموال بين الدول الاوروبية وتحويل المدخرات الى استثمارات.

ب- أسباب نشأة السوق المالي الاوروبي :

توجد أسباب عديدة لنشأة السوق المالي الاوروبي ويمكننا ابرازها بالاتي:

1. ساعد قانون الضريبة المتساوية على الفوائد " The Intreset Equalization Tax" الصادر في الولايات المتحدة الامريكية منذ عام 1963 على انشاء السوق المالي الاوروبي ويرجع ذلك لعزوف المواطنين الامريكان على شراء سندات الشركات الاجنبية التي تطرح في الاسواق الامريكية بسبب الضرائب المفروضة على فوائد هذه السندات مما يقلل من المكاسب التي يحصل عليها المستثمرين وقد أدى قانون الضريبة المتساوية علىالفوائد الى اقتطاع جزء كبير من الفوائد المحققة مما ادى ذلك الى تقليص دور السوق المالي الامريكي في مواجهة المقترضين الاجانب وهروب المستثمرين الاجانب الى السوق الامريكية لاستثمار رؤوس اموالهم فيها .

186

2. حاجة السوق المالي الاوروبي الى رؤوس الاموال كبيرة لاستثمارها وخاصة بعد الحرب العالمية الثانية مما شجع المستثمرين الامريكيين على تصدير الملايين من الدولارات للمساهمة في عمليات التنمية في اوروبا من ناحية وحصولهم على اكبر العوائد الثابتة نتيجة لاستثمار اموالهم في اوروبا من ناحية اخرى، وكان معظم المساهمين في عمليات التنمية في اوروبا الحكومة الامريكية والشركات الامريكيةالاستثمارية والمؤسسات المالية في الولايات المتحدة الامريكية وخاصة بعد صدور قانون الضريبة المتساوية على الفوائد التي صدر في الولايات المتحدة منذ عام 1963 .

3. فتح فروع لبنوك امريكية لها في اوروبا نتيجة لقانون الضريبة المتساوية على الفوائد مما شجع قيام السوق المالي الاوروبي .

هذه هي اهم العوامل التي ساعدت انشاء السوق المالي الاوروبي .

العقبات التي تواجه السوق المالي الاوروبي

على الرغم من النجاح الذي حققته السوق المالي الاوروبي وخاصة سوق السندات يلاحظ ان السوق المالي الاوروبية لا تزال

تعتريها العديد من الصعوبات والعقبات نذكر من اهمها ما يلي :-

1. **العقبات المتعلقة بالنقد:**

على الرغم من الخطوات الكبيرة التي قطعتها السوق المالي الاوروبي في مجال تداول الاوراق المالية القابلة للتداول (السندات) الا اننا نلاحظ بأنها لا تزال تعتريها العديد من العقبات المتعلقة بالنقد نتيجة لصعوبة تنسيق سياساتها المالية والنقدية، ومن أهم هذه الصعوبات اختلاف النظم والقوانين المنظمة لعمليات النقد في كل دولة. وتختلف هذه العقبات من دولة لاخرى حسب ظروفها الاقتصادية والسياسية، فنجد مثلا في كل من ايطاليا وهولندا رقابة مشددة على الصرف بالنسبة للاصدارات الاجنبية و نلاحظ ان كل من بلجيكا ولوكسبمورج تطبق نظام صرف العملات المزدوج (سوق رسمي وسوق حر) ويوجد في فرنسا رقابة على الصرف وان كانت هذه الرقابة غير مشددة كما هي الحال بالنسبة لايطاليا وهولندا وأما في انجلترا فنلاحظ بانها تلتزم باخذ موافقة بنك انجلترا في كل الاصدارات الاجنبية سواء كانت متعلقة بالاسهم والسندات اما سويسرا فانها تحرم أي اصدار اجنبي داخل سويسرا بالفرنك السويسري .

2. ضرورة الحصول على اذن خاص بالاصدارات الجديدة وذلك لعدة أسباب نذكر من أهمها ما يلي :-
   أ- تفادي اختلال توازن السوق المالي.
   ب- تخصيص السوق الوطني للاصدارات الوطنية .
   ج- ضمان وحماية الادخارات الخاصة .
   د- المحافظة على قيمة العملة الوطنية .

ومن هنا يتطلب لنجاح السوق المالي الاوروبي باهمية التنسيق والتوحيد لكافة انظمتها المالية والنقدية، ومما هو جدير بالذكر ان المجلس الاقتصادي الاوروبي قد

اقترح منذ عام 1962 برنامجا لتنسيق الضرائب في السوق الاوروبية المشتركة على مرحلتين :-

المرحلة الاولى :
تتعلق بالغاء قيمة الضرائب التراكمية وتحل محلها الضريبة على القيمة المضافه.

المرحلة الثانية :
توحيد الضريبة على القيمة المضافة في كافة دول السوق المشتركة على نمط الضريبة الفرنسية المعدلة عام 1967 كما قامت السوق الاوروبية المشتركة ايضا بالعمل على تنسيق سياساتها ومنذ عام 1969 والدول الاوروبية تعمل جاهدة على تنسيق سياساتها النقدية وخاصة فيما يتعلق :

أ- باتفاقيات اسعار الصرف .

ب- وضع آلية ائتمانية متبادلة يدعمها انشاء صندوق نقدي اوروبي .

ت- مساعدة الدول الاقل نموا .

هذه هي لمحة موجزة عن السوق المالي الاوروبي ويتطلب من الدول العربية الاستفادة من هذه التجربة لتحسين وتطوير اسواقها المالية وخاصة وان الدول العربية آولت جل اهتمامها منذ انشاء السوق العربية المشتركة عام 1964 وهي تعمل جاهدة على تنسيق سياساتها المالية والنقدية، وقد بذلت منذ عام 1964 وهي تعمل جاهدة على تنسيق سياساتها المالية والنقدية ما يلي :-

189

أ- انشاء الاتفاقيات الثنائية والجماعية التي من شـأنها وضـع ضـوابط ومعايير محـددة للتنسـيق بـين سياساتها المالية والنقدية، وكان من أهم هذه الاتفاقيات هي:-

1. الاتفاقيات المتعلقة بالاستثمار :-

ومن أهمها، اتفاقية استثمار رؤوس الاموال العربية وانتقالها بين البلدان العربية، وتهـدف هـذه الاتفاقيـة الى تعزيز التعاون الاقتصادي العربي في مجال الاستثمارات من اجل تشجيع انتقـال رؤوس الامـوال العربيـة بين البلدان العربية ومحاولة توطينها داخل الوطن العـربي، ويوجـد ايضـا اتفاقيـة اخـرى خاصـة بتشـجيع الاستثمارات في الوطن العربي ، وهي الاتفاقية الموحدة لاستثمار رؤوس الاموال العربية في الـدول العربيـة، وقد صدرت هذه الاتفاقية عام 1980 عن جامعة الدول العربية بهـدف تعزيـز التنميـة العربيـة الشـاملة والوصول الى التكامل الاقتصادي العربي ، لكي تعم الفائدة على جميع الدول العربية بدون استثناء ، ويوجـد أيضا اتفاقية تسوية منازعـات الاستثمار بـين الـدول المضيفة للاستثمارات العربيـة وبـين مـواطني الـدول العربية الاخرى ،وتهدف الى أي نزاع قانوني ينشأ عن أحد الاستثمارات بين الدول المضيفة أو احدى هيئاتهـا او مؤسساتها العامة وبين مواطني الدول العربيةالاخرى، سواء أكان شخصـا طبيعيـا ام معنويـا بمـا يضـمن ايجاد مناخ ملائم، يسهم في تشجيع قيام الاستثمارات العربية بصورة متزايدة داخل الدول العربية .

2. الاتفاقيات المتعلقة بالضرائب والرسوم الجمركية :-

ومن أهمها ، اتفاقية تجنب الازدواج الضـريبي ومنع التهـرب مـن الضرائب بـين دول مجلس الوحـدة الاقتصادية العربية، وتهدف هذه الاتفاقية الى تشجيع انتقال

الاشخاص ورؤوس الاموال في الـدول العربية، واقامة المشـاريع الاقتصـادية، بهدف التنميـة ، نظـرا لـتلافي الازدواج الضريبي الدولي بموجب هذه الاتفاقية . وهناك ايضا اتفاقية التعـاون لتحصـيل الضرائب، بهـدف تحصيل الضرائب من المكلفين المقيمين مؤقتا او بشكل دائم في الدول الاعضاء بواسـطة الدولة المنابة. وفي هذا يتم القضاء على التهرب من دفع الضريبة ويعـزز مجـالات التعـاون العربي وتـم اخـيرا وضع الاتفـاق التجاري طويل الاجل متعدد الاطراف من اجل تشجيع التجـارة البينيـة بـين الـدول العربيـة وخطـوة عـلى طريق تنسيق ضرائبها الجمركية .

وتعتبر هذه الاتفاقيات احدى الوسائل والاليات المسـاعدة لتنسـيق السياسـات الماليـة والنقديـة في الـدول العربية بهدف ازالة اوجه الخلاف التي تعتري ا نظمتها المالية والنقدية بغرض توحيـدها ، ويعتـبر توحيـد الانظمة المالية والنقدية من أرقى صور التنسيق المالي . وعادة ما يطلق على هذا الاسلوب مبـدأ التوحيـد " Equalization Approach" ووفقا لذلك فاننا نرى ان الاتفاقيات المعقودة في نطاق الدول العربيـة تعتـبر ذات مغزى هام للوصول الى توحيد الانظمة المالية والنقدية بها .

ولكنه يؤخذ على هذا الاسلوب انه بعيد عن الواقع العربي ، حيث يحتاج تطبيق هـذا الاسلوب الى تصفية الاجواء العربية اولا من خلافاتها الاقتصادية والاجتماعية والسياسـية ، فالانظمـة الماليـة والنقديـة للـدول العربية جاءت منسجمة مع اوضاعها وظروفها الاقتصادية والاجتماعية والسياسية ، ومـن الصـعب العمـل على توحيدها دفعة واحدة حيث لا بد من فترة طويلة للوصول التوحيد هذه الانظمـه، ونـذكر علسـبيل المثال لاالحصر ، ان بعض الانظمة الاقتصادية في الدول هذه هي أهم

المجهودات المتعلقة بتنسيق وتوحيد الانظمة الضريبية والجمركية في نطاق مجلس الوحدة الاقتصادية العربية .

السياسات النقدية
أما ما يتعلق بالمجهودات الخاصة بتنسيق الساسات النقدية فكان من أهمها مايلي :-
<u>اتحاد المدفوعات العربي وصندوق النقد العربي</u>
صدرت عن مجلس الوحدة الاقتصادية العربية عدة قرارات خاصة بتنسيق السياسات النقدية في الدول العربية كان من أهمها انشاء اتحاد للمدفوعات العربي عام 1966 وتمت الموافقة على نظامه عام 1968 ليكون هيئة متعددة الاطراف مختصة بتسوية المدفوعات الجارية بين الدول العربية عن طريق المقاصة ومنح التسهيلات الائتمانية وذلك بقصد تسهيل التبادل التجاري بين دول مجلس الوحدة الاقتصادية العربية .

وبالنظر لقلة عدد الدول التي يشملها اتحاد المدفوعات (يشتمل على ست دول أعضاء في مجلس الوحدة الاقتصادية العربية وهي ؛ الاردن، سوريا ، مصر ، العراق ، السودان والكويت) وتعقد العلاقات الثنائية بينها وبين بعضها ثم ضآلة حجم التجارة بين الدول الاعضاء وعدم توفر الاحصاءات التجارية والمالية اللازمة لقيام الاتحاد ، فقد تم تجميده لحين تهيئة الظروف والاوضاع الملائمة لقيامه، ونظرا لحاجة الدول العربية في تذليل الصعوبات التي حالت دون اقبال كل الدول الاعضاء على المصادقة على اتفاقية اتحاد المدفوعات وتأكيدا على ما نصت عليه اتفاقية مجلس الوحدة الاقتصادية العربية بتنسيق السياسات النقدية بين الاطراف

المتعاقدة، فقد صدر قرار عن مجلس الوحدة الاقتصادية العربية عـام 1975 بانشـاء صـندوق نقـد عـربي يهـدف الى معالجـة الخلـل الهـيكلي في مـوازين مـدفوعات الـدول العربيـة ويكـون بمثابـة جهـاز لاتحـاد المدفوعات العربي باعتباره مؤسسة مالية قومية صالحة للقيام بأعمال المدفوعات العربي .

الاسعار الضريبية والاوعية والمعاملات الضريبية وطرق حساب الاهلاك والاعفاءات والاستثناءات والاساليب الملائمة للتنسيق .

المرحلة الثالثة :
وتتضمن هذه المرحلة تنسيق الضرائب الاخرى .

القانون الجمركي الموحد
يعني هذا القانون بتوحيد التشريعات والنظم الجمركية في دول مجلس الوحدة الاقتصادية العربية، وقـد تم وضع مشروع القانون الجمـركي الموحـد في صـيغته النهائيـة حتـى نهايـة شـهر حزيـران 1987 وان يـتم تطبيقه من قبل الدول الاعضاء في صيغته النهائية تطبيقا كاملا خـلال مـدة أقصـاها عـام 1989 ، ويتنـاول مواد هذا القانون مختلف الجوانب المالية والضريبية والجمركية والادارية .

توحيد الرسوم الجمركية والرسوم والضرائب الاخرى على المـواد الاوليـة الداخلـة في الصـناعات المتماثلـة في دول السوق العربية المشتركة :

193

تم التوصل في مجلس الوحدة الاقتصادية العربية بوضع جدول بالصناعات المتماثلة في الدول المطبقة لقرار السوق العربية المشتركة وبالمواد الاولية الداخلة فيها كما تم وضع نسبة الرسم الموحد للمواد الاولية الداخلة بالصناعات المتماثلة في دول السوق وذلك وفق ما اقترحته لجنة من الخبراء في شؤون التعريفة الجمركية في الدول العربية، ولا ينزال البحث داريا في هذا الخصوص من أجل التوصل الى صيغة موحدة .

انشاء صندوق تعويضي

تبذل الامانة العامة لمجلس الوحدة الاقتصادية جهودا من أجل انشاء صندوق تعويضي او اية وسيلة اخرى ممكنة من أجل تعويض دول السوق الاقل نموا عن النقص في حصيلة الرسوم الجمركية والرسوم والضرائب الاخرى من جراء تحريرها لمستورداتها من دول السوق الاخرى من القيود واعفائها من الرسوم والضرائب تنفيذاا لاحكام قرار السوق العربية المشتركة .

وقد احتضنت الجامعة العربية فكرة انشاء الصندوق في اطار المجلس الاقتصادي العربي، وتم انشاء الصندوق بموجب اتفاقية حررت بتاريخ 1976/4/7 ، وتمت المصادقة على هذه الاتفاقية من قبل جميع الدول العربية ، ويبلغ رأسماله 350 مليون دينار عربي حسابي ويعادل الدينار العربي الحسابي ثلاث وحدات من حقوق السحب الخاصة وقد نصت المادة الرابعة من اتفاقيات الصندوق أن من أهم الاهداف التي يسعى الصندوق الى تحقيقها هي :-

أ-   تصحيح الاختلال في موازين مدفوعات الدول الاعضاء .

ب- استقرار اسعار الصرف بني العملات العربية، وتحقيق قابليتها للتحويل فيما بينها ، والعمل على ازالة القيود على المدفوعات الجارية بين الدول الاعضاء.

ت- ارساء السياسات وأساليب التعاون النقدي العربي، بما يحقق المزيد من خطى التكامل الاقتصادي العربي، ودفع عجلة التنمية الاقتصادية في الدول الاعضاء .

ث- ابداء المشورة فيما يتصل بالسياسات الاستثمارية الخارجية للموارد النقدية للدول الاعضاء، على النحو الذي يؤمن المحافظة على القيمة الحقيقية لهذه الموارد ويؤدي الى تنميتها حيثما يطلب منه ذكل .

ج- تطوير الاسواق المالية العربية .

ح- دراسة سبل توسيع استعمال الدينار العربي الحسابي، وتهيئة الظروف المؤدية الى انشاء عملة عربية موحدة .

خ- تنسيق موافق الدول الاعضاء في مواجهة المشكلات النقدية والاقتصادية الدولية، بما يحقق مصالحها المشتركة، وبما يسهم في الوقت ذاته في حل المشكلات النقدية العالمية .

د- تسوية المدفوعات الجارية بين الدول الاعضاء بما يعزز حركة المبادلات التجارية .

وفي سبيل تحقيق الصندوق لاهدافه ، فقد باشر بتقديمه القروض للدول الاعضاء من اجل مساعدتها على معالجة الخلل في موازين مدفوعاتها، ويراعي الصندوق في يساساته بفوائد وعمولات ميسرة وموحدة وبين ضرورة تدعيم موارد الصندوق

وامكاناته عن طريق المحافظة على سلامة رأسماله وتأمينه من تقلبات اسعار الصرف وتعزيز أمواله واحتياطاته (25).

ويقوم الصندوق حاليا باعداد بعض الدراسات والابحاث لتغطية بعض اهدافه الخاصة بتنسيق السياسات النقدية في الدول العربية .

ونخلص مما تقدم ان الجهود المبذولة من قبل المنظمات المعنية بتنسيق السياسات المالية والنقدية لا شك بأنها جهود قيمة، ولكنه يؤخذ عليها بالبطء في عملية التنفيذ ، فمن الملاحظ مثلا أن تنسيق وتوحيد الساسات والانظمة الضريبية والجمركية لا تزال في مراحلها الاولى بالنسبة للفترة الزمنية التي تم استغراقها لغاية الان، حيث ان اتفاقية الوحدة الاقتصادية العربية والسوق المشتركة قد وقعت وأصبحت نافذة المفعول منذ عام 1964 ، وكان من أهم أهدافها هي تنسيق وتوحيد السياسات والانظمة المالية والضريبية والجمركية، فالانجازات التي نفذت خلال العشرين سنة الماضية تعتبر ضئيلة جدا بالمقارنة بالمنظمات والاتحادات الاخرى، ويرجع ذلك في تقديرنا لعدم ازامية القرارات الصادرة عن هذه المنظمات وعدم الجدية في متابعتها متابعة فعلية بالاضافة الى قلة موازناتها المخصصة للانفاق العام على دراساتها النظرية والتطبيقية المتعلقة بتنسيق وتوحيد هذه السياسات، وكذلك ضآلة رأس المال المخصي- للمؤسسات المالية وبصفة خاصة صندوق النقد العربي المعنى بشؤون النقد والمال في الدول العربية ومحاولة التنسيق والتوحيد فيما بينها، ووفقا لذلك فاننا نرى بأهمية الاخذ بالزامية القرارات التي تصدر عن هذه المنظمات والهيئات وذلك بمنحها نوعا من السادة بحيث تتخلى كل دولة من الدول الاعضاء

196

عن جزء من سيادتها للصالح العام أسوة بالمنظمات الدولية الاخرى كالسوق الاوروبية المشتركة مثلا، ونرى ايضا بأهمية المتابعة الجدية للقرارات الصادرة عن هذه المنظمات، وزيادة مخصصاتها المالية بالاضافة الى أهمية التعان والتنسيق بين المنظمات والاجهزة الوطنية المماثلة .

ث- تنسيق السياسات المالية والنقدية في اطار استراتيجية العمل الاقتصادي العربي المشترك :

تعتبر استراتيجية العمل الاقتصادي العبي المشترك احدى الوثائق الهامة التي تعزز مسيرة التكامل الاقتصادي العربي المشترك في مختلف المجالات الاقتصادية ومنها المجالات المالية والنقدية .

فقد جاء في اولويات هذه الوثيقة على نص خاص لقطاع المال بـ " توجيه قطاع المال بنحو يواجه احتواءه في السوق المالية الدولية ويسمح بتوجيه المدخرات العربية في داخل الوطن العربي لأغراض التنمية ويعـزز المقومات النقدية والتجارية وفقا لمتطلبات العمل العربي المشترك " ، وفي سبيل تحقيق ذلك اقترحت استراتيجية العلم الاقتصادي العربي المشترك عدة برامج وهي :-

- تطوير الاسواق المالية العربية وزيادة فعالياتها في توجيه الاموال العربية نحو المجالات الاستثمارية في اطار التنمية القومية الشاملة .

- وضع السياسات واتخاذ الاجراءات التي تيسر انسياب الاستثمارات العربية داخل الوطن العربي وتوفر الضمانات المالية والقانونية والقضايا اللازمة لها.

197

- تنسيق السياسات المالية والنقدية بما يحقق هدفي التطور والثبات الاقتصادي في ، الـداخل والتـوازن الخارجي، وتعزيز التكامل الاقتصادي العربي المشترك والاسهام في تحقيق الاستقرار النقدي الدولي .

- توطيد التعاون والتنسيق بين البنوك المركزية للاقطار العربية بما يعزز مواقفها وقدرتها علـى التعامـل مع المراكز النقدية الاجنبية .

ويتطلب تحقيق هذه البرامج ببذل تضحيات كبيرة من جميع الدول العربية من أجل ترجمة هذه البرامج الى مشاريع فعلية تعمل على نطاق عربي مشترك .

ثانيا: سوق عمان المالي [17]

أنشأت سوق عمان المالي بموجب القانون رقم (3) لسنة 1976 وتم افتتاحها رسميا بتاريخ 1978/4/1 وقـد صدر قانون عمان المالي رقم (1) لسنة 1990 ثم تبعه في عام 1997 قانون الاوراق المالية المؤقت رقـم)23(ليمكن كافة الامور والقضايا المتعلقة بالسوق .

غايات السوق

تشمل غايات السوق وفقا لقانون عمان المالي رقم (1) لسنة 1990 ما يلي [18]:

أ-   تنمية الادخار عن طريق تشجيع الاستثمار في الاوراق المالية ، وتوجيـه المـدخرات لخدمـة الاقتصـاد القومي .

---

[17] لمزيد من لاتفاصيل يرجى الرجوع لاى قانون الادارة المالية المؤقت رقم (23) لسنة 1997.

[18] قانون سوق عمان المالي رقم (1) لسنة 1990.

ب- تنظيم ومراقبة اصدار الاوراق المالية والتعامل بها بما يكفل سلامة هذا التعامل وسهولته وسرعته وما يضمن مصلحة البلاد المالية وحماية صغار المدخرين .

ت- جميع الاحصائيات والمعلومات اللازمة لتحقيق الغايات المذكورة ونشرها .

سوق الاوراق المالية

وضح الفصل الثالث من قانون الاوراق المالية المؤقت رقم (23) لسنة 1997 كل ما يتعلق بسوق الاوراق المالية من خلال النصوص المتعلقة بالمواد التالية :

المادة (23)

أ- تنشأ في المملكة سوق لتداول الاوراق المالية تسمى (بورصة عمان) تتمتع بشخصية اعتبارية ذات استقلال مالي واداري ، ولها بهذه الصفة القيام بجميع التصرفات القانونية بما في ذلك ابرام العقود وتملك الاموال المنقولة وغير المنقولة والتصرف بها وان تنيب عنها في الاجراءات القضائية احد المحامين الاساتذة .

ب- تكون البورصة هي الجهة الوحيدة المصرح لها بمزاولة العمل كسوق نظام لتداول الاوراق المالية في المملكة .

ت- لا تهدف البورصة الى الربح ولا تخضع لقانون الشركات ولا يجوز لها القيام بالاعمال التجارية او ان يكون لها نفع خاص في أي مشروع او ان تقتني او تمتلك أي اوراق مالية .

199

المادة (24)

أ- يتم التداول بالاوراق المالية المدرجة في البورصة من خلال صفقات تبرم بين الوسطات الماليين كل لصالح عمليه، تثبت بموجب قيود تدون في سجلات البورصة.

ب- تعتبر القيود المدونة في سجلات البورصة وحساباتها سواء كانت مدونة يدويا أو الكترونيا وأي وثائق صادرة عنها دليلا قانونيا على تداول الاوراق المالية المبينةفيها بتاريخ تلك السجلات او الحسابات او الوثائق ما لم يثبت عكس ذلك .

المادة (2)

أ- تكون عضوية البورصة من الوسطاء الماليين وتتألف الهيئة العامة من الاعضاء المسددين لرسوم الانتساب للبورصة ورسوم الاشتراك السنوية فيها، ويكون لكل وسيط مالي صوت واحد في اجتماعات الهيئة العامة .

ب- يدير البورصة مجلس ادارة ومدير تنفيذي وتحدد الانظمة الداخلية والتعليمات الخصة بها، الاحكام والاجراءات المتعلقة بالهيئة العامة وكيفية تشكيل مجلس الادارة وكيفية عقد الاجتماعات في كل منهما واتخاذ القرارات فيها والصلاحيات والمهام المنوطة بكل من الهيئة العامة ومجلس الادارة والمدير التنفيذي وسائر الامور الادارية والمالية الخاصة بكل منهم .

ت- يعين المدير التنفيذي من قبل مجلس الادارة بعد الاستئناس برأي المجلس على أن يكون متفرغا ، ويحظر عليه ان يقوم بأي عمل آخر أو أن يكون

مساهما في وسيط مالي او ان يمتلك او يتصرف بأي اوراق مالية صادرة عن وسيط مالي .

المادة (26) يضع مجلس ادارة البورصة بموافقة المجلس الانظمة الداخلية والتعليمات اللازمة لادارة شؤون البورصة بما في ذلك ما يتعلق بالامور التالية :-

أ- ادارج وتداول الاوراق المالية .

ب- صندوق ضمان الوسطاء الماليين.

ت- المعلومات والبيانات والسجلات التي تعتبر سرية والاشخاص المفوضيين بالاطلاع علهيا بحكم عملهم .

ث- المعلومات والبيانات والسجلات التي يتوجب على البورصة الافصاح عنها، وتلك التي يجوز للجمهور الاطلاع عليها واستنساخها .

ج- معايير السلوك المهني التي تطبق على أعضاء البورصة وأعضاء مجلس الادارة والمدير التنفيذي والموظفين .

ح- حل النزاعات بين اعضاء البورصة وبين الاعضاء وعملاتهم .

المادة (27) تتقاضى البورصة من أعضائها رسوم انتساب ورسوم اشتراك سنوية، كما تتقاضى العمولات والاجور والبدلات التي تنص عليها انظمتها الداخلية .

المادة (28) اذا وقع عجز في حساب الايرادات والنفقات الجارية و الرأسمالية لأي سنة مالية يغطى من الاحتياطي العام، واذا لم يكف الاحتياطي العام لتغطية العجز

فعلى اعضاء البورصة ان يدفعوا بالتساوي المبلغ الكافي للتغطية، ويكون ما يدفعوه دينا لهم على صافي الايرادات المتحققة فيما بعد .

هيئة الاوراق المالية [19]

هيئة الاوراق المالية هي هيئة ترتبط برئيس الوزراء مباشرة، كما وانها تتمتع بالاستقلال المالي والاداري عن دوائر الدولة. والهدف من انشاء هذه الهيئة هو توفير المناخ المناسب لضمان سلامة التعامل في الاوراق المالية وتنظيم سوق الاوراق المالية وسوق رأس المال بالاضافة الى حماية المستثمرين في السوق من الغش والخداع .

وللهيئة مجلس يسمى مجلس المفوضية والذي يتكون من خمسة اعضاء طبيعين متفرغين ومتخصصين (ومن بينهم الرئيس ونائب الرئيس).

يتولى المجلس المهام والصلاحيات التالية:

أ- اعداد مشاريع القوانين والانظمة المتعلقة بالاوراق المالية .

ب- وضع التعليمات اللازمة لادارة الهيئة ، أي تعليمات او قرارات لتنفيذ احكام هذا القانون والانظمة الصادرة بمقتضاه وتعديلها والغائها .

ج- الموافقة على الانظمة الداخلية والتعليمات الخاصة بالبورصة والمركز وطلب اجراء التعديلات عليها .

د- النظر في الاعتراضات على القرارات الصادرة عن البورصة او المركز وعلى الانظمة الداخلية والتعليمات الخاصة بهما، واصدار القرارات بشأنها.

---

[19] المادة (9) من قانون الاوراق المالية ، قانون مؤقت رقم (23) لسنة 1997.

هـ- تعليق نشاط البورصة او المركز لمدة لا تزيد عن يوم واحد والتنسيب لدى أي سوق للاوراق المالية خارج المملكة .

و- الموافقة على ادراج او الغاء او تعليق ادراج أي ورقة مالية اردنية للتداول لدى أي سوق للاوراق المالية خارج المملكة .

ز- منع اصدار او تداول أي اوراق مالية في البورصة اذا رأى ان ذلك ضروريا.

ح- منح التراخيص التي تصدر بموجب احكام هذا القانون .

ط- الموافقة على تسجيل صناديق الاستثمار.

ي- تحديد العمولات التي تتقاضاها شركات الخدمات المالية واعضاء المركز من عملائهم بحدودها الدنيا والعليا، والموافقة على الرسوم واعمولات التي يتقاضاها كل من البورصة والمركز .

ك- اعتماد المعايير المحاسبية ومعايير التدقيق ومعايير تقويم الاداء التي يجب على الجهات الخاضعة لرقابة الهيئة التقيد بها .

ل- تحديد المعايير والشروط الواجب توافرها في مدققي الحسابات المؤهلين لتدقيق حسابات الجهات الخاضعة لرابة الهيئة واشرافها، والواجبات التي يترتب على هؤلاء المدققين القيام بها .

م- اعداد الموازنة السنوية للهيئة ، وتقديمها لمجلس الوزراء للمصادقة عليها.

ن- تصنيف الاشخاص والاوراق المالية والمعاملات والتقارير ووضع شروط خاصة بكل تصنيف .

س- أي مهام او امور اخرى يرى الرئيس عرضها على المجلس .

ولاكتمال النصاب القانون لاجتماعات المجلس فانه يجب حضور اربعة أعضاء لى الاقل على ان يكون الرئيس او نائبه واحدا منهم، وتصدر قرارات المجلس باكثرية ثلاثة اصوات على الاقل اما من حيث الموارد المالية للهيئة فتتكون من المصادر التالية [20]:

أ-   الرسوم بدل الخدمات والعمولات التي تتقاضاها وفقا لاحكام هـذا القـانون والانظمـة والتعليمـات الصادرة بمقتضاه.

ب-   بدل استخدام مرافقها وعائدات اموالها ومردود بيع اصولها .

ت-   المساعدات والتبرعات والمنح والهبات التي تحصل عليها الهيئة شريطة موافقة مجلس الوزراء .

ث-   المبالغ التي تخصصها الحكومة للهيئة او لتغطية العجز في حساب الايرادات والنفقات .

ج-   أي موارد اخرى يقرها المجلس .

تعتبر اموال الهيئة وحقوقها طرف الغير اموالا أيدية تتم عمليـة جبايتهـا وفقـا لأحكـام القـانون تحصيـل الاموال الاميرية ، وكذلك فان نفقاتها وايراداتها تخضع لمراقبة ديوان المحاسبة .

اما من حيث الجهات الخاضعة لرقابة الهيئة فهي عديدة ومن أهمها البورصة (سوق عـمان المـالي) ومركـز ايداع الاوراق المالية وشركات الخدمات المالية والشركات المسـاهمة العامـة المسـجلة في السـوق وصناديق الاستثمار .

---

[20] المادة (16) من قانون الاوراق المالية المؤقت رقم (23) لسنة 1997.

مركز ايداع الاوراق المالية

بين الفصل الرابع من قانون المؤقت رقم (23) لسنة 1997 مفهوم مركز ايداع الاوراق المالية من خلال النصوص المتعلقة بالمواد التالية :

المادة (29)

أ- ينشأ في المملكة مركز يسمى (مركز ايداع الاوراق المالية) لتسجير ونقل ملكية الاوراق المالية المتداولة في البورصة ولتسوية اثمان تلك الاوراق المالية بين الوسطاء الماليين ويكون هو الجهة الوحيدة في المملكة المصرح لها بمزاولة هذا العمل، يتمتع بشخصية اعتبارية ذات استقلال مالي واداري، وله بهذه الصفة القيام بجميع التصرفات القانونية بما في ذلك ابرام العقود وتملك الاموال املنقولة وغير المنقولة والتصرف بها وان ينيب عنه في الاجراءات القضائية احد المحامين الاساتذة .

ب- يهدف المركز الى الحفظ الامين لملكية الاوراق المالية المدرجة في البورةص.

ت- لا يهدف المركز الى الربح ولا يخضع لقانون الشركات ولا يجوز له القيام بالاعمال التجارية وان يكون له نفع خاص في أي مشروع او ان يقتني او يمتلك أي اوراق مالية .

المادة (30)

أ- يتم تسجيل ونقل ملكية الاوراق المالية المتداولة في البورصة وتسوية اثمان تلك الاوراق بني الوسطاء الماليين بموجب قيود تدون في سجلات المركز .

ب- تعتبر القيود المدونة في سجلات المركز وحساباته سواءء كانت مدونة يدويا او الكترونيا واي وثائق صادرة عنه دليلا قانونيا على ملكية الاوراق المالية المبينة فيها وعلى تسجيل ونقل ملكية تلك الاوراق وعلى تسوية اثمانها بين الوسطاء الماليين وذلك بتاريخ تلك السجلات او الحسابات او الوثائق ما لم يثبت عكس ذلك .

المادة (31)

أ- تكون عضوية المركز من الجهات التي يحددها المجلس بموجب تعليمات يصدرها لهذه الغاية وتتألف الهيئة العامة من الاعضاء المسددين لرسوم الانتساب للمركز ورسوم الاشتراك السنوية فيه ويكون لكل عضو صوت واحد في اجتماعات الهيئة العامة .

ب- يدير المركز مجلس ادارة ومدير تنفيذي، وتحدد الانظمة الداخلية والتعليمات الخاصة به، الاحكام والاجراءات المتعلقة بالهيئة العامة وكيفية تشكيل مجلس الادارة وكيفية عقد الاجتماعات في كل منهما واتخاذ القرارات فيها والصلاحيات والمهام المنوطة بكل من الهيئة اعامة ومجلس الادارة والمدير التنفيذي وسائر الامور الادارية والمالية الخاصة بكل منهم .

ت- يعين المدير التنفيذي من قبل مجلس الادارة بعد الاستئناس برأي المجلس على ان يكون متفرغا ويحظر عليه ان يقوم بأي عمل اخر او ان يكون مساما في أي وسيط مالي او أي مودع لديه او أي من اعضاء المركز ، او ان يمتلك او يتصرف بأي اوراق مالية صادرة من قبلهم .

ث- لا يجوز لاي شخص ان يجمع بين عضوية مجلس مجلس ادارة المركز وعضوية مجلس ادارة البورصة .

المادة (32) يضع مجلس ادارة المركز بموافقة المجلس الانظمة الداخلية والتعليمات اللازمة لادارة شؤون المركز بما في ذلك ما يتعلق بالامور التالية :

أ- تسجيل ونقل ملكية الاوراق المالية المتداولة في البورصة وتسوية أثمان تلك الاوراق المالية .

ب- المعلومات والبيانات والسجلات التي تعتبر سرية والاشخاص المفوضين بالاطلاع عليها بحكم عملهم .

ت- المعلومات والبيانات والسجلات التي يتوجب على المركز الافصاح عنها وتلك التي يجوز للجمهور الاطلاع عليها واستنساخها .

ث- معايير السلوك المهني التي تطبق على اعضاء المركز واعضاء مجلس الادارة والمدير التنفيذي والموظفين ,

المادة (33) يتقاضى المركز من اعضائه رسوم انتساب ورسوم اشتراك سنوية، كما يتقاضى العمولات والاجور والبدلات التي تنص عليها انظمته الداخلية .

المادة (34) اذا وقع عجز في حساب الايرادات والنفقات الجارية والرأسمالية لاي سنة مالية يغطى من الاحتياطي العام لتغطية العجز فعلى اعضاء المركز ان يدفعوا بالتساوي المبلغ الكافي للتغطية ، ويكون ما يدفعوه دينا لهم على صافي الايرادات المتحققة فيما بعد .

صناديق الاستثمار

يعتبر صندوق الاستثمار اداة استثمارية يتم تأسيسه من قبل مدير استثمار الذي يتولى ادارته واستثمار امواله تحت اشراف أمين استثمار.

ويقسم رأس مال الصندوق الى وحدات استثمارية متساوية في الحقوق ، حيث تكون محدودة المسؤولية

أما من حيث انواع صناديق الاستثمار ، فقد نصت المادة (46) من القانون على ما يلي :

المادة (46)

أ-   تكون صناديق الاستثمار من أحد النوعين التاليين:

1-   صندوق استثمار ذو رأس مال متغير يسمى (الصندوق المفتوح).

2-   صندوق استثمار ذو رأس مال ثابت يسمى (الصندوق المغلق).

ب-   للصندوق المغلق اصدار وحداته الاستثمارية بموجب طرح خاص او عام، وتدرج في البورصة وفقا لتعليمات الادراج الصادرة بهذا الخصوص .

ج-   للصندوق المغلق ان يتحول الى صندوق مفتوح اذا نص نظامه الاساسي على ذلك على ان يصوب اوضاعه وفقا لاحكام هذا القانون والانظمة والتعليمات الصادرة بمقتضاه .

د-   لا يجوز للصندوق المفتوح اصدار او اطفاء وحداته الاستثمارية الا وفقا للسعر المحسوب بناء على صافي قيمة موجوداته وفقا للأسس والاجراءات المعتمدة من المجلس .

هـ-   لا يجوز للصندوق المفتوح التوقف عن اصدار ا اطفاء وحداته الاستثمارية في المواعيد المحددة في نظامه الاساسي الا في حالات استثنائية يحددها المجلس.

و- على الصندوق المفتوح مراعاة ان تكون جميع استثماراته ذات سيولة عالية وكافية لتسديد التزاماته .

ز- يحدد المجلس الحد الادنى لنسبة السيولة النقدية الواجب على الصندوق المفتوح المحافظة عليها وكيفية احتسابها .

شركات الاستثمار

عرفت الفقرة (أ) من المادة (500) شركة الاستثمار على انها الشركة المساهمة العامة التي تقوم او تنوي اقيام بشكل رئيسي باعمال الاستثمار في الاوراق المالية وتداولها او تملك او تنوي تملك اوراق مالية بما يزيد على 50% من مجمووع موجوداتها، ولا يشمل ذلك النبوك ، وشركات التأمين وشركات الخدمات المالية والشركات القابضة ولكل شركة استثمار مدير استثمار بهدف ادارة استثمارات الشركة في الاوراق المالية .

ويتم تداول الاوراق المالية في سوق عمان المالي بوماسطة سوقين هما :-

1- السوق النظامي .

2- السوق الموازي .

ويتم في السوق النظامي تداول الاوراق المالية للشركات المدرجة في البورصة بإدارة مجموعة متخصصة من الوسطاء العاملون في السوق، اما في السوق الموازي فيتم تداول الاوراق المالية للشركات التي لم تكتمل شروط ادراجها بالبورصة .

ويتطلب تداول الاوراق المالية في السوقين مجموعة من الشروط والمتطلبات يمكننا ايجازها بالاتي كما حددها قانون الادراج في سوق عمان المالي :

القسم الاول

شروط ومتطلبات ادراج اسهم الشركات الماسهمة العامة الاردنية في السوق الموازي

1) ان تكون شركة مساهمة عامة، ويكون رأسمالها مطابق لما هو وارد ضمن احكام قانون الشركات واحكام قانون البنوك وأحكام قانون مراقبة اعمال التأمين مادة رقم (3).

2) ان يكون مدفوعا (50%) على الاقل من القيمة الاسمية للسهم مادة رقم (4).

3) ان لا يقل صافي حقوق المساهمين كما هي في نهاية السنة المالية التي تسبق طلب الادراج عن (25%) من رأس المال المدفوع، مع الاخذ بعين الاعتبار عند احتساب صافي حقوق المساهمين التغيرات التي طرأت على رأس المال خلال الفترة التي تلي انتهاء السنة المالية مادة رقم (5).

4) ان يكون قد مضى على تاريخ منح الشركة حق الشروع في العمل مدة سنة كاملةمادة رقم (6).

5) أ. أن تقدم الشركة التقرير السنوي الذي يظهر الميزانية العامة للشركة كما هي في نهاية سنتها المالية الاولى ، وكذلك الحسابات الختامية الاخرى، وتقرير

مدقق الحسابات والبيانات الايضاحية المتعلقة بتلك السنة، على ان تلتزم الشركة بنشر هذه البيانات في صفحتين يوميتين ولمرة واحدة على الاقل .

ح. تقديم تقرير موجز عن سير عملها لاقرب فترة زمنية من تاريخ طلب الادراج والخطة المستقبلية لها ، وتقديم ميزان مراجعة لاخر شهر قبل طلب الادراج مادة رقم (7).

6) على الشركة تقديم طلب الادراج ، مرفقا به جميع الوثائق والمستندات الثبوتية المطلوبة الى السوق لدراسته وعرضه على الجنة لاتخاذ القرار بالادراج او عدمه المادة رقم 08).

ويتطلب من كل شركة مساهمة عامة تقديم المستندات الثبوتية التالية عند قيامها بطلب ادراج اسهمها في السوق وهذه المستندات هي :-

1. طلب الادراج المقرر من قبل السوق والذي يتم تعبئته من قبل الشركة المعنية.
2. نسخة عن عقد التأسيس والنظام الاساسي للشركة .
3. كشف بأسماء المساهمين قبل شهر من تاريخ طلب الادراج على الاكثر.
4. كشف بأسماء أعضاء مجلس الادارة ومساهماتهم .
5. أسماء الموفوضين بالتوقيع عن الشركة ونموذج عن تواقيعهم.
6. نسخة عن الميزانية العامة السنوية والحسابات الختامية مدققة حسب الاصول والايضاحات المرفقة مع تقرير مدققي الحسابات .
7. نسخة عن شهادة تسجيل الشركة لدى وزارة الصناعة والتجارة ونسخة عن كتاب منح الشركة حق الشروع في العمل .

8. نسخة عن اعداد الصحف التي تم بها نشر الميزانية العامة السنوية والحسابات الختامية .

9. نموذج شهادة الملكية .

10. تعهد من الشركة بأن تتقيد بجميع الاحكام والواجبات المنصوص عليها في قانون السوق والنظام الداخلي والتعليمات الصادرة بموجبها والقوانين المرعية الاخرى، كما تتعهد الشركة بتقديم اية معلومات تتوفر لديها وذات اثر على أسعار أسهمها في السوق وبشكل دوري مستمر .

القسم الثاني

شروط ومتطلبات ادراج اسهم الشركات المساهمة العامة الاردنية في السوق النظامي

1) ان يكون قد مضي عام كامل على ادراج اسهمها في السوق الموازي مادة رقم(9).

2) ان تكون الشركة قد بدأت بممارسة نشاطها الطبيعي فعلا مادة رقم (10).

3) ان لا يقل صافي حقوق المساهمين كما هي في نهاية السنة المالية التي تسبق طلب الادراج عن 75% من رأس المال المدفوع مادة رقم (11).

4) ان تقدم الشركة التقرير السنوي الذي يظهر الميزانية العامة كما هي في نهاية سنتها المالية التي تسبق طلب الادراج ، وكذلك الحسابات الختامية الاخرى، وتقرير مدقق الحسابات والبيانات الايضاحية المتعلق بتلك السنة ان تلتزم

الشركة بنشر هذه البيانات في صحيفتين يوميتين ولمرة واحدة على الاقل، وتقديم ميزان مراجعة لاخر شهر قبل تاريخ طلب الادراج مادة رقم (12).

5) ان يكون قد تم تداول (10%) من مجموع الاسهم المكتتب بها على الاقل خلال عام كامل في السوق الموامزي، ويؤخذ بعين الاعتبار حالات زيادة او تخفيض رأس المال خلال هذه الفترة مادة رقم (13).

6) ان لا ينطبق على الشركة أي من حالات النقل الى السوق الموازي او شطب الادراج للشركات المدرجة في السوق النظامي مادة رقم (14).

7) على الشركة تقديم طلب الادراج، مرفقا به جميع الوثائق الثبوتية المطلوبة ، للسوق لدراسته وعرضه على اللجنة لاتخاذ القرار بالادراج او عدمه مادة رقم(15).

ويتطلب من كل شركة مساهمة عامة تقديم المستندات التالية عند قيامها بطلب ادراج اسهمها في السوق النظامي وهذه المستندات هي :-

1. طلب الادراج المقرر من قبل السوق والذي يتم تعبئته من قبل الشركة المعنية.
2. نسخة عن عقد التأسيس والنظام الاساسي للشركة .
3. كشف بأسماء المساهمين قبل شهر من تاريخ طلب الادراج على الاكثر.
4. كشف بأسماء اعضاء مجلس الادارة ومساهماتهم .
5. اسماء المفوضين بالتوقيع عن الشركة ونموذج عن تواقيعهم .

6. نسخة عن الميزانية العامة السنوية والحسابات الختامية مدقق حسب الاصول والايضاحات المرفقة مع تقرير مدققي الحسابات .
7. نسخة عن شهادة تسجيل الشركة لدى وزارة الصناعة والتجارة ونسخة عن كتاب منح الشركة حق الشروع في العمل .
8. نسخة عن اعداد الصحف التي تم بها نشر الميزانية العامة السنوية والحسابات الختامية .
9. نموذج شهادة الملكية .
10. تعهد من الشركة بأن تتقيد بجميع الاحكام والواجبات المنصوص علها في قانون السوق والنظام الداخلي والتعليمات الصادرة بموجبها ، والقوانين المرعية الاخرى كما تتعهد الشركة بتقديم اية معلومات تتوفر لديها وذات اثر على أسعار اسهمها في السوق وبشكل دوري ومستمر .

التوجهات المستقبلية لسوق عمان المالي

تعاظم دور سوق عمان المالي في خدمة الاقتصاد الاردني، خاصة وبعد الاجراءات التصحيحية الذي بدأ الاردن بانتهاجها منذ عام 1989م، مما ادى للتفكير جدا لتطوير السوق بما يتلاءم وهذا الدور الهام وأهم هذه التوجهات هي:-

1- تعليمات التداول :

لقد انتهت ادارة السوق من مراجعة تعليمات التداول المتعلقة بعمليات ببيع وشاره الاوراق المالية، وقد رات تعلميات التداول الجديدة أهمية اختصار اجراءات التسوية وتنفيذ عمليات التدال وحل كل الاختناقات الناجمة عن الاجراءات المتبعة، وكذلك

لمتابعة ومراقبة تحركات اسعار الاسهم، ولمنع استغلال اية معلومات داخلية لتحقيق مصالح ذاتية " Insider Trading".

2- شركات الوساطة:-

وتعمل ادارة السوق على دراسة وضع الشركات وذلك للعمل على تحقيق الاهداف التالية :-

1. وضع تصور عام حول اوضاع شركات الوساطة العاملة في السوق وذلك لتحسين ادائها ولتحقق اهداف السوق .

2. التعرف على الوضع المالي الحقيقي لشركات الوساطة وذلك بدراسة ميزانيات شركات الوساطة المدققة لعدد من السنوات الماضية .

3. تحديد الشركات التي تعاني من اوضاع مالية صعبة وذلك لاتخاذ الاجراءات المناسبة لها .

4. تحديد النسب المالية التي يمكن تطبيقها على شركات الوساطة .

5. مراجعة موضوع رؤوس اموال شركات الوساطة والكفالات المالية المطلوبة منها لضمان حقوق الاطراف في السوق .

6. عمل برنامج تدقيق للتأكد من مدى التزام شركات الوساطة بالتعليمات والانظمة والقوانين .

3- سوق السندات

تقوم ادارة السوق حاليا بدراسة كل الطرق لزيادة نشاط سوق السندات في الاردن، وذلك بمراجعة القضايا التشريعية المرتبطة بهذا الموضوع .

4- ادخال التقنية الحديثة على اعمال السوق :-

لقد تم ادخال التقنية الحديثة على مرحلتين وذلك لمكننة اعمال السوق فالمرحلة الاولى تم انجازها عام 1991 م، حيث تم ادخال اجهزة الحاسوب الى دائرتين من دوائر السوق وتم انشاء نظام الاسهم والسندات الى الحسوب في قاعة التداول يتم في هذا النظام ادخال عقود القاعة الخاصة بتداول الاهسم والمنسدات الى الحاسوب مع اجراء الرقابة اللازمة على اوامر التداول اثنا ادخال العقـود ، ويتيح هـذا النظام عمليـة استخراج النشرات اليومية والدورية لاسعار الاسهم واحجام التداول.

اما المرحلة الثانية ، وهي عمليـة ادخال نظام الحاسوب لبقيـة دوائر السوق، ومـا بعد القاعة وقاعـدة معلومات كبيرة وعمليات التداول المستثناة من القاعة وانظمة دائرة الشؤون الادارية والمالية، وايضا انشـاء نظام بث تلفزيوني كامل لعملية التداول داخل قاعة السوق .

5- الادوات الاستثمارية الجديدة :-

يعمل السوق على تنشيطسوق رأس المال في الاردن وذلك عن طريق ادخال ادوات مالية جديدة وهي :

أ. صناديق الاستثمار المشتركة :

وذلك عن طريق تشجيع انشاء شركات او صناديق الاستثمار المشترك "Mutual Funds" وهي تقوم بـدور تجميع المدخرات وتوجيهها نحو الاستثمار في الاسهم، وهذا الصندوق سيسـهم الى درجة كبيرة في تجميع المدخرات وتحويلها نحو الاستثمار في الاسهم .

216

ب.   شركات التغطية :-

تقوم شركات التغطية Under Writers بضمان عمليات اصدارات الاسهم في السوق الاولى للاسهم، حيث تقوم بتشجيع الشركات وبنوك الاستثمار القائمة للقيام بالتغطية وذلك لما له من أهمية في توجيه رأس المال للاستثمار.

ت.   صانعوا الاسواق والمتخصصون:-

تقوم الشركات صانعة السوق Market Makers بدور توفير سوق دائم للاسهم وخاصة الاسهم ذات التداول المحدود Over the counter stocks حيث تقوم بتوفير عرض مناسب من هذه الاسهم وايضا القيام بشراء عروض البيع لهذه الاسهم، اما ما يتعلق بالمتخصصون Specialist فتقوم بالتدخل في عمليات البيع والشراء للأسهم المحدودة وذلك لضمان تحقيق سوق منظم ومستقر ، ومن المهم تراخيص القيام بعمل لبعض شركات الوسطاء للقيام ببعض هذه المهام تمهيدا لزيادة كفاءة السوق ولتخفيض التقلبات التي تطرأ على الاسعار للاسهم .

6-   مركز الايداع والتحويل :-

ان انشاء مركز للايداع والتحويل ويضم اقسام المساهمين لكافة الشركات المساهمة يعتبر من التحديات العامة التي تواجه السوق في المرحلة القادمة ومنها عدم وجود مكان مناسب لهذه الغاية، هذه هي لمحة عامة عن سوق عمان المالي.

ثالثا:- سوق الكويت للاوراق المالية

لوضع اطار لفهم هذا الموضوع بمختلف جوانبه لا بد من الاخذ بالفكرة القائلة وهي انه لا يمكن الفصل بين سوق المال الكويتي والقطاع الانتاجي ومؤثراته في الكويت، ومع ادراكنا لهذه الحقيقة تم التركيز في بداية الدراسة على ضرورة ابراز صورة مختصرة للاقتصاد الكويتي.

سمات الاقتصاد الكويتي:-

يمكن تقسيم مراحل التطور الاقتصادي في الكويت الى مرحلتين متميزتين: مرحلة ما قبل النفط ومرحلة ما بعده، في المرحلة الاولى والتي تنتهي بعام 1946 انحصر نشاط السكان الاقتصادي في الحرف المتصلة بالبحر ، وهي صيد اللؤلؤ ، التجارة، صيد الاسماك والاتجار بالمعادن ، هذه الانشطة جميعها كانت تقوم على أساس الملكية الصغيرة ولم تكن لها متطلبات فنية او رأسمالية ضخمة وبالتالي فهي قادرة على تمويل نفسها ذاتيا دون الحاجة الى تمويل خارجي من ناحية اخرى لم تكن هناك اموال محلية فائضة بسبب محدودية الامكانيات الاقتصادية لكل من الحكومة والقطاع الخاص، لهذه الاسباب لم تشهد البلاد قيام مؤسسات تمارس نشاط مالي الا في عام 1941 عندما افتتح البنك البريطاني للشرق الاوسط فرعا له في الكويت، وجاء تأسيسه بعد اكتشاف حقل برقان في عام 1938 وانتاج النفط بكميات تجارية.

ومع اكتشاف النفط وتأثيره على الحياة العامة بشكل عام والحياة الاقتصاديةوالمالية بشكل خاص وما نتج عنه من وفرة مالية اوجبت استغلالها في قنوات استثمارية

مجدية فكان تأسيس الشركات المساهمة وظهور اسهمها كأول نوع من الاوراق المالية المحلية القابلة للتداول في الاقتصاد الكويتي .

نشأة السوق المالي وتطوره :-

بدأت معالم السوق المالي في الكويت بتأسيس أول شركة مساهمة كويتية عام 1952 في أعقاب الحرب العالمية الثانية، عندما بدات موارد البالد المالية تشهد ارتفاعا متسارعا نتيجة ازدياد الانتاج وارتفاع الاسعار ، هذه الموارد الضخمة نسبيا قد وضعت اساسا تحت تصرف الدولة ولم تكن للقطاع الخاص حصة مباشرة فيها الا من خلال ما تمنحه وتسمح به الدولة .

وهذا التطور شديد الدلالة بالنسبة للكويت وذو مغزى بالغ على الاتجاهات التي سار عليها تطورها الاقتصادي لاحقا، فقد ترتب عليه بروز الدولة كمحرك رئيسي للحياة الاقتصادية والطرف الاكثر تأثيرا في تشكيل مسار تطور قطاعات الاقتصاد الوطني.

ولتحقيق معدلات نمو عالية في القطاعات يعتمد الى درجة كبيرة على مقدار الاستثمار الموجه لتمويل المشروعات، وأن السوق المالي على وجه التحديد يعتبر الرافد الاساسي لتولي مهام توجيه الموارد المالية ، ولقد كانت المدخرات في الكويت في بداية الامر تجد طريقها الى الاستثمار في العقارن وأدى هذا الى ارتفاع كبير في أسعار العقار وبالتالي اصبحت فئات صغار المستثمرين لا تجد الفرص للاستثمار نظرا لضخامة المبالغ التي يجب توفرها لكي تدخل سوق العقار، ان

زيادة الادخار لدى هذه الفئة ادى الى البحث عن طريقه لتجميع هذه المدخرات وتوجيهها نحو الاستخدامات والاستثمارات المنتجة، وهذا مما مهد الى ظهور الحاجة لخلق سوق اوراق مالية في الكويت .

وبدراسة تطورات السوق المالي في الكويت يمكن تحديد فترات متميزة من حيث كثافة النشاط ودرجة التوسع، وتقسيمنا للفترات سيعتمد على التطورات التي حدثت على السوق الثانوي من جهة وعلى اعتبارات حركة التداول والاسعار في هذا السوق، هذه المراحل يمكن تلخيصها في الفترة الانتقالية التي امتدت من بداية الخمسينات حتى عام 1960 والفترة الثانية هي فترة نشاط سوق الاسهم وامتدت حتى عام 1970 واما الفترة الثالثة فقد استمت بنمو سوق الاسهم مرورا بالفترة الرابعة وهي فترة ارساء القواعد التنظيمية والانطلاق في السوق الثانوية.

الفترة الاولى : بداية الخمسينات حتى عام 1960 (الفترة الانتقالية)
تكتسب هذه الفترة اهميتها من واقع مرحلة تأسيس قطاع الشركات المساهمة وبالتالي ظهور أول نوع من الاوراق المالية المحلية القابلة للتداول في الاقتصاد الكويتي وتم خلالها تشكيل الملامح والمعالم الرئيسية للاقتصاد الكويتي الحديث، فقد تم تأسيس بنك الكويت الوطني كأول شركة مساهمة كويتية في عام 1952 ، برأسمال قدره 13100000 روبية موزعا على 131000 سهما ذات قيمة أسمية قدرها 100 روبية ، وفي عام 1954 تأسست شركة السينما الكويتية الوطنية برأسمال قدره 8762400 روبية وفي عام 1957 قامت شركة ناقلات النفط الكويتية برأسمال بلغ 7668400 روبية ، وحتى عام 1960 اقتصرت حركة

تأسيس الشركات المساهمة على هذه الشركات الثلاثة التي بلغ مجموع رؤوس اموالهم 98547000 روبية، واجمالي اسهمها المصدرة 985470 سهما ولم يكن حجم هذه الاموال يمثل سومى نسبة بسيطة من اجمالي التدفقات المالية التي حصلت عليها الكويت خلال هذه الفترة ومن مجموع الاموال التي ضختها الحكومة في الاقتصاد المحلي عن طريق برامج شراء الاراضي والاستملاكات، ولعل النسب السالفة الذكر تعطي مؤشرا بسيطا عن حجم الفجوة التي أخذت تظهر في تلك الفترة بين معدل تراكم الفوائض والادخارات من جهة ونمو قاعدة الاصول العادية والمالية القادرة على امتصاصها من جهة أخرى .

هذه المرحلة الانتقالية من الاقتصاد التقليدي الى الاقتصاد النفطي لم تكن تسمح بوجود سوق للاسهم بالمعنى المتعارف عليه نتيجة محدودية عدد الاسهم المصدرة، وان وجد تداول فهو محدود جدا ، واستنادا لنمط توزيع ملكية الاسهم والاداء الجيد للشركات الثلاث، يمكن القول بأن التداول، وان كان غير منظما، فهو محدود، وسبب حداثة هذا النوع من النشاط المالي على المستثمرين الكويتين وقلة معرفتهم بالاصول المالية لم يكن هناك وجود لظاهرة المضاربة في الاسهم خلال هذه الفترة ومع ذلك يمكننا القول بأن الشروط لقيام نواة سوق الاوراق المالية كانت متوفرة في الكويت تلك الفترة بشكل معقول، كما ان العقلية والوعي الاستثماري كان متيسرا بين فئات كثيرة من أفراد المجتمع ومؤسساته، وكان شراء الاسهم قد بدأ فعلا في تلك الفترة ولكن كان ينقصه السوق المنظم للتعامل به .

الفترة الثانية : 1960-1970

ان التوسع الاقتصادي مع بداية الستينات وبداية التفكير في وضع خطط اقتصادية واجتماعية ادى الى النمو الاتساع في قطاع الشركات المساهمة ولكن بمعدلات ادنى بشكل ملحوظ من الفترة السابقة، فبعد ان تأسست تسع شركات مساهمة خلال السنتين 1962/61 ، تم تأسيس ثمان شركات مساهمة خلال الفترة 63-68 ، اضافة الى شركتين مساهمة مغلقة ، بالنسبة لحركة التداول فقد اتسم خلال الفترة كلها بالركود وتدني مستوى الاسعار وقلة الاقبال على التداول، واخذت الحكومة تفكر جديا في تنظيم الشركات وتداول الاسهم فأصدرت القانون رقم (15) لعام 1961 " قانون الشركات " ولم يتطرق هذا القانون مباشرة لسوق الاوراق المالية وانما تطرق مباشرة ف يعض مواده لعملية تأسيس الشركات وطريقة الاكتتاب، اما في سنة 1962 فقد أصدرت لاحكومة القانون رقم 27 لسنة 1962 والذي يهدف الى تنظيم عملية التعامل في الاوراق المالية للشركات المؤسسة في خارج الكويت، ولم يكن خاصا بالاوراق المالية المحلية ، الا ان القانون رقم (23) لعام 1970 يعتبر أول قانون تطرق المشروع من خلاله الى تنظيم الاوراق المالية حيث تم تأسيس لجنة استشارية لشؤون تداول الاوراق المالية.

الفترة الثالثة : 71-81-1982/81

شهد سوق الاسهم خلال فترة السبعينات تطورات وتغيرات هامة اكسبته صفة متميزة تختلف عن طبيعته في الفترة الماضية، وقد تمثل ذلك في صدور عدد من القوانين والقرارات الرسمية التي جعلت السوق اكثر تنظيما بالمقارنة مع السنينات، وقد تم ارساء قواعد تنظيمية تتعلق بعمليات تداول الاوراق المالية الخاصة

بالشركات لامساهمة الكويتية والتي ممهدت اخيرا لظهور السوق، الاطار التنظيمي المتطور للسوق الثانوي، فخلال الفترة 71-1973 توسعت قاعدة الاصدار ، وازداد الاقبال على امتلاك الاسهم من قبل فئات متعددة من المستثمرين والمضاربين، ونجد ان عددا من هؤلاء المستثمرين يمثلون صغار المستثمرين الذين دخلوا السوق دون علم كافي بأسس اختيار الاوراق المالية وميكانيكية السوق ولمجرد الجري وراء الربح المضمون السريع دون الاعتماد على البيانات والمعلومات المالية في اتخاذ قراراتهم، اذ ارتفع عدد الاسهم المصدرة من حوالي 05, 11 مليون سهم الى 33, 21 مليون سهم وارتفع عدد الاسهم القابلة للتداول من 02, 6 مليون الى 17, 12 مليون سهم ، وقد تم تأسيس 296 شركة من مختلف الانواع تمثل دور الشركات العقارية بالريادة ، اذ انها اضافت عمقا استثماريا بطرح اسهمها للتداول، ونتيجة لشيوع ظاهرة المضاربة وزيادة دخل البالد آنذاك ارتفعت القيمة السوقية لاسهم الشركات المساهمة ثم تلا ذلك حالة من الركود وذلك خلال عامي 1976/75 . ومع حلول نهاية عام 1976 ارتفع عدد الشركات المساهمة ف يالسوق الى 38 شركة ومما عزز من الاتجاه نحو الاصول المالية وبالذات نحو اسهم الشركات المحلية عاملان، اولهما انخفاض العائد على الاستثمار المباشر في القطاعات الانتاجية لسبب ارتفاع التكاليف بصفة عامة، وثانيهما الطابع طويل الامد لتحقيق الارباح العائدة على هذا النوع من الاستثمار، وزاد ذلك الاتجاه تميز تلك الاصول عن غيرها سواء من حيث القدرة على التسييل او احتمالات ارتفاع اسعارها، الامر الذي جعلها تمثل فرصا مغرية لتوظيف الاموال ، وفي عام 1977 اتخذت اجراءات للحد من تأسيس الشركات المساهمة الكويتية، ولقد نجم عن ذلك توجه بعض الافراد الى دول الخليج بهدف تأسيس

شركات مساهمة جديدة تابعة من الناحية القانونية لهذه الـدول، فـتم تأسيس شركـات مساهمةجديدة تابعة من الناحية القانونية لهذه الدول، فتم تأسيس العديد من الشركات وادرجت اسهمها في سوق سـمي بالسوق الموازي ، وقد استطاع هذا السـوق ان يضـيف عمقـا جديـدا للسـوق الرسـمي، وان يعطـي زخـما اضافيا لعملية الاستثمار بالاوراق المالية التي يـتم اصـدارها وذلـك بالاضـافة اوراق ماليـة جديـدة للسـوق الاولي وتسييل هذه الاوراق من خلال السوق الثانوي (الرسمي والموازي) ، ولكون هذه الشركات مؤسسـة برؤوس اموال معظمها كويتية فقد تركز تداول اسهمهافي سـوق غـير رسـمية في الكويـت موازيـة للبورصـة سميت بسوق المناخ، وقد تبع ذلك السماح بانشاء الشركات المساهمة المقفلـة في الكويـت فأنشيء الكثير منها دون التدقيق بالمردود من هذه الشركات على الاقتصاد الكويتي، وتم تداول اسهم هذه الشركات حتى قبل انتهاء اجراءات التأسيس، اما الفترة 78-1980 ، فقد تميـزت بتـدفق امـوال هائلـة الى السـوق ادت الى ازدياد حجم السوق واتساعه بشكل لم تعد القرارات والتنظيمات الصادرة تتناسب مع زخـم النشـاط، وقـد صاحب ذلك تطورات حصلت لقاعدة الاصدار بفعل الاجراءات الحكومية التي وضعت في أعسـطس 1977 ، كانت حصيلتها زايدة حصة الحكومة من اجمالي الاهسم المصدرة والتي تضاعف اصدارها اضافة الى حظر تأسيس الشركات الجديدة وسريان مفعولة حتى منتصف 1979 ، واستمر ازدعار السـوق خـلال عـام 1981 وحتى منتصف عام 1982 حيث حصلت أزمة المناخ، اما بخصوص تطور السوق الثانوي فالجـدول الموضـح تاليا يبين تطور كميات الاسهم المتداولة خلال السنوات 74-1983

تطور حركة الاسهم المتداولة – الشركات
المساهمة الكويتية (مليون سهم)

	1974	1975	1976	1977	1978	1979
بنوك	2 ,7	6 ,7	7 ,8	2 ,4	66	81 ,9
استثمار	5 ,3	26 ,2	50 ,6	15 ,4	42 ,2	24 ,4
تأمين	0 ,1	0 ,4	0 ,1	0 ,2	0 ,7	3 ,4
صناعة	10 ,3	73 ,7	63 ,7	16 ,0	32 ,3	22 ,7
نقل	9 ,2	26 ,6	23 ,6	18 ,7	4 ,5	7 ,9
خدمات	3 ,6	0 ,7	0 ,1	0 ,1	7 ,7	5 ,5
عقار	6 ,3	37 ,9	39 ,1	7 ,1	20 ,6	23 ,1
المجموع	37 ,5	172 ,2	176 ,3	60 ,0	173 ,7	168 ,9

المصدر: السنوات 74-1980 غرفة تجارة وصناعة الكويت مصدر سابق، السنوات 81، 82 من التقرير السنوي للبنك المركزي .

(1)   ***_ بلغت القيمة السوقية للأسهم المتداولة لعامي 1981 ، 1982 حوالي 8, 950 و 1862 مليون دينار كويتي.

(2)   ***_ لا يشمل عدد الاسهم المتداولة لشركات قطاع الاغذية والبالغة 674073 سهما.

(3)   ***_ لا يشمل عدد الاسهم المتداولة لشركات قطاع الاغذية والبالغة 1336774 سهما.

تطور حركة الاسهم المتداولة – الشركات
المساهمة الكويتية (مليون سهم)

1985	1984	1983	1982(2)	1981(1)	1980	
18, 9	8, 4	12, 9	33, 6	30, 5	47, 7	بنوك
0,85	2, 9	10, 2	25, 6	42, 8	24, 5	استثمار
0,19	0,11	1, 8	3, 9	1, 4	1, 1	تأمين
(3)5, 9	(2)2, 3	16, 2	39, 0	40, 5	14, 8	صناعة
-	-	3, 2	9, 4	34	23, 7	نقل
11, 2	2, 5	5, 3	10, 6	47, 8	9, 3	خدمات
3, 8	4, 5	11, 9	40, 1	49, 8	22, 7	عقار
40, 8	20, 7	61, 5	162, 2	246, 8	143, 7	المجموع

المصدر: السنوات 1980-74 غرفة تجـارة وصـناعة الكويـت مصـدر سـابق، السـنوات 81، 82 مـن التقريـر السنوي للبنك المركزي .

(1)_***_ بلغت القيمة السوقية للأسهم المتداولة لعامي 1981 ، 1982 حوالي 8, 950 و 1862 مليون دينار كويتي.

(2)_***_ لا يشمل عدد الاسهم المتداولة لشركات قطاع الاغذية والبالغة 674073 سهما.

(3)_***_ لا يشمل عدد الاسهم المتداولة لشركات قطاع الاغذية والبالغة 1336774 سهما.

226

وتلخيصا لما سبق فان هذه المرحلة من مراحل تطور سوق الاسهم قد تميزت بطفرة المضاربات في بداية العقد الى هدوء السوق خلال عام 1974 . وقد تلى ذلك طفرة كبيرة في التداول والاسعار في عام 176/75 مما سبب في ركود السوق في عام 1977 ومبادرة الى دعمه في عام 1978 ، واخيرا مرحلة استئناف نشاط السوق وتدعيم اوضاعه خلال الفترة 79-1981 ، ان دراسة هذه المتغيرات تساعد في التعرف على العوامل الرئيسية المؤثرة في حركة السوق خلال هذه الفترة كلها، ومن المهم التأكيد على ان الحديث الذي تم سرده عن تطور السوق من خلال مراحل زمنية لفترة السبعينات، لا يعني بالضرورة أنها مراحل متباينة بقدر ما يتعلق الامر بجهود السوق لتحقيق قدر اكبر من النضج والخبرة .

الفترة : 86/85-83/82 (مرحلة الانطلاق)

أهم التطورات التي شهدتها هذه الفترة تتمثل بصدور المرسوم الاميري الخاص بتنظيم السوق ، حيث تم استكمال الاجهزة الفنية والادارية المتخصصة لتتمكن من النهوض بأعباء ومتطلبات العمل في السوق، وقد حرصت الادارة علىأن يتم تداول الاسهم المقيدة على نحو يضمن سلامة المعلومات ودقتها ويحد في ذات الوقت من أية عمليات تداول وهمية لا تمثل انتقالا حقيقيا للاموال، ولسهولة وسرعة اجراءات التقاص بين البائعين والمشترين من المتعاملين في الاوراق المالية ، تم ادخال شركة المقاصة لتتولى متابعة تنفيذ الالتزامات المترتبة على الصفقات التي تجري في السوق ، وتقوم هذه الشركة بمهمتها في اطار من التشريعات واللوائح المنظمة لاجراءات التقاص ومنع محاولات التأثير في أسعار الاسهم من جهة والاستفادة من المعلومات الداخلية التي لا يتمكن حملة الاوراق امالية المتداولة في السوق من العلم

بها منجهة اخرى، وفي هذا الخصوص تم انشاء لجنة تأديب ومكتب تحكيم للتحقيق في مخالفات الوسطاء المسجلين لدى السوق واصدار القرارات المناسبة بخصوص المنازعات املعروضة .

والجدير بالذكر انه تم خلال هذه الفترة تطوير السوق الموازي ليتم من خلاله تداول اسهم الشركات غير الخليجية والتي لم تستوف شروط القبول في السوق الرسمية هذا وقد ازداد نشاط التداول على أسهم هذه الشركات كما هو الحال في السوق الرسمي، ولقد كان من اهم العوامل التي ساعدت على تنشيط التداول تلك الاجراءات التي اتخذتها الحكومة والتي خلقت جوا من الثقة والتفاؤل لدى اوساط المتعاملين ، وأهم هذه الاجراءات برنامج حل المديونيات الصعبة وما ترتب عليه من اعادة ضخ السيولة في السوق اضافة الى عزم الحكومة بشراء اسهم المغفلات باسعار تفوق بنسبة 30% عن أسعارها وفقا للتقييم الذي اجري في 85/12/31. ولقد انعكس هذا الاتجاه التصاعدي في التداول على الاقبال الشديد للمستثمرين الكويتين في مختلف عمليات سوق الاسهم، وحيث يمثل سوق الكويت المالي حجر الزاوية في هيكل القطاع المالي للاقتصاد الوطني لكونه مصدرا من مصادر تجميع المدخرات المحلية وتوظيفها في مشروعات استثمارية وانتاجية تخدم النمو الاقتصادي، محور استراتيجية التنمية، فقد تم ادرج السندات للتعامل بها في السوق مؤخرا واستكمالا للفائدة المرجوة من ادخال هذه الاداة الاستثمارية، فقد قام السوق بتنظيم ندوة تثقيفية عن الاستثمار في سوق السندات ، وباستعراض الاحداث السالفة الذكر والتي اثرت على السوق بشكل او باخر يتبين لنا ان هذه المرحلة القصيرة قد

حفلت بالعديد من النواحي الايجابية مما أكسبت السوق سمة متميزة عن باقي مراحل تطوره السابقة .

من ملاحظاتنا لكافة مراحل تطور سوق الاسهم نستطيع ان نسجل بـأن هنـاك توافقـا واضحا بـين حركة اسعار الاسهم ونشاط التداول، وقد رافق ذلك بصفة عامة اتساع قاعدة السوق الى حد كبير منـذ منتصـف السبعينات وحتى الان- باستثناء الفترة الخاصة بأزمة المناخ – سواء من حيث عدد الاسـهم المتـداول، ومـن العوامل الرئيسية المؤثرة في مختلف مراحل هذا التطور عامـل السـيولة خاصـة اذا اخـذنا بالاعتبـار نسـبة السيولة الى اجمالي الناتج المحلي في القطاعات غير النفطية كمؤشر أكثر دلالة للسيولة المحلية، ولا شك أن هنـاك متغيرات اخـرى ذات أثـر كبـير عـلى نشـاط السـوق وتتمثـل في حجـم وأوجـه الانفـاق الحكـومي والتسهيلات الائتمانية المتاحة واتساع قاعدة السوق.

خصائص سوق الكويت للاوراق المالية
تركيز التعامل على الاسهم :
يكاد يقتصر التعامل في سوق الكويت للاوراق المالية على الاسهم فحسب بينما يقـل التعامـل في السـندات التي تتميز بارتفاع اسعار فائدتها كما اقتصر الاكتتاب فيها على بعض الشركات والمؤسسات التي تحتـاج الى تمويل خارجي وتعجز مواردها المالية عن مواجهة التزاماتهـا، ويرجع ذلك لتفضيل المسـتثمر التعامـل في الاسهم نظرا لسهولة تداولها والمزايا التي تمنحها لحامليها في الشركات المصدرة لها، فالمسـتثمر بصـفة عامـة محدود بنظرته للادوات الاستثمارية الاخرى كشهادات الايداع

229

وصناديق الادخار، كما أن الوفرة المالية النسبية التي تميزت بها ميزانية الدولة جعلها في وضع ليست بحاجة ان تلجأ الى خلق دين عام لسد أي عجز بها من خلال اصدار السندات الحكومية واذون الخزانة وهما من الادوات الاستثمارية المتعارف عليها في اسواق المال بالدول النامية، هذا بالاضافة الى زيادة المطردة في عدد الشركات المساهمة المقفلة التي تعتمد في تكوين رأسمالها على المصادر المالية الذاتية لمؤسسيها من خلال اصدار الاسهم .

المضاربة :

نظرا للزيادة المبالغ فيها في حجم التعامل بالسوق والاندفاع غير المدروس من جانب امتعاملين في الاسهم في تحقيق مكاسب وهمية سريعة، فقد أصبحت المضاربة من اهم سمات سوق الكويت المالي، فهذه الظاهرة وما تؤديه من ارتفاعالاسعار الى مستويات عالية لا تمثل حقيقة الوضع المالي للشركات بل تخلق تقلبات حادة في الاسعار، اضافة الى ما تحدثه من ظهور تفاوت كبير بين السعر السوقي للسهم وسعره الحقيقي المتمثل في القيمة الدفترية له من واقع القوائم المالية لتلك الشركات ، وقد ساعد على تغذية تلك الموجة المحمومة من المضاربات ضيق مجالات الاستثمار المحلي، ورجوع بعض الامموال من الخارج هربا من التقلبات في اسعار صرف العملات الاجنبية ومواطن الاضطراب السياسي ولا سيما بعد اندلاع الحرب الاهلية في لبنان، وتفاقم مخاطر التضخم مما شجع الكثير من صغار وكبار المدخرين للتعالق بالفرص السانحة للربح السريع من خلال عمليات المضاربة .

ضيق السوق :

يتميز سوق الكويت المالي بحجمه الصغير نسبيا والـذي يرجـع الى محدوديـة الشركات السـاهمة المدرجـة بالسوق، حيث لا تتجاوز (64) شركة منها (18) شركة غير كويتية – خليجية، بالاضافة الى الحصص الضخمة التي تملكها الحكومة في معظم الشركات المساهمة اذ تشير الاحصـائيات عـلى ان نسـب امـتلاك الحكومـة لاسهم العديد من الشركات المساهمة الكويتية تصل من 60-70%.

موسمية التعامل:

وهذا يعني اتسام التعامل بالسوق في التذبذب وعدم اتخاذه مسارا على نفس الدرجـة او المسـتوى طـوال العام ، فهناك فترات يكون التعامل فيها نشطا وفترات اخرى يتقلص حجم التعامل ويصل الى ادنى درجاتـه، ويعزى ذلك الى موسمية نشاط الاقتصاد القومي حيث يشهد انتعاشا خلال بعض الفترات وركود في فـترات اخرى.

اهداف السوق وانجازاته
الاهداف:

من المعروف ان السوق المالي الكويتي شأنه شأن أي سوق مالي عادة ما ينشأ اساسا لتوفير الامـوال اللازمـة للطاقات الانتاجية عن طريق تغطية اصدارات الشركات المسـاهمة مـن جهـة ولتحقيـق السـيولة وسرعـة التداول بما يتوافق مع رغبات وتفضيلات المستثمرين وحملة الاسهم من جهة اخرى، كذلك فـان المضاربة تشكل احد الوظائف الثانوية للسوق وغالبا ما تنشط هذه الوظيفة الثانوية في

الظروف الاقتصادية الاستثنائية مثل ظروف الرواج الاقتصادي وظروف الكساد الاقتصادي وغيرها من الظروف الاقتصادية غير العادية .

فالسوق يعتبر كيانا اداريا ذا طبيعة مالية ، يؤدي نشاطا خدميا لا يهدف من ورائه الى تحقيق ربح بل توفير الخدمات السالفة الذكر واللازمة للوفاء باحتياجات المجتمع وتقديم منافع اجتماعية لاطرافه المختلفة، ومن السهل ان نلمس المزايا الاقتصادية والاجتماعية التي تعود عليهم من الاهداف العامة كما يلي :-

*- العمل على تطوير السوق المالي وذلك بترشيد اساليب التعامل بما يكفل سلامة المعاملات وتوفير الحماية لجمهور المتعاملين، وعلى نحو يخدم عمليات التنمية الاقصادية ويساعد في تحقيق اهداف السياسة الاقتصادية للدولة .

*- تنمية واستقرار التعامل في الاوراق المالية وزيادة مقدرة الشركات الاعضاء في السوق على تحقيق اغراضها .

*- تقديم الرأي والمشورة الى الجهات الحكومية المختصة بشأن المراكز المالية للشركات الاعضاء في السوق .

*- تشجيع الادخار وتنمية الوعي الاستثماري لتوظيف الاموال في الاوراق المالية كالاسهم والسندات وغيرها .

*- انشاء الصلات والروابط مع الاسواق المالية الخارجية والاستفادة من أساليب التعامل في هذه الاسواق وتكييفها بما يتلاءم والبيئة الكويتية عند استخدامها في السوق المالي الكويتي .

*- تركيز الجهود نحو تكامل وتنسيق العمل بين الانشطة الاقتصادية والانشطة المالية للوصول بالتنمية الاقتصادية المنشودة، وهذا لا يتم الا بالتعاون المثمر بين المؤسسات المالية والنقدية من جهة والفعاليات الاقتصادية من جهة اخرى .

ويطمح سوق الكويت للاوراق المالية الى تحقيق الاهداف السابق ذكرها، وللنهوض بهذه المسؤوليات الجسام لا بد لنا من القاء الضوء على الدور الرئيسي للسوق والذي يتمثل في تعبئة المدخرات الوطنية عن طريق سوق الاسهم الاولية والثانوية وتوجيهها للاستثمار في مشاريع يصعب الاضطلاع بها من قبل أفراد أو مؤسسات صغيرة، هذا فضلا عن أن السوق الثانوية تهدف الى تيسير تداول الاسهم بحيث يطمئن حامل السهم الى امكانية التصرف بها في أي وقت شاء دون قيد او صعوبة، الامر الذي يوفر قدرا من السيولة لا تتمتع به اصول استثمارية اخرى مثل المباني العقارات وما شابه ذلك، وحيث تعتبر الاسهم والسندات ادوات مجدية لتلافي النتائج السلبية للتضخم المالي وتآكل قيمة العملة وامكانية التحويل الى سيولة، فان اسواق الاسهم في الدول العريقة يف هذا الميدات تجتذب الى حد كبير اموال اصحاب المدخرات المتوسطة والصغيرة كما تجتذب اموال صناديق التقاعد وشركات التأمين ومؤسسات الاستثمار نظرا للمزايا التي تهدف اليها المؤسسات من حيث السيولة وتلافي مخاطر التضخم، وفيما يتعلق بسوق الاسهم الكويتية فقد نجح في توفير

القدر المناسب من السيولة وكذلك تلافي بعض مخاطر التضخم النقدي، واما دوره في تعبئة الموارد على نطاق واسع فلم يطرح نفسه بصورة ملحة اذ لم تكون هناك مشكلة اساسية بشأن توفير الموارد المالية، ولا سيما ان الدولة على استعداد عادة للمساهمة مع القطاع الخاص في انشاء المشروعات الانتاجية، اذا ما ظهرت حاجة الى تمويل تكميلي او اضافي .

ولضرورة الاسراع في تحقيق السوق لغاياته فقد شكلت لجنة ادارة السوق بمرسوم اميري بتاريخ 1985/11 ، وباشرت اللجنة مهامها منذ ذلك الحين ، علما بأن دورة اللجنة ثلاث سنوات قابلة للتجديد وبرئاسة وزير التجارة والصناعة ، وتتشكل غالبيتها من القطاع الخاص على ان يكون من بينهم احد الوسطاء، اضافة الى عضو من وزارة المالية وممثل عن البنك المركزي، وتعتبر هذه التشكيلة ممثلة للفعاليات الاقتصادية الخاصة والجهات الحكومية المعنية بالسوق .

اهم انجازات السوق :

لقد حقق السوق منذ انشائه وحتى الان انجازات عديدة في المجالات المرتبطة بانشطته وتوجهاته والتي اهمها :-

تنمية الوعي الاستثماري لدى المستثمر الكويتي، وذلك من خلال تزويده بأحد وأشمل البيانات المالية والادارية الممثلة لاوضاع الشركات المدرجة في السوق ، وقد تمثل ذلك بكتيبات اعدت خصيصا لتكون بمثابة ملاحق لسلسلة كتاب " دليل المستثمر" ، وقد تم توزيع تلك الكتيبات مع منشورات تثقيفية مختصرة على الشركات والوسطاء والهيئات العاملة في القطاعين المالي والمصرفي وجمهور

المتعاملين، في اتخاذ قراراتهم الاستثمارية على أسس مدروسة، ولمتابعة هـذه المهمـة تقـوم ادارة السـوق باصدار تقارير دورية تتناول بالتحليل كافة المتغيرات المؤثرة على نشاط السوق، حيث توزع عـلى الجهـات المختصة والافراد المهتمين ، من يتم نشرها باصحف اليومية .

ولتعزيز دور السوق في هذا المجال انجزت الادارة العديد من البحوث والدراسات ذات الصلة في المجـالات المالية والاقتصادية ، واضطلعت بتنظيم ندوات تثقيفية كلتك التي عقدت حول الاستثمار بأداة السـندات وتم نشرها في كتيب تحت اسم " دليل المستثمر في سوق السندات ".

وفي مجال تنويع وتوسيع القاعدة الاستثمارية بهدف خدمة صغار المستثمرين على وجه الخصوص تتطلق ادارة السوق دوما الى ادخال اساليب استثمارية جديدة او تطوير الحاليـة منهـا، وكـذلك اسـتحداث ادوات الاستثمار وتمشيا مع هذه الاستراتيجية فقد أصدرت لجنة السوق مجموعـة مـن القـرارات المنظمـة والتي تغطي الاجوانب المختلفةلعمليات بيع الاسهم بالاجل، شروط ادراج السـندات المحليـة الاجنبيـة وكـذلك كيفية ادراج الشركات المساهمة في السوق .

وفيما يتعلـق بتسـجيل الشركـات والمؤسسـات المحليـة ومراقبتهـا فقـد عهـد السـوق الى بعـض الجهـات الاستثمارية المحلية ذات الخبرة في مهمة تقـويم الاوضـاع الماليـة والاداريـة للشركات الكويتيـة والخليجيـة لتحديد جدواها سواء بالاستمرار في انشطتها او دمج بعضها او ايقافها اذا تطلب الامر ذلك ، كـما بـادرت الادارة الطلب من هذه

الشركات تقديم بيانات مالية نصف سنوية حديثة موضحة وفقا للقواعد المحاسبية المتعارف عليها ومرجعة من قبل مراقب حسابات معتمد .

وقد اهتم سوق الكويت المالي بموضوع الافصاح المالي واشهار المعلومات التي تهم كافة المتعاملين حتى لا تصبح حكرا لاحد دون الاخر وذلك تحقيقا لمناخ وظروف توفر مبدأ حق التعامل العادل والمتوازن بين طرفي العملية المالية (البائع والمشتري) في جميع الادارات .

ومن جانب اخر فقد عملت الادارة منذ توليها لمسؤولية السوق والنهوض به على تنمية علاقة سوق المال الكويتي بالاسواق المالية العربية والعالمية الاخرى والمشاركة في المؤتمرات التي يدعوا لها " الاتحاد العربي لبورصات الاوراق المالية " لتدارس الموضوعات ذات الاهتمام المشترك بين الدول الاعضاء وخاصة فيما يتعلق بتطوير العمل ي اسواق المال العربية وسبل التنسيق والتعاون فيما بينها، ولتحقيق هذا لاهدف دأب السوق على مواصلة مساهماته البحثية حول الاستثمار والمواضيع المرتبطة به، من خلال الاستعانة بالكوادر الفنية ذات الخبرة والمؤخل المناسب .

وفي مجال تحسين اعمال الوسطاء او ممثليهم تقوم الادارة بين الحين والاخر بتنظيم دورات وبرمج تدريبية لهم وذلك بهدف اكسابهم المهارة المعرفة اللازمة في التحليل المالي في مجال الاستثمار وادواته، مما يساعد على تطوير مهامهم لتحسين الاداء . كما تقوم الادارة بترتيب زيارات ميدانية للتعرف والاطلاف على كيفية

تطبيق نظم التداول في الاسواق المالية العالمية على السوق المالي الكويتي اخذين بالظروف والعادات الاجتماعية للكويت بعين الاعتبار.

بالنظر الى مهام السوق وما تم تحقيقه من انجازات وفقا للاهداف التي اقيم من اجلها ترى انه تم احراز تقدم واضح وخاصة في مرحلة الثمانينات، وهذا الانجاز من وجهة نظر المهتمين باالستثمار يعتبر انجاظا قيسيا اذا ما اخذ بعين الاعتبار جسامة الاحداث التي تعرض لها السوق خلال مسيرته في خدمة الاقتصاد الكويتي.

ويعزى هذا النجاح الذي حققه السوق الى جملة عوامل تكاتفت كلها في تبوؤه بالمركز اللائق والنهوض به، واهمها، جدية الحكومة وتركيز جل اهتمامها على هذا القطاع الهام مما اشاع جوا من الطمأنينة والثقة بين المستثمرين على اختلاف فئاتهم، كما أن اختيار ادارة كفؤة لادارة هذا المرفق الحيوي قد عزز من دورالسوق ومن ثم نجاحه في تحقيق الاهداف وفقا للخطة العامة لتنمية البلاد، ومن المهم في هذا الصدد ان لا نغفل اهمية عامة الوعي الاستثماري لدى المستثمر الكويتي وتعامله في الاوراق المالية بصورة عقلانية في السوق .

وهذا نابع من التجارب والدروس التي تعرض لها السوق في نهاية السبعينات -أزمة المناخ - واستفادته منها .

الوحدة الثامنة
بعض الازمات المالية الدولية

سنحاول في هذه الوحدة القاء الضوء على بعض الازمات المالية الدولية والتي من أهمها اظمة الاثنين الاسود التي حدثت يوم الاثنين الموافق 1987/10/19 ومالتي هزت اسواق رأس المال في الولايات المتحدة الاميركية والعالم كله .

كما سنتناول هذه الوحدة ايضا أزمة سوق المناخ وابعادها من حيث العوامل المتسببة في نشوء الازمة وتطورها وتصور الابعاد الملازمة لهذه الازمة وبيان وجهات النظر المختلفة بشأن هذه الازمة والاثار المترتبة عليها .

ووفقا لذلك سنتاول هذه الوحدة الازمات التالية :-

اولا: ازمة الاثنين الأسود.

ثانيا:- ازمة سوق المناخ الكويتي .

أولا :- أزمة الاثنين الاسود " Black Monday"

حدثت في يوم الاثنين الموافق 1987/10/19 أزمة مالية عالمية هزت اسواق رأس المال في الولايات المتحدة الامريكية والعالم كله .

ويمكننا تلخيص هذه الازمة بحدوث خلل في التوازن بين العرض والطلب ليس في الاسواق الحاضرة فقط " Cash Market or Stock Market" بل في أسواق العقود المستقبلية أيضا "Fututre Markets" ويرجع العديد من علماء المال والاقتصاد ان سبب الخلل بين العرض والطلب هو لمحاولة المساهمون او المستثمرون في الاوراق المالية في بورصات نيويورك وطوكيو والعواصم الاوروبية الاخرى التخلص من الاسهم التي بحوزتهم ، فزاد العرض على الطلب بشكل كبير جدا مما ادى ذلك الى انهيار الاسعار بشكل لم يشهد له مثيل بتاريخ الاسواق المالية، حيث قدرت خسائر المستثمرين في هذا اليوم في بورصة نيويورك وحدها 500 مليار دولار خلال 24 ساعة فقط .

ومن الملاحظ ايضا ان بعض العلماء يعزون أسباب هذه الازمة الى عاملين رئيسيين هما :-
العامل الاول- عامل السيولة .
العامل الثاني – المتغيرات التنظيمية .

أولا:- عامل السيولة

المقصود بعامل السيولة عدم قدرة السوق على توفير السيولة اللازمة للتنفيذ الفوري للصفقات التـي تـرد للسوق مما ادى ذلك الى الانخفاض الشديد في اسعار الاسهم التي تتضمن الصـفقة وبقـدر لم يتعـود عليـه المستثمرون من قبل .

ويشير بعض العلماء ان ضعف السيولة في الاسواق الحاضرة قد تمثلت في يـوم الاثنـين الموافـق 87/10/19 ، بأستحالة تنفيذ أمر السوق في بورصة نيويورك بالسعر المعلن وقت ادخال الامر.

أما المؤشر الثاني على ضعف السيولة كما يراه ايضا بعض العلماء المتخصصون بالاسواق المالية هو التأخير في تنفيذ وتأكيد الصفقات بعد ظهر يوم الاثنين وايضا بعد الافتتاح في يوم الثلاثاء الموافق 1987/10/20.

أما في بورصة العقود المستقبلية فكان الشاهد على ضـعف السـيولة هـو أن الصـفقات التـي كانـت تحـرك أسعار السوق من قبل بنقطة واحد او نقطتين "Atick or two" أصبحت تحرك الاسعار بعشرة او عشـرين نقطة أو أكثر وقد استمر ذلك حتى بعد ظهر يوم الثلاثاء الموافق 87/10/20.

وقد ادت ضعف السيولة في بورصة نيويورك الى وقف التعامل في العديد من الاسـهم المتداولـة مـما أصبح يتطلب من ادارة السوق البحث عن عوامل اخرى للخروج من هذه الازمة :-

تدخل الشركات الكبيرة والبنك المركزي الامريكي

من أجل الخروج من هذه الازمة فقد تدخلت الشركات الكبيرة في الولايات المتحدة الامريكية بعد ظهر يوم الثلاثاء المموافق 10/20 لاعادة شرا ء اسهمها، كما تدخل البنك المركزي الامريكي بحث البنوكعلى فتح المزيد من عمليات الائتمان للمستثمرين في الاوراق المالية وتخفيض اسعار الفائدة مما ادى ذلك الى هدوء العاصفة في بورصة نيويورك وأصبحت اسعار الاسهم تتجه الى الارتفاع بعض الشيء، الا ان هذا التحسن في الاسعار والتطمينات المختلفة لم تتمكن جميعها من مقاومة هذه الازمة، فتراجعت الاسعار مرة اخرى وذلك بفعل اوامر البيع الكثيفة التي أتت من المستثمرين الاجانب .

الازمة في الاسواق العالمية

يوجد آلاء كثيرة ومتعددة بشأن أظمة الاثنين الاسود، فيعزى بعض العلماء الماليين والمحليين للاوراق المالية ان الانخفاض الحاد في الاسعار قد حدث اولا في الاسواق الاسيوية هونج كونج وسنغافورة وماليزيا باستثناء اليابان تبعتها بعد ذلك الاسواق الاوروبية لندن هنوج كونج وسنغافروة وماليزيا باستثناء اليابان تبعتها بعد ذلك الاسواق الاوروبية لندن وباريس وفارنكفورت وامستردام وميونيخ باستثناء نيوزلاندا واستراليا واليابان حيث يعززون اراءهم بخصوص ذلك بأن انخفاض الاسعرا قد بدأ فعليا في كل من فرنسا واسبانيا في يوم الاربعاء الموافق 1987/10/14 ثم انتقل انخفاض الاسعار بعد ذلك الى الولايات المتحدة الامريكية حيث انخفضت الاسعار الى 30% او اكثر يوم الاثنين الموافق 1987/10/19.

ويعزي نوع آخر من العلماء بأن الاثنين الاسود قد انتقلت بصورة فورية الى باقي الاسواق العالمية نيتجة لعوامل عديدة من أهمها التشابك القائم في الاقتصاد العالمي حيث ان ما يحدث في دولة ما يؤثر بالتأكيد على باقي الدول الاخرى نتيجة لتشابك الاقتصاد العالمي مع بعضها البعض اضافة الى ان كثيرا من الاموال الامريكية مستثمرة في محافظ العديد من الاسواق العالمية، فانهيار بورصة نيويورك يجعل اصحاب المحافظ الامريكية في بورصات الاسواق العالمية يسارعون بتصفية مراكزهم الاستثمارية في تلك الاسواق مما يؤثر ذلك على اسعار الاوراق المالية، اضافة الى ان هناك العديد من صناديق الاستثمار المشتركة والمكونة من أسهم شركات بعض الدول الاسيوية هي متداولة في بورصة نيويورك وعندما حدث الانهيار في اسعار الاسهم الامريكية تأثرت اسهم هذه الصناديق وامتد ذلك ليشمل الاسهم الاصلية التي تتكون منها هذه الاستثمارات في البلدة المصدرة لهذه الاستثمارات .

ونحن نرى بأن رأي الفريق الثاني هو الذي يكون أقرب الى الحقيقة من رأي الفريق الاول .

ثانيا :- المتغيرات التنظيمية

يعزي بعض العلماء الماليين وبعض المحللين للاوراق المالية ان سبب أزمة الاثنين الاسود ترجع الى بعض المتغيرات التنظيمية في الاسواق الامريكية ويمكننا تلخيص هذه المتغيرات بالاتي :-

1. **تباين الانظمة بين أسوق العقود المستقبلية والاسواق الحاضرة في الولايات المتحدة الامريكية :**

حيث يشير بعض العلماء الى أن أهم هذه الاوراق تكمن في هامش الشراء النقدي حيث أن هامش الشراء النقدي الجزئي في العقود المستقبلية يعطي بسندات، وان نسبته تتراوح بـين 2% - 10% مـن يقمة العقـد وتعتبر هذه النسبة ضئيلة بالمقارنة مع هامش الشراء في الاسواق الحاضرة حيـث تراوحت نسبة الهـامش المبدئي التي يحددها البنـك المركـزي للتعامـل في الاسـهم العاديـة مـا بـين 40% -100% ويرجع المحللون السبب في ارتفاع الهامش المبدئي للأسهم هو تعرض أسعارها للتقلب بمعدلات أعلى عـن مثيلتها للسـندات ومن هنا يتبين ان الهامش المبـدئي للاسهم العاديـة تعـد وسيلة يستخدمها البنك المركزي لضبط حركة النشاط الاقتصادي في الدولة، ومن هنا يتبين ان الهامش المبدئي يستخدم لحماية المستثمرين والمضاربين في نفس الوقت وقد يستخدم الهامش كوسيلة للحد من التوسع في الشراء النقدي الجزئي لاغرض المضاربة هذا بالاضاة الى استخدامه لضبط حركة السوق، فعندما ترتفع مستويات الاسعار في البورصة وتـزداد المضاربات يرفع البنك المركزي نسبة الهامش مما يؤدي الى انخفاض الطلب على القروض المستخدمة في تمويل الشراء النقدي الجزئي مثل هذا الاجراء من شأنه ان يحد من أعمال المضاربة وعـلى نفـس الـنهج يمكن استخدام الهامش للسيطرة على موجات التضخم او الكساد الذي قد تجتاح البلاد كذلك من المتغيرات التنظيمية بين السوقين العقود المستقبلية والاسواق الحاضرة بانخفاذ العمولة في بورصة العقود المستقبلية مـما يترتب عليه انخفاض تكلفة المعاملات الى الحد الذي يشجع المستثمرين على شراء تشكيلة الاسهم الـذين يرغبـون فيها من خلال عقد مستقبلي بدلا من شراء التشكيلة فورا من خلال المتاجرة بالحزمة في السوق الحاضرة .

ومن هنا يتبين ان الاختلاف في المتغيرات التنظيمية بين الاسواق الحاضرة والعقود المستقبلية قد تكون احدى الاسباب في خلق أزمة الاثنين الاسود .

2. الأسالبي المتسخدمة في الاتجار:-

يوجد ثلاثة أساليب استحدثت للاتجار في اسواق رأس المال الامريكية هي :-

أ- المتاجرة بالحزمة .

ب- مراجعة مرشر الاسهم .

ج- تأمين المحفظة.

وسوف نحاول ابراز كل أسلوب من هذه الاساليب وجورها في أزمة الاثنين الاسود.

أ- المتاجرة بالحزمة " Package Trading"

المقصود بأسلوب المتاجرة بالحزمة بأن الامر يتضمن تشكيلة اومحفظة "Portfolio" من أسهم عدد من الشركات المسجلة في البورصة .

وعادة ما يتم الالتجاء الى هذا الاسلوب في حالة تغيير التشكيلة التي تتكون منها محفظة الاستثمار او في حالة تغيير القائم على ادارة محفظة استثمار ورغبة الادارة الجديدة باتباع استراتيجيات جديدة في ادارة المحفظة مما يستلزم ذلك تغيير تشكيلة المحفظة القديمة .

كما تلجأ الشركة ايضا الى استخدام المتاجرة بالحزمة في حالة توفر موارد مالية اضافية او في حالة سحب جزء من الموارد المالية المتاحة حيث يتم في الحالة

الاولى أي في حالة توفر مومارد مالية اضافية بشراء تشكيلة من الاسهم وفي حالة سحب موارد مالية ينبغي التخلص من تشكيلة المحفظة القديمة .

هذا ويرى بعض المحللين الماليين أن أسلوب المتاجرة بالحزمة يتم استخدامه في حالة الحد من الخسائر عند تعرض المحفظة الاستثمارية للخسارة ، وعادة ما يتم ذلك في حالة هبوط اسعار الاسهم حيث تعمد المؤسسة الاستثمارية الى تخفيض تشكيلة التي تتضمنها المحفظة الاستثمارية .

ومن هنا يتبين أن أسلوب المتاجرة بالحزمة قد يعمل على تخفيض الاسعار وخاصة في حالة زيادة عروض البيع وانخفاض الطلب على عملية الشراء مما يساعد ذلك على خلق ازمة حقيقية في انخفاض الاسعار، وهذا ما يعزوه بعض المحللين الماليين ان اسلوب المتاجرة بالحزمة قد ساعد على هبوط اسعار الاسهم وبالتالي ساعد على خلق ازمة الاثنين الاسود.

ب- مراجعة مؤشر الاسهم :

المقصود بمراجعة مؤشر الاسهم احدى الاساليب المستخدمة في عمليات المتاجرة بالاسهم المستخدمة في سوق العقود المستقبلية والاسواق الحاضرة ، والهدف من مراجعة مؤشر الاسهم في السوقين هو الاستفادة من فروق الاسعار، فعندما تكون الاسعار في سوق العقود المستقبلية أقل نسبيا من القيمة الحقيقة يتم بيع التشكيلة في السوق الحاضرة وشرائها من سوق العقود المستقبلية وقد تم البيع في السوق الحاضرة من خلال المتاجرة بالحزمة .

وعلى ذلك فقد يطلق على هذه العملية ككل بيـع حزمـة " Sell Program" او "Sell Package" أمـا اذا كانت الاسعار في سوق العقـود أعلـى مـن القيمـة الحقيقيـة تبـاع التشـكيلة في سـوق العقـود المسـتقبلية ويشتري في مقابلهـا تشكيلة مماثلـة في السـوق الحـاضرة ويطلـق علـى هـذه العمليـة شراء حزمـة " Buy Program" أو "Buy backage" ويتبين مما سبق أن القيمة الحقيقية للسهم تعد بمثابة مؤشر على ملائمـة توقيت اجراء المراجحة بين عملية البيع والشراء في السوقين .

وقد يرى بعض المحللين ايضا ان الفروق في الاسعار بين السوقين قد ساعد على أزمة الاثنين الاسود .

ج- تأمين المحفظة :
المقصود بتأمين المحفظة احدى الاساليب التي يمكن استخدامها من خلال المتاجرة بالحزمة، ويهـدف هـذا الاسلوب الى حماية محفظة الاوراق المالية ضد مخاطر تعرض قيمتها للانخفاض مع ضمان تحقيق حد أدنى من العائد، ويرى بعض المحللين الماليين ان امكانية التأمين على المحفظة يتم من خلال عقود اختيار الشراء "Call Option" الذي يهدف الى شراء بعض اصول المحفظة او استبدال بعض أصول المحفظة بأصول أخرى يتوقع ارتفاع اسعارها مستقبلا، كما وأن تأمين المحفظة يتم أيضا من خلال شراء ادوات استثمارية او اوراق مالية خالية من المخاطر ،كما ويرى بعـض المحللين ايضـا أن عقـود اختيـار البيـع قـد تسـتخدم أيضـا قـد تستخدم ايضا المحافظة على المحفظة او تأمين المحفظة الاستثمارية ويكون ذلك

باستخدام أسلوب اختيار البيع عندما يتوقع مدير المحفظة انخفاض قيمتها فيقوم بالاتفاع مع محرر عقد الاختيار ببيع التشكيلة بعد فترة من الزمن من اجل تحقيق ارباح وبعد ذلك يقوم المستقمر او مدير المحفظة بشراء تشكيلة اخرى بأسعار أقل من الاسواق الحاضرة كما سبق ذكره عند الحديث بشأن المتاجرة بالحزمة .

الخلاصــة:

نخلص مما سبق أن سبب ازمة الاثنين الاسود يعزوها بعض المحللين الماليين الى عدة أسباب من أهمها ضعف كفاءة السوق وتتخلص هذه المقولة بانخفاض اسعار الاوراق المالية في بورصة نيويورك كانت نتيجة لاستجابة هذه الاسعار لمعلومات غير متفائلة عن الظروف الاقتصادية المستقبلية وخاصة فيما يتعلق بارتفاع معدلات التضخم في الولايات المتحدة الامريكية وانخفاض الدولار الامريكي نتيجة لارتفاع العجز في موازنتها العامة بالاضافة الى تفاقم العجز التجاري وميزان المدفوعات مما دفع العديد من المستثمرين من التخلص من الاوراق المالية التي بحوزتهم وهذا ما نتج عنه نقص في السيولة ووقف التعامل في العديد من الاوراق المالية المتداولة مما ادى ذلك الى حدوث انهيار عام في اسعار الاوراق المالية وحدوث هذه الازمة التي نحن بصددها.

كما ويرى بعض المحللين ايضا أنه بأضافة الى عامل ضعف السيولة فقد ساعدت ايضا الاسواق المستقبلية في خلق هذه الازمة نتيجة لاختلاف المعاملات التنظيمية بين اسوماق العقود السمتقبلية والاسواق الحاضرة مما نتج عنه خلق فروق في الاسعار بين السوقين السوق المستقبلية والحاضرة ومحاولة المستثمرين الاستفادة من هذه الفروق مما ساعد على خلق هذه الازمة.

ثانيا:- أزمة سوق المناخ الكويتي.

أ. نشوء الازمة وتطورها :

كان الاقتصاد الكويتي يعتمد في فترة ما قبل النفط على ثلاث مصادر رئيسية للدخل القومي وهي التجارة، وصيد اللؤلؤ، وصيد الاسماك، الا انه منذ عام 1946 ، حيث تم تصدير او شحنة من النفط الخام، تغيرت هذه الاوضاع الاقتصادية، واصبح الدخل المتولد من مبيعات النفط العمود الفقري للموازنة العامة للبلاد . فالبرغم من ان الاعتماد على النفط المصدر وحيد للدخل القومي قد يؤدي الى نكسات اقتصادية اضافة الى خطر نضوب هذه الثروة واحداث مشكلة خطيرة، فان الدولة قامت بتشجيع وتنويع مصادر الدخل القومي وكان اهتمامها بتطوير القطاع الصناعي والمالي نتيجة حتمية لمثل هذا الوضع، وقد نجحت بتطوير القطاع املالي أكثر من القطاعات الاخرى واتبعت سياسة مفيدة في هذا الامجال بمعنى انها لا تسمح لأية مؤسسة او منظمة غير كويتية ان تعمل في البلاد او تأخذ حصصا في أي مؤسسة كويتية او أي شركة كويتية .

ونتيجة للقيام بعمليات انتاج وتصدير النفط اثر تصحيح اسعاره عام 74/73، وما تلاها تولدت ايرادات ضخمة تفوق القدرة الاستيعابية للاقتصاد الوطني الكويتي بمعنى ان الفوائض النفطية المتراكمة وخاصة ذلك الجزء الذي انساب الى القطاع الخاص لم يكن بالامكان تعبئته واستثماره في نشاطات انتاجية، على المستوى المحلي لضيق الفرص الاستثمارية التي يوفرها السوق، كما أنه ليس بالامكان استثماره على المستوى الاقليمي (العربي والنامي) لقلة الفرص الاستثمارية

وضيق قدرتها الاستيعابية من ناحية وضمان المخاطر الناجمة من عمليات الاستثمار في البلدان العربية والنامية على حد سواء من ناحية أخرى. وبسبب هذه العوامل ولاسباب مختلفة بدأت هذه الفوائض تجد طريقها الى اسواق الدول الغربية المتقدمة وأما الجزء المناسب للقطاع الخاص فقد استغل من قبل البعض للقيام بنشاطات المضاربة المتعلقة بالاوراق المالية، وبخاصة اسهم الشركات الكويتية اولا ثم أسهم الشركات الخليجية غير المسجلة رسميا ثابتا، ومما زاد الامر سوءاا ضعف العنصر الرقابي للسلطات النقدية خاصة البنك المركزي، اضافة الى عدم جدية الوحدات الاقتصادية المسؤولة الاخرى المشرفة على عمليات تسجيل الشركات المساهمة الكويتية والخليجية ومراقبة نشاطاتها ومتابعة تلك النشاطات الامر الذي أدى لاستفحال الكارثة، تلك الكارثة التي انعكست سلبيا على جميع قطاعات الاقتصاد الكويتي بدءا تقدير قيمتها، وكان من الطبيعي ان تؤدي تلك القروض الى تأمين مزيد من الموارد المالية لاغراض المضاربة، مما أثر على وضع السيولة للقطاع التجاري وقطاع الانشاءات وغيرها من القطاعات الاقتصادية الاخرى، وبهذا برزت الى حيز الوجود الصورة السلبية القائمة لقطاع المال غير الموجه وغير المسيطر على نشاطاته .

- **تصور لابعاد الازمة وأسبابها :**

في عام 1976 نشطت حركة التعامل في سوق الاوراق المالية نتيجة للمضاربات الحادة خلال النصف الثاني من ذلك العام، حيث بلغت القيمة السوقية للاسهم المتداولة حوالي 946 مليون دينار مقارنا بما قيمته 449 مليون دينار للعام السابق له، أي بزيادة نسبتها 7, 110 % ، وارتفع المؤشر العام للاسعار بمقدار 7,

134% عن عام 1975 ، ويعزى ارتفاع الاسعار والتداول الى نمو متسارع وكبير في السيولة المحلية، انساب من خلال عمليات تثمين الاستملاكات، وبسبب تميز الاقتصاد الوطني بضعف عام في طاقته الاستيعابية وقدرته على تأمين منافذ استثمارية مجدية فقد أدى الى تدفق كميات هائلة من السيولة الى ايدي فئات معينة، يضاف الى ذلك اهمال استخدام ادوات السياسة النقدية من قبل البنك المركزي ونشر بيانات غير دقيقة وغير متكاملة حول نشاطات الشركات المساهمة وعدم توفر التشريعات والقوانين التي تنظم عمل السوق المالي في ذلك الوقت بشكل يخدم كل من المهتمين والمستثمرين في اتخاذ قراراتهم الاستثمارية .

ولقد ادى الاخذ بنظام التعامل بالآجل (التداول بالبيع بالاجل)، ان بيع الاسهم مقابل شيكات مؤجلة الاستحقاق الى زيادة التداول بأيدي المتعاملين من جهة والى تكدس المطالبات النقدية من جانب البنوك لقيمة الصفقات التي تم بيعها اسهمها بالاجل من جهة اخرى، وقد عانى السوق من شح في السيولة نتيجة امتصاص جزء كبير منها بواسطة الشركات العقارية ومعظم البنوك التي زادت رؤوس اموالها عن طريق طرح تلك الزايادات للاكتتاب العام بعلاوات اصدار مرتفعة، قدرت خلال النصف الاول من عام 1977 بحوالي مائة مليون دينار، الامر الذي ادى في النهاية ضمن عوامل اخرى الى حدوث الركود وانكماش التداول وانخفاض الاسعار فبلغت القيمة السوقية للاسهم المتداولة خلال ذلك علام 346 مليون دينار مقابل 946 مليون دينار لعام 1975 .
وقد نجم عن هذا الموقف ازمة تطلبت تدخل الحكومة باجراءات محددة منها وقف تأسيس شركات مساهمة جديدة وعدم السماح بزايادة رؤوس اموال الشركات القائمة

الا في اضيق الحدود، وقد انعكست هذه الاجراءات على مسلك المستثمرين اصحاب رأس المال الفائض، في البحث عن قنوات اخرى لاستثمار هذا الفائض فكانت فكرة انشاء مؤسسات خليجية مراكزها الرئيسية في بلدان الخليج المجاورة وبرؤوس اموال معظمها كويتية الى ان بلغ عددها 34 شركة حتى عام 1982.

وبسبب عدم اعتراف الحكومة الكويتية بشرعية هذه المؤسسات الخليجية، فقد تم ادراجها في سوق يسمى بالسوق غير الرسمي (الموازي) حيث قام وسطاء غير مرخصين من قبل ادارة السوق المالي بترويج عملية بيع وشراء تلك الاسهم، وخلال الفترة 1980 -1982 قامت الحكومة الكويتية بضخ مبالغ ضخمة في الاقتصاد الوطني وذلك لارتفاع اسعار النفط خلال عام 1979 وما تلاها، فعمدت الى وضع تسهيلات ائتمانية كبيرة للجهاز المصرفي، تمنح من خلال القروض مقابل تعهدات او بضمانات متضخمة القيمة في الوقت الذي ضعفت فيه الرقابة المصرفية واتبعت سياسة مالية متراخية، الامر الذي ادى الى حدوث موجات عاصفة من المضاربات نتجت من خلال تخمة الوفرة المالية التي تفشت في ادي بعض الفئات المضاربة، هذه المضاربات تناولت الاسهم الخليجية حيث جرى تجزئتها وأصبحت تحقق ارباحا طائلة بالمقارنة مع الاهسم الكويتية وبخاصة تلك الاسهم التي جرى التداول عليها من خلال عمليات البيع الاجل، هذا النوع من انواع البيوع ساد السوق المالي في ذلك الوقت بمعدل فائدة مرتفع جدا او بشيكات مؤجلة لسنة او اكثر وتحمل الورقة المالية في طياتها وعدا من المشتري بدفع قيمتها بمبلغ اكبر بكثير من قيمتها النقدية وقت الشراء.

ونتيجة لهذا الوضع بلغ عدد الشيكات الاجلة خلال النصف الاول من عام 1982 حوالي 28 ألف شيك تمثل اثمان صفقات مؤجلة لحوالي 6500 من املتعاملين، بلغت قيمتها 7, 26 مليار دينار كويتي (92 مليار دولار امريكي) مما أربك الجهاز المصرفي والمالي الكويتي .

أما الاسباب التي تكمن وراءها ازمة سوق المنها فيمكن ان نرجعها الى عدم توفر استراتيجية استثمارية واضحة بحيث تساهم في تشغيل الفوائض المالية المستحقة في منافذ انتاجية، بل ساهمت تلك الجهات (أطراف الازمة) في تضخم حجم الفوائض المستحقة للقطاع الخاص، وسمحت بتصاعد قيم العملات في سوق المناخ بالبيع الاجل ولفوائد خيالية دون ممارسة أي رقابة فعالة تحول دون تطور عملياتها بالشكل الخطير الذي آلت اليه، وتتحمل عملية عدم تحقيق التنسيق الخليجي في مسألة الاستثمار جزءا رئيسيا من المسؤولية .

وتبرز تجربة أزمة المناخ عاملين كانا سبب نشوء الازمة واستفحالها وما أحدثته من كارثة اقتصادية واجتماعية، يتعلق العامل الاول بالمناح العام الذي أحاط بادراة الاقتصاد الوطني الكويتي وبجميع مؤسساته مثل البنك المركزي، وزارة التجارة والصناعة ، البنوك المصرفية .... الخ، التي أظهرت تراخيا في قدرتها على منع حدوث الازمة ، ويتعلق العامل الثاني غياب التعاون شبه الاقليمي والاقليمي والدولي لامتصاص الفوائض المالية لهذا البلد وغيرها من دول الفائض الاعضاء في منظمة الاوبك واستثمارها في قنوات انتاجية تفيد البلد المستثمر والبلد المستثمر

فيه، ونتيجة لهذا المحدد فقد حدث هناك شرخ او اختلال في مجال ما يسمى بصناعة المال واهمية الشوط اللازمة لتأمين هذه الصناعة ونموها .

بعض جوانب الازمة (المديونية، التسهيلات).

مديونية الجهاز المصرفي:

بلغ عدد القروض المقدمة من البنوك للافراد والمؤسسات حتى 1985/3/31 حوالي 49046 قرضا قيمتها الاجمالية 4438 مليون دينار، وقد قدمت هذه القروض بضمانات على شكل أسهم وعقار وأراضي وسندات وودائع بلغت قيمتها في نفس التاريخ 2497 مليون دينار ، هذا وقد بلغت قيمة القروض الممنوحة لاعضاء مجالس ادارات البنوك 276 مليون دينار، وان الجزء المضمون منها تبلغ قيمته 81 مليون دينار وان قيمة الضمانات 144 مليون دينار، وأما توزيع القروض من حيث العدد والقيمة على فئات القروض فهو كما يلي -:

1. قروض قيمة كل منها أقل من 20 ألف دينار يبلغ عددها 44555 وتبلغ قيمتها 110 مليون دينار بمعدل 2500 دينار للقرض .

2. قروض قيمة كل منها أكثر من 20 ألف دينار وأقل من 100 ألف يبلغ عددها 1950 قرضا وتبلغ قيمتها الاجمالية 95 مليون دينار، بمعدل 49 ألف دينار للقرض.

3. قروض قيمة كل منها اكثر من 100 ألف وأقل من نصف مليون يبلغ عددها 1568 واجمالي قيمتها 356 مليون دينار بمعدل 227 ألف دينار للقرض .

4. قروض قيمة كل منها اكثر مـن نصـف مليـون وأقـل مـن مليون يبلغ عددها 350 قرضا وقيمتها الاجالية 252 مليون دينار بمعدل 720 ألف دينار للقرض.

5. قروض قيمة كل منها اكثر من مليون وأقل من مليونين يبلغ عددها 260 قرضا واجمالي قيمتها 369 مليون دينار بمعدل 5, 1 مليون دينار للقرض.

6. قروض قيمة كل منها اكثر من 2 مليون دينار وبلغ عددها 190 قرضا واجـمالي قيمتهـا 593 مليون دينار بمعدل 13 مليون دينار للقرض.

ويطرح السؤال نفسه ماذا تعني هذه الارقام ؟ ان الجزء الاكبر من مديونية الجهاز المصرفي بتركـز في عـدد محدود من فئات كبار المقترضين يمثل نصيبهم الجزء الاكبر من مديونية هذا الجهاز. في حين ان نصيب اكثر من المقترضين من مديونية الجهاز المصرفي صغيرة جدا بمعنى ان 91% مـن اجمالي عـدد القـروض لا يزيـد نصيب اجمالي قيمتها من اجمالي المديونية عن 5, 2 % أما فئة كبار المقترضين – قيمـة القـروض 5 مليـون فأكثر – ويشكلون نسبة 4, 0% من اجمالي عدد القروض فكان نصيبهم من القيمـة الاجماليـة للقـروض 60% ، أما الفئة المتوسطة من المقترضين (قيمة القرض من 100- نصف مليون) يبلغ نسبتهم 4, 3 % من اجمالي القروض وتبلغ قيمة قروضهم 5, 7 % من اجمالي قيمة القروض.

ان اهمية دلالة هذه الارقام انها تبرز المواقف المختلفة لتصورات المتعاملين بهذه الازمة فالمقولة التي يتبناها بعض المهتسين بهذه الازمة من انها عامة تشمل المجتمع الكويتي بأسره وتؤثر فيه بعلاقاته الاجتماعية وانه لا بد من استخدام المال العام لمعالجتها لهي مقولة هشة والارقام اعلاه تفند زيفها وان الغرض من طرح الفكرة والترويج هو استخدام المال العام وبأسرع ما يمكن بهدف اخفاء الحقائق التي تنطوي عليها الارقام، ان نشر هذه الارقام وطرحها للنقاش والتحليل الموضوعي من شأنه أن يساعد على تشخيص الازمة ووضع الحلول الملائمة لها، ان الارقام تكشف لنا ان الازمة تتعلق بأزمة مديونية عدد محدودين من المتعاملين الافراد والمؤسسات اتجاه الجهاز المصرفي (95% من اجمالي مديونية الجهاز المصرفي) وخلاصة ما تعبر عنه الارقام هو أنها حددت حجم الازمة بابعادها بدون مغالاة او تقليل.

هذا وقد قامت البنوك التجارية بعداد مذكرة تطالب فيها بضرورة انشاء شركة للمديونية بين البنوك ذلك في ضوء معرفة حجم الديون وذلك بعد قيام البنك المركزي باصدار تعليماته بشأنه تصنيف الديون تكوين مخصصات واجراء الجدولة (وقد بلغت مخصصات الديون المشكوك فيها 1300 مليون دينار تقريبا).
وأهم ما تضمنته المذكرة هو أن عدد حجم الديون غير المنتجة وتحويها الى شركة المديونية لتتولى ادارتها وجدولتها وفقا لمعايير محددة وواضحة ، وأهم أغراض الشركة المقترحة هي : -

- أن تتعهد بشراء موجودات المدين المعسر كليا او جزئيا بعد تقييمها على أسس شبه مدعومة مقابل تسديد كل او جزء من دينه .

- شراء المديونيات الصعبة من المصاريف المحلية بموجب معايير تلقائية وتسعيرية تحددها سياسة عامة تصدر عن مجلس ادارة الشركة التي تضم ممثلين عن المصاريف المحلية .
- تقويم ما يمكن من هذه المديونيات مع الاخذ بعين الاعتبار المركز المالي للمدين وأهميته الاقتصادية عن طريق جدولة زمنية مناسبة وباسعار فائدة منخفضة .
- ادارة مطلوبات الشركة من رأس مال ومصادر التمويل االخرى على أسس مصرفية تجارية بما يكفل استمرارية الشركة ومواجهة الاعباء التي ستواجهها.
- تصفية ما يمكن تصفيته من المديونيات بشكل هادئ وبجدول زمني مقبول لا يؤثر على قيم الاصول في الاسواق المحلية .
- بعد اتمام اجراءات التأسيس للشركة تقوم البنوك بعرض المديونيات التي ترغب في بيعها بعد قبول المدين او اعلامه، وستقوم الشركة بموجب السياسات التي يضعها مجلس الادارة في انتقاء وتسعير المديونيات .

وسوف تساهم هذه الشركة في تخفيض العبء على المدين بالنسبة للفوائد تخفيف الاعباء على المصارف عن طريق شراء ما لديها من مديونيات صعبة، وتجد الاشارة الى ان تحديد رأسمال هذه الشركة يتطلب بحثه مع البنك المركزي لمعرفة متطلبات التمويل وادارتها، ان انشاء هذه الشركة ضرورة ملحة لحل ازمة عامة يتأثر بها الموظف والتاجر والشخص العادي، اضافة الى اصحاب المهن والمؤسسات المالية وغيرها، وقد أبدت معظم الجهات ذات العلاقة بهذه الازمة مومافقتهم على هذه الفكرة مع الاخذ بالاعتبار الدعم الذي يمكن ان تقدمه الدولة

لتكوين هذه الشركة، الا انه من المهم وضع اطار محكم لاسلوب عملها من خلال ادارة واعية مدركة لاهدافها .

التسهيلات الائتمانية :-

قامت البنوك بتقديم تسهيلات ائتمانية لعبت دورا حيويا في نشاط اسواق الاسهم حيث اتاحت الفرصة للمستثمرين بشراء اسهم شركات قائمة بالفعل او تمويل الاكتتاب في أسهم مطروحة لاكتتاب من قبل شركات جديدة، وقد ادت تلك التسهيلات الائتمانية الى نشوء ظاهرة المضاربة حتى باتت احدى السمات التي يوصف بها الاقتصاد الكويتي في ذلك الوقت وتعني المضاربة ارتفاع اسعار الاسهم المتداولة بما لا يتفق والعائد المتحقق منها، وكذلك المركز المالي للشركات المصدرة نظرا لحداثتها في التأسيس، ومما يزيد من فعالية وقوة المضاربة بل وخطورتها في السوق المالي الكويتي ان اسعار بعض الشركات قفزت قبل تداولها وكان نتيجة ذلك ان شهد السوق خلال عام 74/73 تصاعدا حادا في اسعار الاسهم الى درجة فاقت جميع التوقعات، مما حفز التعامل بصورة انشط في البورصة رغبة في تحقيق اكبر ربح ممكن في اقصر وقت ، مثل هذا الوضع الذي اتسم بقلة خبرة المتعاملين نسبيا اضر كثيرا بصغار المدخرين، كما انعكس سلبا على الاقتصاد المحلي وخاصة بالنسبة للشركات التي لا تملك المقومات الاساسية للنجاح ، وقد كان الانعكاس متركزا على :-

1. **النشاط العقاري :** حيث اتسم بالارتفاع الحاد في بداية الازمة بسبب الارتفاع المتواصل في اسعار الاسهم .

2. **مستوى الاسعار :** تميز بالارتفاع نتيجة ارتفاع الدخل الذي حققه بعض المضاربين .

3. **الاهتمام بالاحداث الاقتصادية:** وقد تركز الاهتمام على مستوى الاحداث الاقتصادية الداخلية والخارجية سواء كانت على مستوى حياة الافراد او على مستوى الدولة، وانعكس هذا الاهتمام من الاهتمام اصلا بالسوق المالي من جانب الدولة .

4. **النشاط المصرفي:** قامت البنوك التجارية بدور فعال في تمويل الاكتتاب مما ترتب عليه المزيد من تأسيس الشركات المساهمة من جهة وارتفاع قيمة اسهم الشركات المؤسسة حديثا، وقد بلغت الامور الى حد ان عدد الصفقات كان يتم حتى قل ان تطرح أسهم تلك الشركات للاكتتاب .

ومما أسهم في تصعيد ارتفاع اسعار الاسهم وتقوية نشاط المضاربة هو انتشار عمليات صفقات الاجل، ورغم ان هذا النوع من التعامل يعتبر من مظاهر المضاربة في أي سوق مالي الا ان طابعها المضاربي في الكويت يكون أكثر حدة بسبب اجواء الثقة التي تسمح بالتصرف بالاسهم والتعامل بها قبل تسجيلها قانونيا.

أسباب المضاربة :-

لقد اجتمعت عدة عوامل اقتصادية ومالية محلية وخارجية ساعدت على اشتداد المضاربة في أسواق الاصول الحقيقية والمالية ، وهذه العوامل يمكن تلخيصها كما يلي :

1. **التطورات النقدية والمالية وأوضع السيولة المحلية :** وتعكس المعدلات المرتفعة في نسبة السيولة المحلية (المتأتية من الوفرة المالية وضيق المنافذ الاستثمارية) التوسع الكبير في الانفاق الحكومي الذي تمثل في زيادة التوظيف الحكومي والانفاق على الباب الخاص بالمشاريع اضافة الى زيادة المعونات التي تقدمها الدولة لمختلف دول العالم الثالث ، نجم عن هذه التطورات تضخم الاموال الباحثة عن فرص الاستثمار المحلي والتي لم تجد مجالا خصبا لها سوى في سوق الاسهم والعقارات .

2. **الائتمان المصرفي :** ان سياسة الائتمان التي تبنتها البنوك المصرفية ساهمت الى حد كبير في زيادة السيولة المحلية والتي احدثت بالتالي ضغوطا تضخمية ليس فقط على أسعار الاسهم والعقارات والاراضي بل أيضا عملت على تمويلها بشكل مباشر، ويبدو من الاثار الضارة التي لحقت بالاقتصاد القومي من جراء تطبيق هذه السياسة، قد بلغت الى الحد الذي اضطر البنك المركزي ان يصدر تعليماته للبنوك التجارية بوضع حد لتسهيلاتهم الائتمانية الممنوحة لهذه العمليات ، ولكن المتتبع لتلك الامور في ذلك الوقت يلاحظ محدودية تأثير تلك التعليمات وأنها جاءت متاخرة غير فعالة في التأثير، مما أسهم في احداث الانكماش الذي شهده السوق خلال عام 1977 ، ومن الجدير بالذكر ان ظاهرة المضاربة وآثارها السلبية على مختلف جوانب الاقتصاد القومي قد تكررت بصورة اكثر حدة على الاقتصاد القومي عندما تعرض لازمة المناخ عام ي82 -1983 ، ومن ناحية فاننا نلاحظ ان الجهات المسؤولة عن السياسات النقدية لم تتبع برنامج عمل جاد وشامل لمواجهة الازمة ومعالجتها .

3. **صفقات الاجل وضعف الاطار التنظيمي للسوق:** ان غياب الاطار التنظيمي لسوق الكويت المالي قد شجع على الممارسات السلبية وعمليات التلاعب التي شهدها السوق بدءا من عام 1973 وما تلاه ، وقد تمثلت بالاكتتابات الوهمية لاسهم شركات لا تباشر نساطا حقيقيا وبرفع أسعار بعض الاسهم من قبل بعض كبار المستثمرين ، وقد أدت هذه التصرفات الى احتدام المضاربة، ومما عزز ايضا من الاتجاهات المضاربةي في السوق شيوع ظاهرة التداول الاجل، حيث أدت نسبة الهامش (العلاوة) "Premium" الذي كان المضاربون يدفعونه مقابل تاجيل الدفع الى التصاعد السريع للاسعار.

لقد استمرت موجات المضاربة في الزخم والشمولية مع كل زيادة في أسعار الاسهم حتى وصلت ذروتها في الربع الاخير من عام 1976 ، واخذت بالانحسار والتقلص في نهاية ذلك العامن حيث هدأت الاوضاع بصورة ظاهرية على ما يبدو نتيجة تدخل السطات النقدية حتى أوائل الثمانينات لتعاود الظهور مسببة ان المضاربات التي عمت اوساط التداول قد أدت الى انتقال اموال كبيرة بين المتعاملين مما أثر في النهاية على نمط توزيع الثروة فيما بينهم لصالح كبار المضاربين وانصرافهم عن المشاريع الانتاجية وتوجههم نحو المضاربات طمعا في المزيد من الارباح السريعة، لذلك فان الاثار الضارة للمضاربة لا تقتصر على زعزعة استقرار السوق وفعاليته الاقتصادية بل وتمتد الى مختلف أوجه النشاط الاقتصادي المحلي ومتغيراته الرئيسة .

ج- الازمة من خلال وجهات النظر الرسمية والاطراف المهتمة

الجانب الاول :-

وجهة نظر الحكومة في معالجة الازمة :-

تعتقد الحكومة ان الازمة لا يمكن حلها الا بتوظيف المال العام، ليس فقط فدعم البنوك وعلاك مديونيتها وانما من اجل شراء اسهم الشركات المقفلة والخليجية في مقابل اصول جرى تقييمها تقييما حقيقيا، ويأتي شراء المقفلات بشرط اعطاء الاولوية لتسديد الديون المصرفية والتزامات مؤسسة تسوية معاملات الاسهم بالاجل ، وأفادت تقديرات تقرير وزارة المالية بالحاجة الى 198 مليون د. ك ، لهذا الغرض منها حوالي 138 مليون دينار والباقي سندات، وقد قدر حجم المال العام الذي ستحتاجه الدولة لهذه الاغراض يصل بحدود 1500 مليون دينار لشراء اسهم الخليجيات ، 8, 198 نقدا وسندات لشراء أسهم المقفلات، مع ملاحظة ان هذه الارقام ليست نهائية بأي تقدير رسمي ، وبالنسبة للشركات الكويتية المساهمة فقد انتهت الدراسة الى التوصية بتصفية اربع شركات ودمج اربع أخرى مع الوصية بتعديلات في مجال الادارات والهياكل التنظيمية وحلول لمشاكل التمويل والتشغيل والتنفيذ في الشركات الاخرى، هذا بالاضافة الى علاجات طويلة الاجل تتمثل بحصر الكفاءات الكويتية ووضع نظام للمراقبة والمتابعة وتعديل وتنظيم هياكل الرواتب للشركات في القطاع الحكومي والمشترك، وبالنسبة للشركات المقفلة فقد أوصت الدراسة بتصفية 25 شركة ودمج 5 شركات واستمرار ثلاث شركات واستبعاد ثلاث شركات من الحل .

أما بالنسبة للشركات الخليجية فقد أوصت الدراسة بتصفية 9 شركات ، ودمج أو استمرار 15 شركة من بينها ست شركات أسمنت .

وعندما استفحلت الازمة وزادت خطورتها بحيث امتدت آثارها الضارة الى كافة اوجه النشاط الاقتصادي حيث باتت تثر تأثيرا مباشرا على حياة الافراد ومستوى معيشتهم نتيجة لهذا الوضع الغير طبيعي (الغير عادي) استدعت الامور تدخل الدولة لمواجهة هذه الازمة .

وعندها بدأت زارة المالية والاقتصاد بعقد سلسلة من اللقاءات لمختلف الفعاليات الاقتصادية في القطاعين العام ولاخاص لوضع تصور محدد يعالج في المقام الاول المشاكل الملحة والاتية تمهيدا لمعالجة المشاكل الجذرية في الاقتصاد الكويتي واعادة تعديل مساره .

وقد جاءت التفرقة بينه وبين ضررة مواجهة المشكلات العاجلة من جانب ومعالجة المشاكلات الهيكلية للاقتصاد الكويتي من جانب أخر، بما يسمح بخلق قنوات استثمارية محلية ذات فائدة حقيقية للاقتصاد الكويتي من جانب أخر، بما يسمح بخلق قنوات استثمارية محلية ذات فائدة حقيقية للاقتصاد القومي تعطي عائدا يتلائم والاستثمارات المخصصة ، وقد تمخض عن تلك اللقاءات ورقة عمل (تقريا) قدمها وزير المالية والاقتصاد لمجلس الامة يعرض فيه تصورات الحكومة حول مختلف جوانب الازمة .

تقرير الوزير ومعطياته : قدم وزير المالية والاقتصاد تقريرا الى مجلس الامة يتضمن تصورات محددة لمعالجة اختلال جوانب هامة للوضع الاقتصادي في البلاد نلخصها كما يلي :

أولا:- مشكلة ديوان الجهاز المصرفي والشركات المالية .

ثانيا: وضع الشركات المساهمة العاملة في الكويت (الشركات المساهمة الكويتية والشركات المقفلة والخليجية).

ثالثا: محاولة تكييف الوضع الطبيعي الناتج عن انحسار المد التضخمي في الاقتصاد الكويتي .

بتدقيق النظر نحو هذه المشاكل يلاحظ بأنها مترابطة شجعت بالاصل عن زيول ازمة المناخ .

وقد أثبتت الدراسات ان معظم هذه الشركات كانت بشكل او باخر تتعامل في سوق الاوراق المالية في الفترة التي سبقت ظهور الازمة الا ان انخفاض قيمة اصولها اثر انحسار المجة التضخمية اثر على مراكزها المالية وعلى المراكز المالية للافراد.

والمتتبع لماجاء بالتقرير يلاحظ بأنه أعطى اهتمام اكثر للمشاكل العاجلة النية والتي يتطلب حلها سريعا لتوفير الانطلاق نحو توفير الاسس والركائز للمشاكل الهيكيلة

للاقتصاد والكويتي، تلك الاسس التي من خلالها يمكن توجيه مسار الاقتصاد المحلي على أسس سليمة وثابتة لضمان عدم تكرار ما حدث مستقبلا ، ولذلك فان الحلول التي تضمنها التقرير تتمثل بوضع :-
أولا: حلول سريعة للمشاكل الملحة لتخلق ارتباطاص بينها وبين الحلول المقترحة لمعالجة المشاكل الجذرية التي تنصب بالدرجة الاولى على بناء قنوات استثمارية جديدة توفر قاعدة عريضة من الخيارات أما المستثمرين .

ثانيا:- استخدام المال العام بأقل تكلفة اقتصادية واجتماعية ممكنة .

ثالثا: محاسبة المسيئين والمتلاعبين وفقا للقوانين والتشريعات القائمة وبصورة حازمة .

لقد ركز التقرير في معالجته لقضية ديون الجهاز المصرفي والشركات المالية على وضع المبادئ العامة والاجراءات التي تقوم عليها تسوية ديون هذا الجهاز، وشملت هذه الاجراءات تسوية اوضاع مديونية اعضاء مجالس ادارات البنوك واصحاب المديونيات الكبيرة والتي تمثل مديونيتهم نسبة مرتفعة من اجمالي المديونية البنكية ، كما شملت اياض خطوات للتنسيق فيما بين البنوك بالنسبة للمدين لاكثر من بنك في حالة عدم استجابته للتسوية المقترحة للتنسيق فما بين البنوك بالنسبة للمدين لاكثر من بنك في حالة عدم استجابته للتسوية المقترحة معه، وفيما يتعلق بشركات الاستثمار والصرافة الخاضعتين لرقابة البنك المركزي، قد قام هذا البنك خلال الفترة مارس- سبتمبر 1985 ، بتفتيش جميع هذه الشركات لتقييم أوضاعها المالية

على أساس معايير متعارف عليها وتم وضع اسس صنفت هذه الشركات بناء عليها الى جيدة وذات اوضاع حرجة ورديئة، وفيما يخص الشركات المساهمة العامة فقد تم دراسة جيدة وذات اوضاع حرجة ورديئة وفيما يخص الشكرات المساهمة العامة فقد تم دراسة اوضاع عدد من الشكرات الماسهمة الكويتية المنتمية لمختلف القطاعات، واوضحت الدراسة ان معظم هذه الشركات تعاني من المشكلات.

الاولى ذات طبيعة آنية وعاجلة تتطلب عملا سريعا لمواجهتها، وكانت التصوية التي خرجت بها هذه الدراسات تقضي بتصفية اربع شركات لعدم جدوى استمراريتها ، وامكانية دمج أربع شركات لتوفير نوع من المتانة (الملاءة) المالية لها وابقاء باقي الشركات على حالها مع اعداث بعض التغيرات الضرورية والتي تشم لمجالس االجارة الادارة التتنفيذية، اعادة الهيكل التنظيمي، والنظم المالية والادارية المطبقة بالاضافة الى العمل على ايجاد حلول ملائمة مشكلات التشغيل والتسويق والتمويل لبعض هذه الشركات، في حين ان النوع الثاني من المشكلات تتعلق بمدى نجاح الشركة على المدى الطويل، وهذه القضية تستدعي حصر الكفاءات الكويتية العاملة في المؤسسات الوهيئات (قطاع خاص، حكومي، مشترك) بهدف توفير التخصص والكفاءة المطلوبة لادارة الشركات ذات الاوضاع المتردية، والعمل على وضع نظام للمراقبة والمتابعة الداء الشركات في القطاع الحكومي والمشترك، اضافة الى ذلك اكثر التقرير على أهمية تعديل وتنظيم كادر الرواتب والمكافآت المعمولة بها حاليا في تلك الشركات ودراسة الاوضاع المالية لها ، وفيما يتعلق بهذه الشركات قال وزير المالية في مؤتمره الصحفي المنشور بجريدة الوطن بتاريخ 86/9/21 " بالنسبة للشركات المساهمة العامة، أنا لست متخوفا من وضعنا

لان مشاكلها المالية عبارة عن انخفاض في الاصول التي نملكها ونحن الان بصدد علاج اوضاعها جميعا واحدة تلو الاخرى وخاصة الشركات التي تساهم بها الحكومة لاعادة هيكلة رأس المال، وازاحة الاعباء الخاصة بالماضي ، ولنفرق بين الاعباء المالية التي نجمت عن انخفاض الاصول او الاوضع المالية الناجمة عن سوء الادارة والذي نحرص عليه حاليا من متابعة بعض الشركات، وهو اننا حريصون على مواجهة الواقع وانهاء هذا العبء في أسرع وقت ممكن ، ويكون بمواهة الواقع المتمثل بانخفاض شديد لمحافظ بعض الشركات بسبب انخفاض الاصول مما يسبب لها خسارة، وهذه الخسارة يجب ان تقطع وتزال ويعاد هيكلة رأس المال او جدولتها، والحل يتمثل في ازالة المشكلة وتخفيض رأس المال واذا احتاج رأس المال الى زيادة مرة ثانية يمكن نزيده " ، اما بالنسبة لاوضاع الشركات المقفلة والخليجية فقد كلف مكتب استشاري لدراسة الاوضاع المالية للشركات المقفلة (37 شركة) وتمخض عن الدراسة استبعاد ثلاثة شركات من الحل وتصفية 25 شركة ودمج خمس شركات واستمرار ثلاثة شركات .
وتوضح الجداول أدناه نتائج تقييم اوضاع الشركات المقفلة :-

وفيما يتعلق بتسوية اوضاع الشركات الخليجية فان الاجراءات الخاصة بمعالجة اوضاعها لن تكون مشابهة للشركات المقفلة وعلى ذلك فان الحكومة لن تقوم بشراء اسهم الخليجيات الا بعد ان تطبق التوصيات الخاصة التي تم ابلاغهم بها .

وقد اوضح المسئولين ان معالجة بعض الامور المتعلقة بتصفية هذه الشركات سيتم وفقا لما جاء في دراسة الشركات الاستشارية لهذه الشركات وانه سيتم تطبيق نفس

الشروط اثناء فترة الشراء للخليجيات وهو ان الدفع سيتم بعد التأكد بأن ملاك الاسهم من الافراد وغيرهم ليسوا مدينين لمؤسسة التسويات او الشركات الاستثمارية التي تملك الحكومة حصة فيها او البنوك، وقد ثبت بعد التقييم ان هناك فرصة لاستمرار شركتين اذيا تحسن الاداء والاوضاع المالية لهما، كما تم اتخاذ قرار بتصفية 3 شركات من قبل جمعياتها العمومية .

وبالنسبة لدمج 8 شركات خليجية فانه تم اتخاذ الاجراءات اللازمة لدمج شركتين سيتم الاعلان عنهما مستقبلا وسيعلن عن شراء اسهم هاتين الشركتين في غضون الايام القليلة المقبلة، وحول الشركات 7 شركات التي وصى باستمرار اداء اعمالها فان هناك متابعة للاوضاع المالية لهذه الشركات في اطار تطوير انشطتها والتأكد من جدوى استمرارها .

وقد انطلقت الحلول المقترحة لمعالجة هذه الشركات من مبدأ استخدام المال العام على انه استثمار متوسط او طويل الاجل، وانهاء الشركات التي تثبت عدم جدوى استمراريتها وحل مشكلة حملة اسهم هذه الشركات والعمل على توفير مناخ ملائم وظروف جيدة لتداول اسهم الشركات ذات الاوضاع المالية الجيدة .

هذا وقد اقترحت الحكومة في تقريرها اسلوبا تنفيذيا لمعالجة اوضاع هذه الشركات (المصفاة والمدمجة) والمتمثل في شراء اسهم الشركات الكويتية المقفلة بالقيمة الحقيقية كما جاءت بالدراسة والخيارات المطروحة أمام المساهم اما (1) 50% نقدا و 50% سندات تستحق الدفع على ثلاث سنوات أو (2) 50% نقدا و 50% اسهم

في الشركات مستمرة او جديدة او حق في محفظة استثمارية أو (3) تعويض المساهم 100% اسهم في شركات مستمرة او شركات جديدة او حق في محفظة مالية .

الجانب الثاني :-
وجهات نظر المهتمين : بالتمعن بالمعطيات التي وردت بتقرير الوزير نلاحظ انه ركز في معالجته للازمة الاقتصادية على أربعة قضايا يعتمد عليها في حل الازمة وهذه القضايا هي :-

الموقف من المال العام واستخدامه :
تباينت الاراء حول استخدام المال العام بين فريق مؤيد وعلى نطاق واسع لمعالجة قضية عامة تهم المجتمع ومستندا على المقولة القائلة باستخدام المال العام اجلا أم عاجلا لحل الازمة، ومؤيد ضمن ضوابط محددة ومعايير مدروسة وبين فريق أخر معارض لفكرة الاستخدام ذاتها، الا ان اغلبية المهتمين بالازمة كانت تؤيد استخدام المال العام ولكن ضمن اصول معينة ودراسات مخطط لها سابقا.

واذا استخدم فللبنوك حرية التصرف في هذه الاموال تحت مراقبة البنك المركزي، المال العامل يجب ان يتدخل لانقاذ الوضع الاقتصادي المتردي وفي أضيق الحدود لتحقيق المصلحة العامة، بمعنى وضع مصلحة الكويت فوق كل اعتبار وليس لخدمة اشخاص او مؤسسات معينة كما حصل في السابق، حيث استغال واستفادت من استخدامه مجموعة محدودة من المتعاملين، فالمفروض برأي البعض، ان يستدعي

اصحاب المشكلة وذوي الخبرة للخروج بتصور واضح حول كيفية استخدام المال العام، لانه لا يجب استخدامه الا عند الضرورة، وقد اختلفت الاراء حول تحديد معنى الضرورة، وعلى اية حال فاذا ما اتفق على استخدامه فان هناك امور ينبغي مراعاتها مثل مدى مساهمة الوحدة الانتاجية المراد تعويضها في القطاع المنتمية له وهل تتسم ايضا بالقدرة على استمرار العطاء ، فالتركيز ، كما يبدو ينصب على الوحدة ذاتها وليس على مالكيها، وهذا يغاير وجهة نظر الفريق الثاني الذي يطلب بعدم تدخل المال العام لانقاذ الوضع لان في ذلك مساعدة لعدد محدود من المقامرين على حساب بقية الشعب الذي لاذنب له في هذه الازمة، فهم يحبذون الانتظار حتى يتم معرفة جميع الخيارات المتاحة والحلول المطروحة، بل يذهب هذا الفريق برأيه الى عدم احقية استخدام المال العام الذي يمثل حق للاجيال القادمة ويطالب بدلا من ذلك محاسبة المتلاعبين المسيئين ، وباحالة كل متسبب في المشكلة الى القضاء قضية المال العام واستخدامه محسومة بما هو وارد في قانون الشركات التجاري الذي يقضي باحتساب الارباح والاحتياطيات المعلنة وغير المعلنة وكذلك رأس المال المدفوع لتغطية الخسائر الناتجة عن عملية تسوية الديون .

الموقف من الشركات المقفلة والخليجية :

يعتقد الكثير ممن تناول التقرير بالدراسة والتحليل عدم واقعية الحلول المقترحة فيما يتعلق بشراء اسهم الشركات المقفلة المراد تصفيتها والشركات المراد دمجها ببعض فالتقرير من وجهة نظرهم ، افتقر المنهجية التفصيلية في دراسة هذه الشركات، فلم نعد نعرف هل الشركات المزمع دمجها عامة ام مقفلة او من النوعين ، وكذلك الحال بالنسبة للشركات التي سيتم تصفيتها، اضافة الى تحديد الشركات الجيدة من

غير الجيدة، فاقدام الحكومة على شراء اسهمها انما يهدف بالدرجة الاولى تسهيل عملية التصفية لهذه الشركات التي تعاني من تخفيض تكاليف اصولها الى ادنى حد ممكن، ويعزى سبب الانخفاض لعدم اقبال الناس على الاستثمار لانعدام الثقة بين المتعاملين من جهة ونتيجة لمديونية البنوك من جهة اخرى، وقد اعتبرت عملية الدمج نوعا من العقوبة وليست مجرد طريقة لتحسين اوضاعها وزيادة قدرتها على العمل والانتاج وتخفيض النفقات وبالتالي تحقيق الربح، وقد ترك هذا الامر انطباعا خاطئا لدى القائمين على هذه الشركات مما سيدفعهم بشكل تلقائي وطبيعي الى عدم التعاون في هذه الخطورة (الدمج) على الاقل ، فالمعارضة تمخضت من خلال الصورة الغامضة لطريقة المعالجة التي اتى بها التقرير، حيث لم يأتي الا باجراءات خالية من أي مضمون لكيفية الدمج ، ويرجع ذلك الى عدم توفر قرة اجرائية وقانونية مباشرة لدى وزارة المالية والاقتصاد لتنفيذ الحلول المقترة التي اوصت بها دراسات الجهات المعنية وهي التصفية والدمج لبعض الشركات والاستمرار للشركات الاخرى .

فالتقرير عندما أكد ان اسلوب الحل يكمن في شراء اسهم هذه الشركات انما برأيهم يتعارض مع مبادئ الدستور الكويتي وعدم التدخل في نشاط شركات القطاع الخاص، ان فكرة تملك الحكومة للشركات المقفلة و الخليجية تتنافى مع ايديولو جية الدولة الاقتصادية المتمثلة بالحرية الاقتصادية الرامية الى تشجيع القطاع الخاص وابقائه بعيدا عن تدخل الدولة يؤدي دوره جنبا على جانب القطاع الحكومي، ولذلك يطرحون جملة تساؤلات منها ما يتعلق بالاسس والقواعد التي اتبعت في دراسة اوضاع هذه الشركات وطرق تقيمها، قبل البدء في عملية التسوية، وهذا الطرح نابع

من قناعات البعض بان قيم موجودات هذه الشركات لا يمثل المركز المالي الحقيقي لهذه الشركات، ومعرفة فئات المساهمين في الشركات الخليجية وحنسياتهم لتحديد مدى الخسائر التي لحقت بهم ولدراسة مبررات وامكانات دعم اصحاب الاسهم القليلة بشكل يعوض جزءا من خسائرهم عل الاقل، ويضيفون بأنه اذا ما تقرر الدمج فانه ينبغي عدم المبالغة به، بل يجب ان يهدف الى مساعدة الشركتين موضوع الدمج وليس اضعاف الاقوى من اجل تقوية الضعيفة وبحيث ان لا يكون قسرا وقد قدمت هذه الاقتراحات لانه يعتقدون ان التقرير لم يوضح كيفية الدمج بين الشركات والقضايا التي تناولها مبهمة وغير مفصلة، وهذه القضايا تتمثل بفرز الشركات الخاسرة من غير الخاسرة، توضيح الاختلاف بين اليمقة الدفترية والقيمة الحقيقية للاصول الشركات محل الدراسة ، وكذلك الخيار المطروح للتعويض فيما يتعلق بالسندات ونسبة الـ 50% نقدا والـ 50% اسهما في شركات قائمة ، هذا وقد ركز الكثير من المهتمين بالتقرير بضرورة تولي الحكومة اهتمامها بتعويض عادل لمساهمي الشركات المقفلة لانهم بسطاء استثمروا كل ما اتيح لهم من مدخرات في هذه الشركات ، وفيما يتعلق بموقف المهتمين من مديونية الجهاز المصرفي فقد تميز بمسائلة ومعاقبة المسؤولين المتسببين في هذه المشكلة ، وقدمت الكثير من المقترحات بهذا الصدد وكان من بينه االاقتراح يقضي بتعويض حملة الاسهم في الشركات المقفلة والخليجية ، ولكن كم يشكل حملة الاسهم هذه من حملة مديونية البنوك ؟ لذا يرى البعض ان شراء الاسهم لا يحل الا مشكلة انسانية اجتماعية ولكنها لا تحل مشكلة مديونية الجهاز المصرفي ككل ولمعالجة هذه المشكلة اقتراح البعض الاخر على الحكومة البدء بمحاسبة كبار المسؤولين في البنوك والشركات المقفلة، وتم التركيز على مساءلة اعضاء مجالس ادرات البنوك

عن الاموال التي بددوها بسوق المناخ وغيرها من القنوات بما يخالف وضعها الوظيفي، وكذلك معاقبة كل من قام بتهريب امواله للخارج، الا ان البعض يرى ان الحكومة اذا ما قامت باجراءات كهذه فان المشكلة سوف تتفاقم وتستفحل خطورتها لاحتمال طول الوقت اللازم لمعالجة هذه المسائل، ان الظروف التي تمر به البالد اقتصاديا واجتماعيا يستدعي الاتجاه نحو حل اني ولذا فانهم يقترحون جدولة الديون خلال الفترة 10-15 سنة للشركات والافراد الذين يمتازون باعمال مستمرة ومنتجة، ووقف الفوائد واعتبارها ربا، حيث لا يوجد اعتراض دستوري على قانون وقف الفوائد والنتيجة المحققة من عملية الجدولة ووقف الفوائد هو وضع حد لتفاقم المشكلة التي تزداد تعقيدا يوما بعد يوم بسبب ازدياد الفوئد ونتيجة للانخفاض المتواصل للاصول المرهونة، فالبرغم من ان التقرير وضع مشكلة ديون الجهاز المصرفي في اولوياته الا انه اكتفى بقضايا اجرائية ليس لها علاقة بلب المشكلة ، وقد اقترح فريق اخر بضخ سيولة في النظام المصرفي، أي تغذية البنوك ، التي تعاني من شح في السيولة بودائع حكومية طويلة الاجل او اصدار سندات مصرفية، اضافة الى مطالبتهم الحكومية بضمان حقوق المواطنين وغير المواطنين في البنوك والاجراءات التنفيذية اللازم اتخاذها لتحقيق ذلك .

وبالنسبة لموضوع المسار الاقتصادي فقد تم تشكيل لجنة من المختصين في القطاعين العام والخاص بوضع اطار دراسة الاقتصاد الكويتي بهدف تقليل تأثره بالعوامل الخارجية، وقد تم تركيز اللجنة على امكانات النمو الذاتي من خلال تحديد القطاعات الاقتصادية ذات الميزة النسببية والتي يكون مردود الاستثمار فيها عاليا من حيث ارتفاع القيمة الحقيقية المضافة للاقتصاد الوطني، وتتوقع الحكومة ان

انتهي اللجنة من اعداد دراستها وتوصياتها-والتي ستوضع في برنامج يعني بتطوير الاقتصاد الكويتي وقطاعاته المختلفة -جاهزة للتنفيذ في الربع الاخير من عام 1987 ، وتحرص الحكومة أن لا يمس الهيكل الاقتصادي أو - الدورة الاقتصادية رغم الانخفاض الذي طرأ على الميزانية العامة للدولة يف مؤتمر صحفي نشر بجريدة الوطن الكويتية بتاريخ 86/9/21 حول هذه النقطة (اننا وضعنا اسسا بأن تكون جميع المناقصات الانشائية بطريقة منتظمة ومرتبطة بالدورة المالية على ان لا تسبب ارباكا بحيث ان المشروعات اما ان تنفيذ دفعة واحدة او يكون بين مشورع واخر فترة زمنية).

الموقف من صيغة التقرير ومشتملاته :-

تميز التقرير المقدم من وزير المالية والاقتصاد الى مجلس الامة من وجهة نظر المهتمين به ببعض الجوانب الايجابية والاخرى سلبية، وحتى ايجابياته تنقصها الكفاية لتكون برنامجا دقيقا للحل، وبصفة عامة ، فانه اتسم بالغموض والابهام والايجاز الشديد في عرض محتوياته، وكان هناك شبه اجماع على دراسته باستفاضة قبل الحكم عليه سواء في الموافقة او التعديل او تقديم بديل له ، فطالب البعض باحالته الى اللجنة المالية للمجلس لمناقشته وتقديم تصورها بذلك، ويذهب هذا الفريق الى ابعد من ذلك فيعتبره تقريرا وصفيا للمشكلة لا يتبنى اية اجراءات تنفيذية لمعالجة المشكلة ككل او جوانبها على الاقل، أي انه لا يمثل (ورقة عمل) تعالج مشكلة قائمة يجب تناولها بالتحليل وبالظروف المحيطة بها، وقد تركت الامور عائمة بدون مراعات عامل الزمن في طرح الحلول الملائمة، وقد ارجع بعض المهتمين ذلك الى التشريعات واللوائح القانونية المعمول بها حاليا وعدم

كفايتها للتطبيق الصحيح، فهو لم يأخذ بتوصية غرفة التجارة بشأن عدم انفراد الحكومة بالحل، ولم يستشر المهتمين بالوضع الاقتصادي، وقد علق البع ضبانه رغم الجهود التي بذلت في اعداده الا انه لا يتناول انعكاسات استخدام المال العام على الافراد المقترضين او املؤسسات المقترضة من البنوك واضافوا بانه اغفل عددا من الاجراءات التي يمكن ان تساعد على تحريك الدورة الاقتصادية المحلية .

تلك الاجراءات التي وردت في توصية تنشيط الاقتصاد ومذكرة غرفة التجارة، فالتقرير يعطي انطباع بعدم تكامل التفصيلات وكفايتها كبرنامج دقيق متكامل للخروج من الدائرة المفرغة التي يدور فيها الاقتصاد الكويتي، حيث انه لم يأتي بجديد ، ويراه البعض، مجرد مناورة سياسية اكثر مما هو حل اقتصادي وبالتالي لا بد من اتخاذ قرار سياسي حاسم لتحريك الوضع الاقتصادي.

عندما قدم وزير المالية والاقتصاد تقريره الى مجلس الامة، كان يبدو امام المجلس الخيارات الاتية :-

- الخيار الاول : ان يطرح المجلس موافقته وثقته بالتقرير ثم تتولى الحكومة باتخاذ الخطوات لتنفيذ القضايا التي اشتمل عليها، ولكن هذا الاحتمال غير وارد كما اتضح من خلال اقوال النواب في الجلسات الماضية واهتمامهم بمعالجة الامور تحت اعينهم ومتابعتهم لها.
- الخيار الثاني: ان يرفض المجلس التقرير وماجاء به من حلول وان حصل هذا التوجه فالاحتمال الاكيد هو ان تسير الحكومة بتنفيذ ما جاء بالتقرير وفق خطتها مع تحملها كامل المسؤولية المترتبة علة ذلك من نتائج، فان كانت ايجابية فسوف يثنى عملها ون كانت سلبية فقد تبرره الى عدم اهتمام المجلس

بالتعاون معها، ولكن هذا الخيار صعب التنفيذ لانه لا يهيئ المناخ الملائم الذي تعمل من خلاله الحكومة لعدم مباركة المجلس لخطوتها .

- الخيار الثالث: أن يحيل المجلس التقرير بكامل رمته للدراسة والتحليل الى احدى لجانه المختصة، وعلة اللجنة اذا ما تم تبني الخيار ان توفق بين وجهتي نظر الحكومة والنواب، ولتتمكن من تقديم توصياتها لمختلف القضايا التي اشتمل عليها التقرير ان تستشير ذوي الخبرة والرأي من الاجهزة المختصة وخاصة اصحاب العلاقة المشارة اضافة ما يطرح النواب من افكار وملاحظات تنم عن بعد نظر وحكمة وذات صلة بالقضايا محل النقاش.
- الخيار الرابع: ان يعتبر المجلس بان التقرير ما هو الا وثيقة رسمية للعلم من جانب الاعضاء ثم الحفظ ، وهذا في رأي المهتمين بازمة المناخ اسوء الخيارات حيث تتولى الحكومة المسؤولية الكاملة بحلها بعيدا عن المجلس الذي لم يعتبرها جزء من الدور المناط به (المجلس) للمساهمة بحل الازمة الاقتصادية.

وفي مواجهة هذه الخيارات قام المجلس باحالة توصية الحكومة الى اللجنة املاية للمجلس لدراستها وتقديم توصياتها، ومن الطبيعي ان اللجنة سوف تضع توصياتها في اطار التقرير الاقتصادي المقدم من الحكومة لانها لا تملك السلطة القانونية لمثل هذا الامر، وعملا بنص المادة (20) من الدستور التي تنص على ان الاقتصاد الوطني اساسه العدالة الاجتماعية، وقوامه التعاون العادل، بين النشاط العام والنشاط الخاص، وهدفه تحقيق التنمية الاقتصادية وزيادة الانتاج ورفع مستوى المعيشة وتحقيق الرخاء للمواطنين وذلك كله في حدود القانون فقد قامت اللجنة وبعد

المشاورات المكثفة مع العديد من الفعاليات الاقتصادية في مختلف المؤسسات الاقتصادية الوطنية وضعت توصياتها التي اهم ما جاء بها هو :

- أثنت على التقرير المقدم من الوزير من حيث الاسس التي اشتمل عليه كمنطلق للتفرقة بين المظاهر العاجلة والاسس الهيكلية حلا للمشكلات التي يواجهها الوضع الاقتصادي الكويتي ذلك فقد اكدت اللجنة المالية بان التقير ينقصه تكامل التفصيلات وكفايتها كورقة عمل للخروج بالازمة التي يدور في فلكها الاقتصاد الوطني، فهو يمثل تصور عام للاوضاع الاقتصادية مقرونا بتصور عام الحل، ثم تناولت توصياتها بالتفصيل القضايا التي اشتمل عليها التقرير وهي كما يلي:-
- في المديونيات : يتحدد اسلوب التسوية وفقا لاوضاع المدين وتكون مدة الجدولة 15 عاما وتكون فترة الامهال سنتين ، وبالشكل الذي يتناسب وتصنيف المدينين بين قادر وممتنع عن الدفع وبين من هو ممتنع لانه ينتظر الاستفادة من الحلول الحكومية من هو معسر ، واخيرا المدينين القادرين على الانتاجية وتسديد قروضهم على ضوء الجدولة، بمعنى ان هناك شبه اجماع بين السلطة التشريعية والسلطة التنفيذية فيما يتعلق بمعالجة الفوائد .
- الفوائد : يكون سعر الفائدة على المديونيات غير المنتظمة مع عدم جواز تقاضي فوائد على متجمد الفوائد .

الغاء الفوائد على المعسرين وفقا لاوضاعهم وذلك اعتبارا من 1982/9/20 .

الغاء الفوائد على المديونيات غير المنتظمة وفقا لتاريخ 1985/12/31 وذلك من تاريخ التسوية حتى نهاية فترة الاستحقاق .

يمكن للبنك المركزي تحديد سعر رمزي للفائدة عن الديون غير املنتظمة بتاريخ 1985/12/31 جنبا على دنب مع سعر اخر للفائدة عن الديون المنتظمة.

دراسة تشكيل لجنة للتظلم والفصل في منازعات التسوية ثم ان يساند البنك المركزي اية مؤسسة مصرفية قد تعوزها السيولة .

ايداع مبالغ اجنبية بالسعر السوقي لدى البنوك لمساعدها ولاجال مختلفة وتحديد ست اشهر من تاريخ تطبيق هذا النظام للانتهاء من عملية التسوية.

واوصت اللجنة بتشكيل فريق عمل من وزارة المالية والبنك المركزي وغرفة التجارة وشركات الاستثمار والمؤسسات المصرفية لدراسة امكانية انشاء شركة لشراء المديونيات واذا ثبت جدواها يتم انشاء شركة جديدة او ان تناط المهمة بشركة المقاصة القائمة .

- الشركات المساهمة العامة : تؤكد اللجنة ضرورة دعمها ومعالجة المشكلات التي تتعرض لها.
- الشركات المقفلة : محاسبة لجان التأسيس واعضاء مجالس الادارة في الشركات المقفلة الذين ثبت سوء تصرفهم .

هذا وقد رأت استبعاد 5 شركات من الحل المقترح اربع منها رأسمالها سالب وواحدة لقلة عدد المساهمين وخسرت اكثر من نصف رأسمالها، وانت تمنع الحكومة عن شراء اسهم الشركات الجيدة لاقابلة للاستمرارا، وكذلك امتناعها عن شراء الثماني شركات المرشحة في تقرير الدمج ، اضافة الى شراء اسهم 18

شركة تحت التصفية وان يكون الشراء بالسعر الحقيقي كما جاء في التقرير مضافا اليـه نسـبة 25% وعلـى الشكل التالية :

1. ان يكون الدفع 50% نقدا و 50% سندات تستحق الدفع بعد ثلاث سنوات.
2. 50% سندات و50% اسهم من الشركات المستمرة او الجديدة .
3. 100% اسهم في شركات مستمرة او جديدة او في اية محفظة استثمارية.

وفيما يخص تعويض حملة اسهم هذه الشركات ، حصل تطور يستحق التنويه له ، فقد اتخذ مجلس الوزراء الكويتي قرارا بالموافقة على توصية وزير المالية والاقتصاد بتاريخ 24/ابريل/1986 ، والتي تدعوا بشراء اسهم حاملي اسهم هذه الشركات عن طريق الدفع النقدي بالكامل، على ان يتم الـدفع في غضـون مدى لا تتجاوز اغسطس 1986 ، وهذا يشمل حملة الاسهم الذين يرغبون بيع اسهمهم البديل ب والبديل ج اضافة الى اصحاب السندات وهو البديل أ .

- الخليجيات : التريث في شراء اسهمها ما لم تتوفر لـدى الحكومـة القـدرة القانونيـة المباشرة، ثـم دراسة امكانية انشاء شركة قابضة او اكثر لها من اجل توجيه سياستها.

شراء الاسهم التي تقدم حاملوها وسجلوها لدى
شركة المقاصة بالدفع نقدا وبالكامل
الاسهم

	العدد	% الى الاجمالي	% لاجمالي اسهم الشركات
البديل أ	2591522297	96 ,8	47 ,17
البديل ب	5369797	2 ,00	0 ,98
البديل ج	3183393	1 ,2	0 ,58
	267705487	100 ,0	48 ,73

	العدد	% الى الاجمالي	% لاجمالي اسهم الشركات
البديل أ	114651463	97 ,4	56 ,7
البديل ب	1906274	1 ,6	0 ,94
البديل ج	1219505	1 ,0	0 ,60
	117777242	100	58 ,24

المصدر : جريدة الرأي العامة الكويتية ، الخميس 24/ابريل/1986 عدد 8060.

ان المعايير التي حكمت بعمليات التصفية او الدمج او الاستمرار للشركات الخليجية والمقفلة هو ان هذه الشركات تم تأسيسها خلال فترة قصيرة 80-1982 ، وهي ما تسمى (فترة المناخ) وبالتالي لم تنشأ بناء على دراسات لجدواها الاقتصادية وانها بهدف تداول اسهمها، وينتهي مبرر وجودها باتهاء التداول ، وعن المعايير ذاتها قال السعدون انها كانت معايير جزئية لكل شركة على حدة،وممعايير عامة تشمل

حاجة الاقتصاد ككل، ومن ضمن هذه المعايير المعيار المالي، حيث ان 61% من هذه الشركات فقدت اكثر من 50% من رأس مالها المدفوع اصلا اضافة الى انها لا يخدم التوجه الاقتصادي السليم.

اضافة الى ذلك فان هذا الزخم من الشركات يربك المستثمر حيث يضم شركات جيدة وسيئة وهذا يبعده عن مجال الاستثمار في تلك الشركات خوفا من التورط مع الشركات السيئة ذات الكم الكبير من الاوراق المسماة بالاسهم . وان محاولة التصفية كانت بهدف تخفيض هذا الكم المعروض من الاوراق المتدالة حتى يساعد المستثمر من اتخاذ القرار السليم واختيار الشكات الجيدة، وعن تطاليف التصفية فقد روعي بان لا يكون هناك تكاليف حقيقية، والا تؤدي تصفيتها الى خلق فائض من البطالة غير المبررة ولذلك تم حصر العمالة في كل شركة واكتشف ان متوسط هذه العمالة في الشركات المقفلة هو أقل من 9 موظفين لكل شركة، وبالتالي لا توجد تكلفة حقيقية على المستوى البشري ينجم عن تصفية هذه الشركات ومن العايير الاخرى التي روعيت الا يكون لديها كم هائل من الاصول ينخفض مستوى اسعارها فجائيا عند تعرضها للبيع كما اخذ في الاعتبار ملكية الشركة لتلك الاصول، كما درست اوضاع كل شركة لتحديد مدى قدرتها على سداد التزاماتها (لدى البنوك المحلية ، البنوك الاجنبية والدائنين الاخرين). وعن الدمج فقد روعي التجانس من حيث الملكية والادارة والتكامل في الاجهزة الفنية، علاوة على تمتعها بحجم اقتصادي بمعنى ان تكون قادرة على استيعاب الصدمات الصغيرة والصرف على احتياجاتها بالتمويل الذاتي، وتخفيض التكاليف الى ادنى حد، اضافة الى ان دمجها في كتل يجعلها قادرة على الحياة والاستمرار واعطاء مردود لمساهميها على

المدى المتوسط والبعيد ، وبالتالي ينعكس ايجابيا عل مساهميها عندما تصفى الشركات الخاسرة، أو ينعكس على شكل ارتفاع في اسعار اسهمها على المدى المتوسط والطويل .

وفيما يتعلق بسوق الاسهم فقد أوصت اللجنة الحكومية بالعمل على :-

أولا:- تطوير البورصة ويزادة عدد الشركات الصانعة للسوق .

ثانيا:- اعادة النظر في الفترة المحددة للتداول زيادتها .

ثالثا:- استحداث نظام البيع الاجل ووضع الضوابط اللازمة لذلك .

رابعا:- دراسة امكانية السماح لابناء دول مجلس التعاون الخليجي بالانجاز في اسهم الشركات الكويتية .

خامسا:- الزام الشركات المدرجة في السوق بنشر بياناتها الالية وتحملها مسؤولية هذه البيانات .

سادسا:- السعي لمزيد من التنسيق بين وزراء مالية التعاون والعمل على توحيد قوانين الشركات التجارية ووضع الضوابط لتملكها .

سابعا:- انشاء مجلس على للاقتصاد برئاسة سمو ولي العهد ورئيس مجلس الوزراء تكون مهمته رسم السياسات الاقتصادية الواضحة وبحيث تكون معلومة لاي مستثمر .

ثامنا:- توحيد قنوات التصريحات حول الشؤون والقضايا الاقتصادية بانواعها.

الجانب الثالث:

رأي مجلس الامة :-

قام مجلس الامة باحمالة توصيات الحكومة الى اللجنة المالية للمجلس لدراستها وتقديم توصياتها، ومن الطبيعي ان اللجنة سوف تضع توصياتها في اطار التقرير الاقتصادي المقدم من الحكومة لانها لا تملك السلطة القانونية لمثل هذا الامر، ان اولى توصياتها سوف يركز على مشكلة المديونيات باعتبارها المشكلة العاجلة والهامة التي ينبغي معالجتها ، ولذلك اقترحت جدولة الديون 15 سنة وتكون فترة الامهال سنتين ، كما ذكرنا سابقا، ورأت اللجنة ضرورة تجميد الفوائد بما يتمشى مع رغبات المهتمين بالازمة من داخل وخارج مجلس الامة، كما اقترحت انشاء شركة لشراء المديونيات بين البنوك دون مشاركة القطاع الحكومي .

ذلك القطاع الذي ينبغي ان يوجه اهتمامه ودوره نحو ضمان الودائع في البنوك المحلية وعدم تعرض اوضاع المودعين لاية اضرار.

اضافة الى ذلك دعت اللجنة المالية للمجلس بضرورة محاسبة اعضاء مجالس ادارات البنوك الذين استغلوا اوضاعهم الوظيفية في الضغط على البنوك باقراض المدينين في امور مخالفة لانظمة البنوك وقوانينها المعمول بها في مجال الاقتراض، واوصت بضمان احتفاظ المدين بالوضع الاجتماعي المناسب وعدم المساس بضروراته الاجتماعية وبالذات السكن الشخصي والراتب ، اما توصيات اللجنة المالية بخصوص تعديل مسار الاقتصاد الكويتي فقد رست التوصيات والتي يمكن اجمالها فيما يلي :-

- لا بد ان يواكب الحلول المقترحة للازمة تعديل لمسار الاقتصاد الكويتي في اتجاه الانتاجية .
- دعم القطاعات الاقتصادية الصناعية والزراعية والبترولية .
- دعم الانتاج المحلي .
- تنشيط السوق من خلال التوسع في المشاريع الداخلية مثل مشاريع الاسكان.

خ. أثار الازمة :-

فقدان اجواء الثقة بين قطاع عريض من المستهلكين والتجار والمستثمرين تحول أي مبادرات تجارية لضخ السيولة التي من شأنها تن تنشط دوران الحركة التجارية، فالسيولة المتوفرة في البلاد لازالت تفضل القنوات الاستثمارية التي تضمن عائدا مستقرا كالودائع المصرفية في الداخل والخارج، وبسبب الركود الذي يخيم على الوضع الاقصادي فضلت الكثير من الفعاليات الاقتصادية التريث في تشييد واقامة المشاريع ريثما تتضح المراكز المالية للشرطات ومديونية الافرد تجاه المؤسسات.

هجرة اعداد متزايدة من الوافدين ورجوعهم الى بلدانهم الاصلة ادى الى تقليص حجم القوة الشرائية المحلية وذلك مع اتجاه قطاع عريض من المستهلكين نحو الادخار والتقليل من الاستهلاك وقصره على الضروريات .

ومما يبشر بالامر، اعلان الحكومة الكويتية على لسان رئيس وزرائها بالنيابة ووزير الخارجية في لقائه مع عدد من النواب عزمها على انهاء ازمة السوق والمديونيات ، وقال(سوف ننهي الازمة برمتها ولو اضطرت الحكومة الى الاستدانة لان الازمة الاقتصادية قد طالت وبدأت اثارها تعطل دورة الاقتصاد الوطني بعامة .

ان الازمة وما نتج عنها من تكوين العديد من الشركات وابتعادهم عن المساهمة الفعالة في الانتاج الحقيقي، قد ادى الى حدوث اضرار بالانتاج القومي للبلاد ، ان الامر لم يقف عند هذا الحد بل تعدى ذلك عندما كان الكثير من المواطنين يتركون اعمالهم الاصلية اثناء الدام ليباشروا المضاربة في السوق انذاك، هذا بالاضافة الى الاضرار التي نجمت عن ضياع جهد الدولة والمتمثل في انشغال السلطة التنفيذية والتشريعية بالبلاد لحل تلك الازمة مثل (تكاليف الوقت المنتفذ واعداد الدراسات اللازمة وعقد الندوات وانشغال اجهزة الاعلام)، والاضرار الناتجة عن فترة توقف عمل السوق لبحث ودراسة تلك الازمة وايجاد الحلول المناسبة واثر ذلك على الاقتصاد القومي للبلاد، " والاضرار الناتجة عن فائض الطاقة الانتاجية ببعض القطاعات الاقتصادية بالدولة والتي لا يستطيع الطلب المتوفر استيعابها .

ان الازمة لم يقف تأثيرها السلبي على دوانب هيكل الاقتصاد القومي او الاعباء المالية التي ترتبت على الدولة من جراء تكبدها عناء المعالجة وذلك في استخدام المال العام، بل هناك اضرار اخرى لحقت بالجان الاجتماعي لبعض الاسر التي ساهمت، بصورة او باخرى، بنشوء ازمة المناخ، فقد حصل شقاق وعدم ترابط في داخل بعض الاسر الامر الذي لولا تدارك الدولة ويقظتها وحرصها الشديد في ملاحقة الازمة واثارها، لحدثت هزات في البيئة الاجتماعية لهذا البلد والتبالي شروخ الجانب الاجتماعي على المدى الطويل ولكن حكمة المسؤولين في الدولة وتدخلهم السريع والمباشر قد حال دون حدوث ذلك وهذا ما يفسر لنا استيعاب المجتمع لهذه الاختلالات الاجتماعية واحتوائها .

ان هناك بعض الاثار التي خلفتها الازمة والمتمثلة بهجرة رؤوس الاموال المحلية وتوظيفها بالخارج ، وهذا مما يعرضها للتبديد وعدم الاستغلال الاقتصادي نتيجة عدم اتاحة الفرصة الكافية من جانب اصحابها لدراسة بدائل الاستثمار المختلفة واختيار البديل الاقل خطرا وأضمن عائدا، اضافة ما قد يلحق بعض رؤوس الاموال المستثمرة من ضياع نتيجة التغير في الظروف السياسية لبعض الدول المضيفة لهذه الاموال .
هذا بالاضافة الى نشوء نزعة لدى الكثير من المستثمرين مؤداها اكتناز اموالهم وحجبها عن الاستثمار في مختلف قنوات الاقتصاد المحلي القومي مما يضيع عليهم فوائد استثمار تلك الاموار من جهة وحرمان قطاعات عريضة من السكان - نتيجة عدم توظيف هذه الاموال - من وظائف كان من الممكن تخلقها فيما لو وظفت من جهة والاستفادة من الخدمات والسلع النهائية التي يمكن انتاجها من جهة اخرى، لقد ادت هذه الازمة في بعض الاحيان ان تركت بعض فئات المجتمع اعمالها نتيجة تصفية بعض القطاعات التي يعملون بها، ويعزى السبب ان أموالهم التي ضاربوا بها اثناء الازمة كانت الرافد المالي الرئيسي المحرك لتلك القطاعات قد تبددت ، مما حرمهم من استمرارية اعمالهم وحرمان القوى العاملة التي عملت معهم من وظائفها .

هـ. برنامج تسوية المديونيات الصعبة :

في 10 أغسطس وافق مجلس الوزراء الكويتي على برنامج وزير المالية الخاص بتسوية المديونيات الصعبة الحالية، واستبعاد اية تسهيلات ائتمانية جديدة ينجم عنها مواقف مالية صعبة، وفيما يتعلق بالقواعد التي سينفذ وفقا لها البرنامج فهي :-

أولا:- ان المديونيات التي سيعالجها البرنامج هي تلك الناجمة عن عجز في المراكز المالية للمدينين كما تكشفها ممتلكاتهم في الداخل والخارج مع مراعاة المحافظة على السكن الملائم والدخل الذي يكفل له ولاسرته العيش الكريم، فكما هو معروف تتمتع دولة الكويت بنظام اقتصادي حر، واي تحويلات للخارج ستكون من خلال ثلاثة روافد رئيسية هي:-

البنوك ، شركات الاستثمار، وشركات الصرافة، بمعنى ان المدين الذي يخضع لمظلة هذا البرنامج اذا ما اراد تحويل امواله فان لا بد وان يسلك هذه الجهات، وهذا من شأنه ان يتيح متسع من الوقت للاطراف الدائنة للتحقق من ان هذا المدين لم يقم فعلا بتحويلات للخارج لم يظهرها مركزه المالي، وفيما يتعلق بالممتلكات العقارية مثلا فقد طلب البنك المركزي من البنوك ان تحصل على تفويض من كل مدين خاضع للبرنامج بحيث يجيز لها مراجعة السجل العقاري محليا وخارجيا للتأكد من أن هذا المدين يمتلك أي اصول عقارية محلية كانت او خارجية، وبالتالي فان أي تلاعب في بيانات المركز المالي سيضع هذا المدين أمام مسولية قضائية وبالتالي ستبطل هذه التسوية وسيتعرض للاجراء القانوني الذي من شأنه فعلا أن يضر بصاحبه .

ثانيا:- تتم التسوية وفق الاطار الذي يسمح به المركز المالي والتدفقات النقدية للعمل وكفيله .

- في حالة وجوده ، وبرأي محالظ البنك المركزي الشيخ عبد العزيز سالم الصباح فان الذين ينطبق عليهم البرنامج فهم الاطراف المدينة التي تتوافر بها ثلاثة شروط هي :-

1. ان يكون المدين مقيما.

2. ان يكون لديه عجز في مركزه المالي.

3. ان تكون مشكلاته الائتمانية قد تمت تصنيفها ، ويجوز للبنك دعم المدين بتقديم تسهيلات ائتمانية وفقا لاحتياجات اعمالهم التي ثبت جدوى استمرارها .

تشكل البنوك المحلية ادارة مشتركة تقوم بمهمة ادارة المديونيات الصعبة المترتبة على ذمة عميل واحد لدى اكثر من بنك ، ويقع على عاتقها مسؤولية القيام بتسوية شاملة لديون العميل تؤخذ بها موافقة البنوك الدائنة له بنسبة لا تقل عن 75% ومن مهام هذه اللجنة تبادل املعلومات بشأن عملائها الخاضعين لبرنامج التسوية لغرض احكام الرقابة والمساعدة للتعرف على المراكز المالية الحقيقية للمدينين، وفي حالة عدم الموافقة من جانب البنوك الدائنة العنية يرفع الامر الى لجنة تشكل من بين اعضاء مجلس ادارة بنك الكويت المركزي مهمتها الاشراف على سير التسويات، ويكون قرارها نهائيا وملزما لكافة الاطراف الدائنة .

ان الالتزام بهذه القواعد لامر ضروري لاجراء التسوية التي تتم وفقا لخطوات محددة في برنامج تسوية المديونيات الصعب المطروح من قبل وزير المالية، وهذه الخطوات تتمثل في تعبئة نماذج معينة من جانب العميل المدين بمعلومات تخص موجوداته ومطلوباته، وتعد نفس النماذج لكفيل العميل اذا وجد، بعد ذلك يقوم البنك الدائن بطرح برنامج التسوية للنقاش مع العميل والذي يشتمل على جدولة للحصول عل موافقته حيث تبدأ بعد ذلك عملية المتابعة المستمرة المالية لاوضاعه وتزويده بالارشادات اللازمة، اما الخطوة الاخيرة في هذا المجال فانها تتمثل باتخاذ البنك الاجراءات القانونية والقضائية للحفاظ على حقوقه في حالة رفض العميل التعاون

معه حول تعبئة النماذج واعداد بالشكل المطلوب اضافة الى رفضه برنامج التسوية المطروح والخروج عن الارشادات التي رسمها له البنك وعدم التقيد بها .

وفيما يتعلق بالاسس التي سيرتكز عليها تنفيذ البرنامج عمليا فانه يمكن تمييزها الى نوعين :

الاول: انها ستعامل العملاء الذين لا يتلقون اية تدفقات نقدية ويحتفظون بأصول مرهونة غير المثقلة بأي تأمينات عليها- لدى البنك الدائن على أساس انشاء قرض لمدة عشر سنوات بدون فائدة بقية هذه الاصول ، ويسدد القرض اما بتسييل هذه الاصول سواء اثناء ممدة القرض او عند استحقاقه او بتملك البنك للاصول عند انتهاء اجل القرض او بدون التسييل وذلك من خلال العائد الذي تدره الاصول اذا أصحبت في وضع يمكنها من ذلك ، ويتم التسديد بأي شكل وفقا للظروف السائدة ومراعاة للاحكام القانونية ذات العلاقة بين العميل المدين والبنك الدائن ، ويجوز استثناء من هذه الشروط مدة فترة استحقاق اداة السداد المؤجلة بناء على أية تطورات يطرأ في المركز المالي للعميل وتدفقاته النقدية، ولتنفيذ هذه الخطوة عمليا تعد اداة سداد مؤجلة مسحوبة على المدين بنفس الشروط المتفق عليها مع البنك ويجوز استثناء من هذه الشروط اطالة فترة استحقاق اداة السداد المؤجلة بناء علىأية تطورات تطرأ في المركز المالي للعميل وتدفقاته النقدية، اضافة الى تحميل العميل فائدة بالسعر الذي يراه البنك الدائن (أو مجموعة البنوك الدائنة) ملائما اذا ما تبين ان العميل قد أخفى بيانات او معلومات عن وجود تدفقات نقدية لديه، وفي هذه الحالة ينبغي الحصول على موافقة البنك المركزي لتنفيذ هذا الاجراء ، المهم في الامر هو استهلاك هذه الاداة عند انتهاء اجلها .

والنوع الثاني: يرتكز على أساس معاملة العملاء المدينين الذين لديهم تدفقات نقدية مستمرة بجدولة ذلك الجزء من الدين المعطى بضمانات لفترة زمنية اقصاها 15 سنة وبسعر فائدة لا تتجاوز عن 7% ويتم تسديد الجزء المجدول وخدمته بشكل سليم من خلال تدفقات العميل النقدية ، ولتنفيذ هذه القواعد المنظمة بين البنوك المحلية الدائنة والعملاء الدائنين والتي تهدف في المقام الاول الى تسوية المديونيات الصعبة يتولى البنك المركزي مهمة التفتيش على البنوك المحلية للتأكد من مدى التزامها بالقواعد والاجراءات الواردة في هذا البرنامج ، وسيطبق على البنك المخالف الجزاءات المنصوص عليها في القانون رقم 32 لعام 1968 المعدل بمرسوم القانون رقم 130 لعام 1977، فالبنك المركزي من خلال التفتيش ومن خلال تعليمات بضرورة وجود مثل مقيم لمراقبة الحسابات الخارجية للبنوك يلزم عرض التسوية على ممثل ومراقب الحسابات وذلك للتأشير عليها بالموافقة من حيث انها منتمشية فعلا مع البرنامج المصمم لتسوية الديون وبد ذلك تعرض على المدين هذه احدى الوسائل، وهناك وسائل اخرى للتفتيش المباشرالذي يقوم به البنك المركزي مع البنوك وذلك للتاكد من أن جميع اجراءات التسوية اخذت مجراها وفقا للبرنامج ، بالنسبة للشركات الخاضعة لرقابة البنك المركزي من الطبيعي في حالة عدم وجود عضو مجلس ادارة في هذه الشركات هو في نفس الوقت عضو مجلس ادارة في البنوك ، تقوم التسويات الفردية مباشرة مع البنوك واذا كانت تسوية مشتركة كذلك يعرض امرها على لجنة ادارة الديون المشتركة المشكلة من أعضاء البنوك المحلية، والبنك المركزي سيقوم باتصال مباشر مع جميع الشركات لرقابته والتي ستدخل في هذا البرنامج للتأكد من أوضاعها .

الملاحظات

لم يسبق برأي خبراء المال والاقتصاد ان تم وضع برنامج او خطة عمل محكمة لمعالجة أزمة مالية بهذا التعقيد وبروح المسؤولية بمثل ما ظهر بها برنامج تسوية المديونيات الصعبة لقد استم هذا البرنامج بالوضوح والشمولية ومبينا مسؤويلة جميع الاطراف التي تتعامل معه دون ان يترك مجالا للتخبط والارتجال.

" وفيما يتعلق بالبرنامج فسياسة الحكومة مؤمنة ايمانا كاملا بالبرنامج وهو غير قابل بالخروج باطار جديد، والممكن ان يحدث هو فيما يتعلق بالاجراءات، والعمل الان مستمر بين الجهات المختصة وهي المصارف والبنك المركزي لمعالجة أي جزء يتعلق بالاجراءات بحيث لا يخرج عن المبدأ الاساسي الذي وضع، وأكد الوزير على جدية الحكومة في تطبيق برنامجها الخاص بالتسويات وانها لن تتراجع عن ذلك، فهو يمنح الامل ويبصر الذين خسروا جميع ممتلكاتهم، للنهوض من جديد والتخطيط لمستقبل أفضل كما يساعد المعسر الذي يواجه صعوبات في التسديد باعطائه فترة من الوقت لتعديل اوضاعه، ويفترض من جهة أخرى ان البنوك سوف تبادر بنفسها تعزيز الاجراءات التي من شأنها تشجيع العملاء والشركات الناجحة على الاستمرار في نشاطها في جو يسوده المنافسة الشريفة رغم الاوضاع الاقتصادية الصعبة التي تشهدها، ان هذا البرنامج يمنح شهادة الملائمة للبنوك الكويتية مقابل تحميلها مسولية اكبر في دعم الحركة الاقتصادية طبقا لاسس موضوعية أهملت في الماضي، حيث يؤكد في مقدمته ان السبب الرئيسي لطرحه على الاطراف المعنية هو ما تمخضت عن التسويات الودية التي تمت بين البنوك

الدائنة ومدينيهم من نتائج ضعيفة وبعد ان بلغت مشكلة تسوية التسهيلات الائتمانية الصعبة جدا لا يمكن السكوت عليه دون اتخاذ اجراءات تصحيحية ، ومن هذا المنطلق جاء البرنامج ليعزز مكانة البنوك المحلية العمود الفقري للجهاز المصرفي ويطالبها بالاستجابة لمجموعة من الامور ، أهمها ، الحرص على سلامة وضع المؤسسات الاقتصادية المالية ومساندتها في تطوير اعمالها اضافة الى المحافظة على السكن المناسب والايراد الذي يكفل للمدين وأسرته العيش الكريم .

والجدير بالذكر أن البرنامج يجب ان لا نعتبره هو الحل بحد ذاته لان العبرة بالتنفيذ، المهم هو تبني اكثر الطرف ملائمة لمعالجة الوضع وهذا ما اكد عليه البرنامج، وحيث ان لكل بنك طريقته الخاصة في اجراء التسويات فاننا في النهاية سنجد بنوك تجري تسوياتها اسرع من غيرها وبنوكا اخرى تتحول أغلب تسوياتها الى لجنة البنك المركزي للبت فيها، ويعزى اختلاف التسويات فيما بين البنوك الى احتمالات منها عدم تعاون العميل مع البنك المعني في التسوية او لاعتقاد البنك بأن العميل لا يظهر اصوله الحقيقة والاحتمال الاخير هو عدم كفاءة الجهاز الذين يتولى دراسة المراكز المالية للعملاء ف يالبنك، وللتغلب على هذه الصعوبات فانه ينبغي قبل كل شيء توفر النوايا الصادقة في التعاون بين الدائن والمدين اضافة الى توفير كوادر جيدة يشهد لها بالكفاءة والخبرة لدى البنوك، وعلى الرغم من أن البنك المركزي فرض عقوبات رادعة للعملاء الذين يتلاعبون في اعطاء معلومات غير صحيحة خلال فترة الجدولة التي حددها البرنامج الا ان ذلك لا يكفي في حالة افتراض البنك سوء النية لدى جميع المدينين، وحيث أن لكل مدين وضع مالي خاص به يحتاج الى تقييم خاص من قبل البنك فان شعر هذا المدين بأن وضعه لا

يستوعب بالظروف التي يعيشها فان ذلك قد يدفعه الى عدم التعاون مع البنك ومن ثم اخفاء بعض المعلومات المتعلقة بأثوله وموارده المالية، فليس هناك اخطر على تحقيق اهداف البرنامج من أن تصل العلاقة بين المدين والبنك الى هذه الدرجة، مما يدفعه الى الاحساس بعدم اهمية التعاون مع البنك في اجراء التسوية المتمثلة في التغلب على المشكلة المالية المعلقة، وان التسوية قد فرضت عليه والشعور بانه ملاحق على مى عشر سنوات دون مراعاة ظروفه المعيشية، وما لم تبذل البنوك جهدا متواصلا مؤداه تفهم الاوضاع الفعلية للمدينين فانها سوف تواجه مشاكل عديدة، ومما يضفي جوا من الثقة بامكانية تحقيق اهداف البرنامج هو أن البنك المركزي قد وفر مرونة الحركة للبنوك المحلية من جهة ومنحها تسهيلات اضافية كمكافأة في حالة تأديتها للمهام الموكولة لها اداء حسنا من جهة أخرة .

ويرى الباحث ان تحريك دورة الاقتصاد الوطني على أسسس متينة يتطل بتضافر كافة الاطراف ذات العلاقة ، وما البرنامج الا احد املتغيرات الهامة التي ينبغي حلها بأسرع وقت ممكن من أجل التفيكر لمراحل البناء القادمة، ان الشيء الهام الذي يجب ان نركز عليه هو أن هذه الازمة كلفت الكثير من المال والوقت وبالتالي تفرض علينا ان نعتبرها درسا يستفاد منها للمستقبل .

أن دواعي اقرار هذا البرنامج كان بسب اقتناع المسؤولين الكويتين على ضروة حل مديونيات الجهاز المصرفي بالصورة التي ترضي جميع اطراف التعامل وضمن اطار تسوية عادلة ، فقد جاء انطلاقا من حرص الدولة على كرامة المواطن وكذلك المحافظة على وضع المؤسسات الاقتصادية وسلامة الجهاز المصرفي

ولتحقيق البرنامج لهذه الاهداف فقد اعتمد مبدأ التسوية القائم على أساس وضع مديونية كل مدين على حدة اعتمادا على قدرته المالية الحقيقية وبالتالي يتطلب تعاون جميع الاطراف المدينة مع الجهات الدائنة البنوك، وذلك في سبيل الوصول الى نتيجة نهائية لهذه الازمة.

ذلك ان معالجة هذه المشكلة من شأنه أن يعجل من انتعاش الاقتصاد الوطني وبدء الدورة الاقتصادية واعادة مسار الاقتصاد الكويتي على أسس سليمة مدروسة مستفيدين من دروس التجربة الماضية، وقد جاء هذا البرنامج حصيلة دراسة ومناقشات مستفيضة وجادة قامت بها الحكومة بمختلف اجهزتها التنفيذية وبمشاركة فعالة من الفعاليات الاقتصادية في القطاعين العام والخاص، وفي اطار الخطاب الميري وتوجهات ولي عده الامين، ان التصورات التي طرحت في السابق لم تأخذ بالاعتبار شمولية الازمة بل اتت جزئية ترقيعية غير منسجمة وضخامة الاحداث التي مر بها الاقتصاد الوطني، وقد ادت هذه التطورات منذ البداية الى تفاقم الازمة الى حد كبير فحصل ما حثل من تشابك عجيب بين المؤسسات الاقتصادية من جانب وبين المؤسسات والافراد من جانب أخر، مما كاد ان يفقد عنصر الثقة بين هذه الاطراف ، لولا الاجراءات الاخيرة التي اتخذها سمو امير البلاد وانعكاسها الايجابي على مختلف الاوساط المالية والاقتصادية .

المراجع العربية

تقارير ونشرات وبحوث

- د. أسامة الانصاري ؛ " تطوير الاسواق المالية العربية لدعم التعاون النقدي والمالي العربي " بحث مقدم لندوة آفاق التطورات النقدية الدولية والتعاون النقدي العربي خلال الثمانينات، عمان ، 14-16 يناير 1984.

- د. حازم الببلاوي ورائد فهمي، " دور سوق الاسهم في الاقتصاد الكويتي" بحث مقدم الى ندوة " تطوير سوق الاسهم في الكويت "، منشورات غرفة تجارة وصناعة الكويت، الكويت، 14-16 نوفمبر 1981.

- د. صعنق الركيبي، " أزمة المناخ في ضوء التطور التاريخي لسوق الاسهم بالكويت " سوق الكويت للاوراق المالية " ، ادارة البحوث والدراسات الاقتصادية، 1984.

- د. محمد رياض الابرش," ظاهرة الشركات المساهمة الخليجية " بحث مقدم الى ندوة تطوير سوق الاسهم في الكويت، منشورات غرفة تجارة وصناعة الكويت، الكويت، 14-16 نوفمبر 1981.

- غرفة تجارة وصناعة الكويت، مذكرة بعنوات " سوق الاسهم والنشاط العقاري في الكويت " التقرير السنوي لغرفة تجارة وصناعة الكويت لعام 1977 .
- التقرير السنوي السادس عشر لسوق عمان المالي لعام 1993.
- نشرات البنك المركزي الاردني لعامي 1994/1993.

قوانين

- قانون سوق عمان المالي لسنة 1990.
- قانون الاوراق المالية المؤقت رقم (23) لسنة 1997.

مجلات وصحف

- بدر سلطان العيسى، " الازمة الاقتصادية ...مرة اخرى"، صحيفة الوطن الكويتية، بتاريخ 27 ديسمبر 1985.
- جاسم خالد السعدون ، " اجراءات تنشيط سوق الاوراق المالية والعقار" صحيفة الوطن الكويتية ، بتاريخ 1984/5/5.
- د. حسني خريوش، " صيغ وأساليب تنسيق السياسات المالية والنقدية" مجلة الوحدة الاقتصادية العربية، العدد الثاني ، 1985.

- د. سمير عبد الغني محمود ،" الاعباء القومية لازمة سـوق الاوراق الماليـة بدولـة الكويت " ، مجلة العلوم الاجتماعية، المجلد 14 ، العدد 1 ، ربيع 1986.

- عبد الرحيم الغنيم، " في التقرير ايجابيات تنقصها الكفاية لتكـون برنامجـا دقيقـا للحل" صحيفة الوطن الكويتية بتاريخ 11 ديسمبر 1985.

- مجموعة فعاليات اقتصادية كويتية ، " الازمة افرزت انماطا عجيبـة مـن السـلوك البشري"، صحيفة الوطن الكويتية، بتاريخ 3 يناير 1986.

كتب

- اتحاد المصارف العربية، بورصة الاوراق المالية وادارة المحافظ بـاشراف د. فريـدي باز والاستاذ جورج ابي صالح، بيروت ، 1987.

- د.أحمد فهمي الامام ، اسـواق الاوراق الماليـة في البلاد العربيـة، اتحـاد المصـارف العربية 1979.

- د. حسني خريوش وآخرون ، الاستثمار والتمويل : بين النظرية والتطبيق ، عـمان، 1996.

- حكمت شريف النشاشيبي ، استثمار الارصدة وتطوير الاسواق المالية والعربية، المؤسسة العربية للدراسات والنشر، بيروت 1980 .

- د. زياد رمضان ، الادارة المالية في الشركات المساهمة ، مطبعة الصفدي عمان ، 1989.

- د. زياد رمضان ومحفوظ احمد جودة، ادارة البنوك ، دار صفاء للنشر والتوزيع، عمان، 1995.

- د. سيد حواري، الاستثمار والتمويل ، مكتبة عين شمس ، القاهرة ، 1980.

- د. محمد صالح جابر ، الاستثمار بالاوراق المالية، عمان ، 1989.

- د. محمد مطر ، ادارة الاستثمارات ، عمان ، الاردن، 1993.

- د. مختار بلول، كيف تستثمر اموالك في الاسهم والسندات، المكتب العربي الحديث، القاهرة ، 1992.

- مروان عوض، العملات الاجنبية والاستثمار والتمويل : النظرية والتطبيق ، عمان ، 1988.

- د. منير ابراهيم هندي، الاوراق المالية واسواق رأس المال منشأة المعارف الاسكندرية ، 1992.

- د. منير ابـراهيم هنـدي، ادوات الاسـتثمار في أسـواق رأس المـال، المعهـد العـربي للدراسات المصرفية ، 1993.
- د. منير ابـراهيم هنـدي، الفكـر الحـديث في مجـال الاسـتثمار ، منشـأة المعـارف، الاسكندرية، 1996.

المراجع الاجنبية

- Alexander, Gordon J.Sharpe , William F. and Bailey Jeffery V. Fundanetals of Investments, 2ⁿᵈ ed, Prentice-Hall, New Jersey ,1993.

- Francis, Jack clark, Investments : Analysis and Mangement, 5ᵗʰ ed , McGraw – Hill , Singapore, 1991.

- Frank and Fabozzi ,Capital Markets:Institutions and Instruments ,Prentice – Hall , New Jersey , 1992,1992.

- Fuller ,Russel J., and Frrell , James C., Jr., Modern Investments and Security Analysis , McGraw –Hill , USA, 1987.

- Gooper and Fraser, The Firancial Market Place, 4ᵗʰ ed ., Addison Wesley.

- Hirt, Geoffery A., and Block stanley B., Fundamentals of Investment Management, 4ᵗʰ ed., Irwin, Homewood , ILL, 1993.

- Hnagen, Robert A., Modern Investment Theory, Prentive-HALL , Englewood Cliffs , New Jersey, 1993.

- Huang S., and Randall M., Investment Analysis and Management , Allyn and Bacon, Boston, 1987 .

300

- Kolb, Robert W., Investments , 4th ed., Black well Publishers, U.K.1996.

- Mandell, Lewis and O'Berin Thomas, Investments Macmillan Publishing Company , New York, 1992.

- Simpson, Thomas D., Money ,Banking and Economic Analysis, Pretice- Hall, New Jersey , 1987.

Printed in the United States
By Bookmasters